北京市普通高中多样化发展报告.2020

张　熙　殷桂金◎主编
崔玉婷　李海燕◎副主编

知识产权出版社
全国百佳图书出版单位
—北京—

图书在版编目（CIP）数据

北京市普通高中多样化发展报告.2020/张熙，殷桂金主编. —北京：知识产权出版社，2021.10

ISBN 978 – 7 – 5130 – 7711 – 8

Ⅰ.①北… Ⅱ.①张… ②殷… Ⅲ.①高中—教育发展—研究报告—北京—2020 Ⅳ.①G639.21

中国版本图书馆 CIP 数据核字（2021）第 182722 号

责任编辑：高　超　　　　　　　　　　　责任校对：谷　洋
封面设计：张　冀　　　　　　　　　　　责任印制：孙婷婷

北京市普通高中多样化发展报告 2020

张　熙　殷桂金◎主　编
崔玉婷　李海燕◎副主编

出版发行：知识产权出版社 有限责任公司	网　　址：http：//www.ipph.cn
社　　址：北京市海淀区气象路 50 号院	邮　　编：100081
责编电话：010 – 82000860 转 8383	责编邮箱：morninghere@126.com
发行电话：010 – 82000860 转 8101/8102	发行传真：010 – 82000893/82005070/82000270
印　　刷：北京九州迅驰传媒文化有限公司	经　　销：各大网上书店、新华书店及相关专业书店
开　　本：787mm×1092mm　1/16	印　　张：18.75
版　　次：2021 年 10 月第 1 版	印　　次：2021 年 10 月第 1 次印刷
字　　数：330 千字	定　　价：88.00 元
ISBN 978 – 7 – 5130 – 7711 – 8	

出版权专有　侵权必究
如有印装质量问题，本社负责调换。

编委会

顾　问　方中雄
主　编　张　熙　殷桂金
副主编　崔玉婷　李海燕
编　委　（按姓氏笔画排序）
　　　　马　辉　邓福善　刘之海　孙　宇
　　　　李岩峰　李　莉　李晓泉　邱月锋
　　　　余　琴　陈玉珠　周长凤　种凌晨
　　　　高　岩　彭靓芳　彭　博　谢　冰
　　　　裴　军

前　言

2010年10月，北京市作为教育部确定的5个基础教育体制改革项目实验区之一，启动了"开展高中特色发展试验项目"。根据《国家中长期教育改革和发展规划纲要（2010–2020年）》精神，在市教委的领导下，在项目组的具体指导下，16个区和70所项目学校勇于实践，大胆创新，取得了一系列成果。为及时展示高中特色建设经验，传播高中特色发展成果，2013年，项目组组织各区和项目学校撰写成果报告，并编辑出版了《探寻普通高中特色发展之路》（全4册），对于引领全市普通高中学校走特色发展之路，推动普通高中多样化发展局面的形成发挥了重要作用。十年来，北京市始终将深化高中特色建设，推进培养模式多样化，改革和完善育人方式作为深化基础教育综合改革的着力点，全面贯彻党的教育方针，落实立德树人根本任务，通过深化育人关键环节和重点领域改革，切实提高育人水平，为高中学生适应社会生活、接受高等教育和未来职业发展打好基础，努力培养德智体美劳全面发展的社会主义建设者和接班人。

2019年6月，国务院办公厅印发了《关于新时代推进普通高中育人方式改革的指导意见》（国办发〔2019〕29号）（简称《国办意见》），提出到2022年，普通高中多样化有特色发展的格局基本形成。为全面贯彻落实《国办意见》精神，进一步深化育人方式改革，推进普通高中多样化特色发展，解决北京市普通高中教育质量不够均衡、办学特色不够鲜明、体制机制不够灵活等问题，2020年2月，中共北京市委教育工作领导小组出台了《北京市关于深化育人方式改革推进普通高中多样化特色发展的意见》（京教组发〔2020〕2号），明确提出，到2022年，德智体美劳全面培养体系进一步完善，立德树人落实机制进一步健全，学生全面而有个性发展的育人方式基本确立，在文化底蕴、培养体系、课程特色、办学活力、国际视野等多维度，形成一批特色优势明显、质量水平上乘、辐射带动力强的高品质学校，博采国内外众长的先进教育理念、鲜活教育样态落地生根，普通高中多样化特色发展的教育生态全面形成，为2035年北京实现高水平教育现代化奠定坚实基础。

北京市各区教委及高中学校在认真学习研读相关政策文件的基础上，结合学校办学实际，加强课程整体建设，创新课程管理方式，优化教学方法，规范教学管理，加强学生发展指导，有序推进选课走班，深化考试招生制度改革，努力构建"五育并举"的全面培养体系。在市教委的领导下，各区、各学校围绕高中特色建设及多样化发展进一步提升理性认识，积极落实市教委有关政策措施，积极开展实践探索，取得了一系列成果。本书以现状阐释与案例剖析相结合的方式，展示市、区、校近年来在推进普通高中多样化发展方面的新探索、新进展、新成果，重点围绕现状·探索、区域·治理、育人·路径、特色·课程、贯通·创新等专题进行挖掘与提炼；既有市级层面的顶层设计、经验总结与现状概述，也有区域层面的思路转变、布局调整与实践跟进，还有不同区域、不同类型、不同规模学校的独特构思、创新举措与实践反思，是对北京市近年来普通高中多样化发展轨迹的记录与总结。

高中多样化发展是一个渐进的过程，优质、特色、多元局面的形成有赖于市、区、校的共同探索、协同推进，三力合一将使北京市高中教育发展之路行稳致远，进而有为。

编　者
2020 年 12 月

目　录

普通高中分类发展框架设计和实施路径 …………………………………… 1

北京市普通高中多样化发展历程与推进策略 ……………………………… 8

北京市普通高中学生多元发展的现状分析与建议 ………………………… 17

普通高中育人模式研究与实践综述 ………………………………………… 26

以高考改革和技术革新为契机，推进区域普通高中多样化发展 ………… 34

课程引领，整体带动：促进普通高中多样化特色发展 …………………… 41

"课程育人"理念引领下的普通高中多样化发展策略 …………………… 48

探索一体化培养模式　推进区域高中高质量发展 ………………………… 52

区域推进高中多样化发展的实践与思考 …………………………………… 59

深化育人方式变革，推进普通高中多样化特色发展 ……………………… 65

精确定位　精准支持　促进区域高中精品特色发展 ……………………… 71

为每个学生提供"私人定制"的教育 ……………………………………… 76

新高考背景下普通高中多样化特色育人机制研究 ………………………… 85

基于"全人教育"的分类分层课程实践探索 ……………………………… 95

以课程建设为载体　撬动学校育人方式的转型 …………………………… 102

学校特色教育品牌建设的探索与实践 ……………………………………… 112

建"鼎新"课程　育"四有"人才 ………………………………………… 121

新高考背景下高中学校选科走班实践与探索 ……………………………… 131

"停课不停学"背景下的教育教学管理创新模式研究	139
创建一流科技高中的课程设计与实施	147
多样化发展理念下的普通高中艺体特色实践研究	155
变亦有道：人文特色课程的育人之路	163
艺术类特色课程的探索与实践	171
天工科技教育课程的建设与实施	178
故宫课程群建设的实践研究	187
学校美术特色课程建设的思考与探索	195
心理健康教育课程建设的实践与研究	201
着眼民族团结大局，做好教育援藏工作	211
"1+3"拔尖创新人才贯通培养模式的探索与实践	220
开展贯通培养试验，提升课程育人实效	229
为培育创新型人才营造一方沃土	237
手拉手推进深度支持，实打实促进一体化发展	244
"1+3"培养试验：学校优质发展新路径	251
精微创新，助力学生全面而有个性地发展	260
打通学段壁垒　创新人才培养	268
开展"1+3"贯通试验，助推创新人才培养	276
构建适应学生个性化发展需要的分类培养模式	282
后　记	290

普通高中分类发展框架设计和实施路径[1]

张 熙

普通高中教育关联九年义务教育、高等教育、职业世界和社会生活，是教育立交桥的关键中枢，既对个体产生着作用，也对我国实现人力资源大国向人力资源强国转型具有重要意义。《中共中央关于制定国民经济和社会发展第十四个五年规划和二〇三五年远景目标的建议》再次强调"高中阶段学校多样化发展"，说明高中教育正是国家战略中的重要一环，应对普通高中进行分类发展、重新设计，以更好地完成多维改革同步推进的繁重任务。

一、构建普通高中分类发展体系的必要性

普通高中教育一直遵循着定位发展的思路，所谓定位，就是指重点非重点、示范非示范两种类别学校两种支持发展政策。这种分类推动具有从上到下的强制性，而今面临着巨大的挑战。

（一）发展的新目标

研究表明，高中教育实际上是被裹挟在义务教育普及巩固和高等教育大众化浪潮中被动前行的，整体上更多地表现出临时性和顺应性（如以学龄人口决定高中的规模和职普比例）。[2] 由于缺乏高中教育立法，因此在整个教育体系设计中缺乏专门的、有针对性的政策和制度安排，基层教育行政部门对于高中教育的办学定位存在理解偏差，从而带来高中教育内部办学模式和学校类型发展失衡等问题。[3]《国家中长期教育改革和发展规划纲要（2010—2020年）》《关于新时代推

---

[1] 本文为北京社科基金重点规划项目成果（构建与"四个中心"相适应的高中分类发展体系研究，编号18JYA003，主持人张熙），文中的高中教育主要指普通高中教育。

[2] 高中教育政策数量远远低于义务教育和高等教育，有学者对1987—2014年《教育部工作要点》的词频进行研究，发现：普通高中教育的词频明显低于高等教育和义务教育（李中国、彭李，2015）。也有研究表明：现行的财政体制导致普通高中教育经费投入处于尴尬境地（董俊燕，2016）等。

[3] 陈恩伦，梁剑. 高中教育办学体制改革中的政府悖论及消解[J]. 教育科学，2017（3）：27-34.

进普通高中育人方式改革的指导意见》《中国教育现代化 2035》等一系列文件的颁布，更加明确了普通高中多样化有特色发展已经成为国家推进教育现代化的重要战略。如果说当前的普通高中发展目标是"优质特色"的话，那么 2035 年普通高中的发展目标则是"多样特色"。

"多样特色"的宏观政策亟须明确区域层面、实践层面的具体发展策略和导向，构建好普通高中多样化特色发展分类体系和图谱，才能为高质量发展提供创新参考。

（二）政策的新取向

我国教育政策的深层核心信仰从来未曾改变，即以实现人的全面发展为最终目的，不同时期则围绕实现深层核心信仰的优先级和侧重点展开，即在促进人的全面发展中，哪一项原则更为重要，据此产生不同的价值偏好取向。1978 年出现的高中重点校政策和 1994 年在重点校的基础上出台的高中示范校政策至今仍产生着影响。其实"重点"也好"示范"也罢都是行政性的分类，很难说是学术性的分类研究而得到了"定位标杆"。所谓"重点""示范"强调的是"国家教育权力"，强调个体对社会的适应性。政策的逻辑假设就是个体必须在社会中才能实现自由全面的发展，社会的发展推动着个体的价值实现，教育的根本任务就是培养社会所需要的各方面的社会人才，因而可以采用"高效率"的计划配置方式。

《国家中长期教育改革和发展规划纲要（2010—2020 年）》提出，把促进公平作为国家基本教育政策；党的十八大进一步指出，大力促进教育公平，合理配置教育资源，让每个孩子都能成为有用之才；党的十九大明确强调，努力让每个孩子都能享有公平而有质量的教育。可见，教育政策的取向和侧重点已经发生改变，民生功能凸显，教育政策开始关注人民实际生活，探索主题转换为如何与普罗大众一起共创共享教育成果。教育不再单纯地为提高社会物质、精神水平而服务，开始兼顾充实民众的精神生活和主观幸福感受。因此，《国家中长期教育改革与发展规划纲要（2010—2020 年）》明确了"推进培养模式多样化，满足不同潜质学生的发展需要。探索发现和培养创新人才的途径。鼓励普通高中办出特色"，这标志着普通高中教育发展进入了新的历史时期。

（三）示范路径的反思

由于高中示范校长期以高考成绩为示范，具有浓厚的分数、排名意识。国内有机构连续发布了我国普通高中排名100强，国外也有对我国高中的排名榜，这种社会排名对学生、家长的选择产生巨大的影响。其实，所谓的排名就是围绕着生源和升学进行统计评价，由于升学是高中排行的唯一标准，因此排行的核心评价指标就包括了高考、自主招生、学科竞赛、留学和生源质量（中考成绩）。

这种发展路径已经逐渐显示出深层次矛盾，具体表现为：一是结构性矛盾。仅以北京市为例，66%的示范高中集中在四个城区，有两个区的示范校比例为34%以上，远远高于全市其他区县，分布极不平衡。由于示范校在经费支持、条件保障等方面有着天然优势，教师也多由郊区向城区、非示范校向示范校流动，甚至在一些边远学校出现了"有大楼有操场无良师"的局面。二是过程性矛盾，高中新课程改革赋予学校进行课程建设与特色发展的自主权，鼓励有较强综合实力和学科优势的学校进行部分或整体的创新探索，力争在课改推进的重点和难点问题以及综合改革中有新的突破，但是这一制度安排也决定了基层改革动力的无法持久，因为绝大多数高中无法进入示范校行列，客观上造成没有入选的学校对改革的公平竞争机制与生态培育机制存有异议，挫伤了绝大多数学校的积极性。三是发展性矛盾，中、高考招生制度被称为学校教育的"指挥棒"，随着招考制度改革，以升学率高低配置生源的办学格局有望改观，特别是新高考组合出台后，考核科目多元组合、录取方式多样化已经成为趋势。这要求高中教育必须转型，从依据分数分层培养的惯性中解脱出来，示范什么、怎么示范成为新的问题。

因此，基于国家推进现代化和建设教育强国、扭转普通高中同质化的困局，促进每一所高中满足不同潜质学生的发展需要，构建分类发展框架，促进每一所高中趋向多样化的良好生态格局。

二、高中分类发展的含义与实质

从概念上讲，分类是人类认识客观世界的基本思维方法，简单讲就是按照事务的种类、等级或性质分别进行归类。❶ 分类学出现较晚，有广义与狭义之分。广义分类学就是系统学，指分门别类的科学。狭义分类学特指生物分类学，分类学是综合性学科。❷ 本文无意对分类学进行详细的论述，仅对相关概念和普通高中分类的实质进行简要分析。

---

❶ https：//baike.baidu.com/item/%E5%88%86%E7%B1%BB/6000746? fr = aladdin。
❷ https：//baike.baidu.com/item/%E5%88%86%E7%B1%BB%E5%AD%A6/7584153。

(一) 相关概念辨析

分类和划分、类型、分层既有密切联系又有区别。

分类和划分：划分具有应急性特征，相对比较简单，分类则具有本质属性和显著特点。正因为"划分"大都具有临时性，而"分类"具有相对的稳定性，所以才有长期的使用价值。❶

分类和类型（类别）：两者都含有由各特殊的事物或现象抽出来的共通点的抽象概念，引申为具有共同特征的事物所形成的种类。❷"类型"（类别）指"具有共同特征的事物所形成的种类"，与"分类"相比更具有静态性。

分类与分层：表面上看两者是"横"与"纵"的关系，即"分类"是从横向对事物进行归类，"分层"则是从纵向对事物进行划分。但是其实"分类"与"分层"都是依据一定的标准，根据事物的特征或属性对其进行归类的方法。"层次"意味着有序的等级差异，因此"分层"更强调被划分事物的地位和位次，换句话说，"分层"是在肯定不同事物的共同类型上对其进行纵向的划分。"分类"则着眼于事物的差异性而不关注其层次的不同。性质不同的事物不可能被"分层"，但却可以被"分类"，"分类"完全可以包含"分层"。

(二) 普通高中分类发展的实质

学者对高中教育的发展研究大致可以分为三类：一是理论剖析类，主要回答高中阶段的定位、高中特色或者高中多样化究竟是什么的问题；二是机制建设类，主要回答高中发展中的问题原因和解决办法问题；三是学科教学探索和国内外学校特色发展探索类，这是数量最多的一类。分类发展是职业教育和高等教育常用的研究角度，而从分类的角度审视高中发展的研究并不多见。

学术性的"分类"一般理解为价值判断下的一系列行动，其难点主要在于分类标准的选择、指标体系的构建以及数据的可得性和分析等方面，全国各地的高中特色建设评估就是如此。当高中学校作为评估对象时，一般要对其进行分类，以便使其具有价值的可比性。我国部分省市开展了高中特色学校建设与评

---

❶ 夏征农. 辞海2000年版缩印本 [Z]. 上海：上海辞书出版社，2000：782.
❷ https://baike.baidu.com/item/%E7%B1%BB%E5%9E%8B/33084? fr = aladdin。

估。[1]例如，天津市在特色高中建设中采取差异化的发展策略，形成了创新人才培养、五育融合、素养教育、育人模式、普职融通五大类型。[2]北京市则逐渐形成了整体育人、准专业化培养、书院式培养、一体化培养、"1+3"贯通培养以及普职融通等类型。[3]

其实，偏于技术和行动的"分类"难题相对容易解决，困难在于"分类"后的结构变化以及带来的功能调整。换句话说，学校分类更多的时候是一个"被前提化的"实践问题，普通高中发展不仅是学校特色的张扬、课程改革的发展、教学模式的推进，更是对其定位使命的追问，对结构—功能的发挥的讨论，这需要一套相对科学可行的分类工具来探索和简化这种复杂性，进而更好地理解和认识系统发展概况，并引导学校合理定位、特色发展。普通高中研究中有主张"双重任务""大学预科说"[4]、"基础+选择"[5]、"内外融合"[6]等观点，实际上正是在讨论如何重新调整高中教育功能、实现高中教育体系优化，这正是高中分类发展的根本性问题。

三、高中分类发展框架的取向、原则和路径

（一）"民生中心"的政策取向的三个特征

《左传·宣公十二年》中就出现了"民生在勤，勤而不匮"的说法，意思是老百姓勤劳善做就能丰衣足食。可见民生一词最初表达的是人民在衣食住行等基本物质层面的满足的朴素思想。实际上，民生所包含的范围很广，不仅是民众的生存和生计问题，还是一个集人权、需求、责任为一体的综合概念，是国家治理的重要手段、是浸润中国文化的概念表达。[7]习近平总书记强调："增进民生福祉是发展的根本目的……保证全体人民在共建共享发展中有更多获得感，不断促

---

[1] 康万栋. 关于普通高中多样化特色化发展的思考［J］. 天津师范大学学报（基础教育版），2013(3)：1-5；迟伟. 借力督导评估，助推学校内涵、特色发展［J］，基础教育论坛，2018（12）：16-17；袁桂林. 论高中教育机构和培养模式多样化［J］. 湖南师范大学教育科学学报，2015（2）：58-63.

[2] 肖庆顺. 普通高中多样化特色发展的天津经验［J］. 天津教育，2019（2）：4-8.

[3] 张熙，殷桂金，等. 高中多样化特色化发展实践与研究报告（内部资料），2017年北京市委教育工作委员会和北京市教育委员会委托课题结题报告.

[4] 谢维和. 从基础教育到大学预科——新时期高中教育的定位及其选择［N］. 中国教育报，2011-09-29.

[5] 霍益萍. 高中：基础+选择——也谈高中教育的定位与选择［N］. 中国教育报，2012-03-09.

[6] 张华. 论我国普通高中教育的性质与价值定位［J］. 教育研究，2013（9）：67-71.

[7] 吴忠民. 走向公正的中国社会［M］. 济南：山东出版社，2008.

进人的全面发展、全体人民共同富裕。"❶ 高中分类发展政策的取向就要具有整体性、实践性，更要具有创造性。

所谓整体性包括有三层含义，一是满足民众的根本教育需求，"一个都不能少"；二是满足民众对优质教育的追求。实现"有学上"到"上好学"；三是实现民众"自由而全面"的发展期待。所谓实践性则是指在民众对美好生活的向往和对更高质量教育的诉求等压力下展现公众诉求，渗透人本思想和人文关怀，最终实现个体差异化和多元化的利益诉求，满足每一个个体的教育获得感。所谓创造性是指为了打破高中教育只是某一部分杰出人才的特权活动，必须打破路径依赖，寻求更多的可能，努力向着促进个人和社会终身方向发展。

（二）基本原则

分类框架实际是在有限资源条件下实现"共创共享共赢"，具体需要把握三个原则。

一是谁决定：不固化"类"这个结果，允许学校在一定时期内自主选择发展类型，并过公平竞争实现定位目标，而不是一味要求学校"安于定位"。

二是谁参与：发展是观念协商、价值共建的过程，科学合理可行的学校分类或者学校追求特色的方案是为了更好地服务于利益相关者，因此，不应该是仅仅尊重政府、专家之言，应吸收尽可能多的利益相关者共同参与和设计。

三是怎么分：抛弃"非此即彼"，建立多维的标准，满足多样化的发展需求。这就意味着学生在学习过程中能够对学习领域、内容和方式进行选择，在毕业后能够根据自身专长、兴趣与爱好对高等学校及职业发展方向进行选择。不断增加大学生的选择权，形成一个从竞争走向合作、从强制走向自治、从封闭走向开放的高中教育结构。

（三）实施路径

1. 明确多样的建设标准

标准是分类建设体系形成的基础，对办学理念、目标等内在要素具有"指南针"功能。现代分类标准建设必须抓住办学目标、学生培养、教师队伍、制度建设、校园文化等核心要素，以标准建设引导学校准确定位发展。"多样"是在特

---

❶ 习近平. 习近平在中国共产党第十九次全国代表大会上的报告［EB/OL］.（2017 - 10 - 28）［2020 - 11 - 16］. http：//cpc. people. com. cn/n1/2017/1028/c64094 - 29613660. html.

色建设基础上形成的，例如，综合高中学校，要适应技能人才培养需求，引进职业教育领域的信息化、先进制造、工程、经济等领域的课程，与普通高中课程体系相融合，结合生产实践发展兴趣特长，为培养未来复合型人才奠定基础。

2. 强化以资源为基础的多维支持

如果以服务面作为评价标准，不同类型、不同层次的学校均有存在的价值和意义。因此，强化资源支撑首先需要集聚广泛的资源，创新和优化教育资源分配方式；其次，要按照分类建设标准建立健全评价体系，从而决定资源配置结构；最后，要克服资源配置的"马太效应"。

3. 构建内外连通为宗旨的转换机制

当前高中教育不同层次、类型与形式之间还相对独立和封闭，这既难以满足经济社会发展对终身教育体系建设的需求，也难以满足高中教育普及化时代个人成长的多样化需求。因此，积极构建内外连通的转换机制尤为重要。要完善质量标准尤其是课程质量标准，使不同层次、不同类型的学校之间具有转学、升学参考依据，推进学习成果互认，构建普通高中与职业教育、高等教育融会贯通的发展体系。

构建高中分类发展的结构体系，不断引导普通高中学校合理定位、尊重学校的内在自觉和实践智慧，找到适合自身发展的特色和路径，促进学校走内涵发展之路。

北京市普通高中多样化发展历程与推进策略

北京教育科学研究院　殷桂金

2010年10月，北京市参加了教育部"国家级教育体制改革试点项目之六——开展高中特色发展试验"，自此拉开了北京市高中特色建设与多样化发展的序幕。十年来，北京市全面落实《国家中长期教育改革和发展规划纲要（2010—2020年）》精神，不断深化基础教育综合改革，积极推进普通高中多样化发展，在北京高中教育发展史上留下了浓墨重彩的一笔。

一、发展历程

（一）启动规划阶段（2009—2010年）

2007年，北京市开始新一轮高中课程改革，构建起国家、地方、学校三级课程体系，为学生自主选择、个性发展提供了可能，也为高中学校特色建设奠定了坚实基础。2009年下半年，北京市教委开始酝酿设立"高中特色建设规划、实施与案例发掘"项目，2010年1月正式立项，委托北京教育科学研究院基础教育科学研究所（本文简称"北京教科院基教所"）组织高中学校开展项目试验和探索，确定了16个区的39所高中学校作为市级项目学校，以薄弱高中及非示范高中为主，指导项目学校从制定特色建设规划入手，增强学校特色发展意识，培育学校优势领域。

（二）试验探索阶段（2011—2013年）

2010年9月，北京市教委成立了国家级教育体制改革基础教育项目——开展高中特色发展试验工作组，由北京市教委基础教育二处（以下简称"北京市教委基教二处"）处长任项目工作组组长，北京市教委基教二处和北京教科院基教所研究人员作为项目工作组核心成员，先后组织开展了高中特色发展试验专家咨询、试验方案专家评审、中期评估、结题总结等一系列重要活动。同时设立市级项目组，为项目推进提供业务支持，组织专家深入学校进行实地调研，指导学校把握特色发展方向，开展实践研究，组织开展区级结题系列展示交流活动，指导各区及项目学校总结提炼试验成果，进行结题验收，实现对项目学校的全程管理和监控，确保试验达到预期目标。

坚持"全覆盖、代表性"的原则，项目组在北京市范围内选择70所高中作为项目学校，其中45所为国家级项目学校，25所为市级项目学校。坚持"统筹规划和因地制宜相结合，改革试点与全面推进相结合，政府引导与学校自主探索相结合"的原则，注重顶层设计，以试验项目为抓手，以国家级和市级试验项目学校为重点进行突破，统筹规划北京市普通高中多样化发展的格局。

（三）局部推广阶段（2014—2016年）

经过三年的试验探索，高中特色建设取得了一定成果，项目组围绕学校特色建设的理念系统、载体系统、保障系统和成果系统四个维度20项关键指标，面向所有项目学校进行了特色建设成效调研，并进行了总体分析和分层分类比较，为进一步推广高中特色发展成果提供了依据。结合项目学校实际，高中特色发展试验成果首先在项目学校内部进行了推广，即45所国家级项目学校面向25所市级项目学校进行推广交流。随后，针对调研中发现的问题，充分发挥优质特色高中的示范引领辐射带动作用，面向北京市传播高中特色发展试验成果，以特色类型为纽带，组建了10个跨区域特色发展联盟，采取"入区专题报告＋入校调研指导"相结合的方式，组织了10场跨区域高中特色发展联盟活动，北京市高中干部教师1000余人（次）参与了活动。项目组与《北京高中教育研究》会刊合作，将优质特色高中多样化发展成果由"点对点""点对面"到北京市所有高中学校全覆盖，提升了高中多样化发展成果的影响力。

（四）深化拓展阶段（2017—2019年）

伴随着新一轮高考改革的启动，项目组从区、校两个层面对北京市普通高中学校高考改革实施情况进行了持续跟进，通过线上调研全面了解学校在政策解读实施、教学管理、课程供给、课堂教学、综合素质评价、学生发展指导、师资队伍建设等方面出现的新变化与新问题。通过实地调研，了解不同区域、不同层次、不同类型、不同规模的学校选课走班、学生发展指导等相关配套制度的制定与实施情况。在个别调研的基础上发现典型，充分发挥优质特色学校的示范引领作用，相继在京源学校、玉渊潭中学、北京市第一七一中学召开现场会。结合北京市"四个中心"建设，围绕国际理解、文化艺术、科技创新、学术高中建设等分别在北京外国语大学附属外国语学校、第六十五中学、中关村中学和第十一中学召开现场会，展示高考改革与高中多样化发展的生动实践。

针对调研中存在的共性问题，开展系列专题培训活动，相继邀请北京市玉渊潭中学高淑英校长、中关村中学杨亮副校长、北京外国语大学附属外国语学校林卫民校长做专题报告。为深入了解高考改革先行试点区的新高考改革落实与推进情况，组织区校领导赴浙江省教科院、复旦大学及杭州和上海两地部分高中学校进行考察交流，并邀请华东政法大学附属中学龚海幸副校长来北京为高中学校校长做专题报告。

（五）统筹推进阶段（2020年至今）

2019年，国务院办公厅印发了《关于新时代推进普通高中育人方式改革的指导意见》（国办发〔2019〕29号），提出到2022年，普通高中多样化有特色发展的格局基本形成。2020年，北京市委教育工作领导小组出台了《北京市关于深化育人方式改革推进普通高中多样化特色发展的意见》（京教组发〔2020〕2号），提出实施普通高中多样化特色发展示范计划，坚持一校一案，分类引导学校立足自身传统、历史积淀、学校文化、办学优势和条件资源，找准发展定位，培育一批多样化特色发展的优质学校，并具体化为六类项目，对普通高中发展的重点领域做出了明确要求，通过市级层面的顶层设计，在学校类型、共享机制、招生政策、师资配备等方面，因区、因校施策，全面推进普通高中多样化特色发展。项目组将研究重点聚焦在"指导推进"上，一方面通过研究完善高中多样化发展的政策支持体系，确保各项举措有效落实；另一方面采取多种方式全面监测与指导高中多样化发展，发现问题，提出建议；发现典型，挖掘经验，为教育行政决策提供依据，为学校实践提供参考。

二、推进策略

北京市高中多样化发展的总体策略是"政府引导，项目驱动，区校联动"，具体策略是以高中特色建设为抓手，以形成普通高中多样化发展格局为目标。通过委托专项的方式，组织16个区的普通高中学校进行专项研究和实践探索。

（一）机制保障，协同推进，确保项目有序运转

为有效推进高中特色发展试验，项目组建立并完善了专家咨询机制、调研指导机制、"市—区—校"三级联动机制及经验共享机制等一系列项目运行和保障

机制，多项机制相互配合与支撑，发挥了不可替代的作用。项目组充分利用在京高校、专业研究机构的专家资源，定期开展专题咨询和理论培训。组织专家深入项目学校进行巡回调研和指导，及时发现并指导解决试验过程中存在的问题，及时挖掘、提炼和传播项目学校试验过程中的鲜活经验和有效举措，发挥典型示范、辐射和带动作用，在每年举办的项目年度总结交流会上进行宣传推广。为保证活动的顺利开展，建立了"市—区—校"三级联动机制，各区教委中教科设有一名区项目联系人，负责本区活动的开展，并参与市级项目方案制订、调研协调、活动组织、项目总结等。各项目学校设有一名项目负责人，负责与市级项目组、区项目联系人进行业务沟通，做好本校规划（方案）制订、活动推进、入校调研、信息采集、案例挖掘等工作。市级项目组、区教委及项目学校三方结成项目研究共同体，协同推进，实现了科研引领力、行政推动力与学校自主发展力的"三力合一"。

（二）规划先行，过程管理，推动学校特色规划（方案）落地

项目组以学校特色建设规划（试验方案）为抓手，指导项目学校明确学校特色定位，聚焦试验目标，明确推进思路。项目组邀请有关专家定期对项目学校进行专题培训，研制了《关于制订高中学校特色建设规划文本的指导意见》，指导项目学校做好学校特色建设的背景分析，选准学校特色定位，明确特色建设的目标、内容、实施策略及保障等。组织专家对区县和项目学校试验方案进行多轮指导，通过开展学校试验方案制订的培训、指导及专家评审活动，不断完善试验方案，为试验稳步、有序推进奠定了良好的基础。组织专家组深入项目学校巡回调研和指导，实现了调研—指导—培训的有机结合。项目组以过程管理为手段，通过开展项目学校试验方案评审、中期评估、结题验收等，督促项目学校落实特色建设规划（试验方案），逐步积淀学校特色，促进学校特色的形成。各区县以项目学校为龙头学校，整体带动区域高中特色建设与多样化发展。

（三）层类结盟，优质带动，全面提升特色发展水平

经过几年的普通高中学校特色建设，70所项目学校在多个领域进行了卓有成效的探索，在某一领域或多个领域形成了鲜明的办学特色，但由于学校发展基础不同，特色水平各异，特色建设成效呈现出明显的校际差异。根据70所高中学校的特色成熟程度，采取学校自评和项目组评估相结合的方式，将这些学校大

体划分为三个层次，即示范带动学校、自主发展学校、跟踪指导学校，最终确定25所高中为示范带动学校，28所高中为自主发展学校，17所高中为跟踪指导学校。

在明确每一所项目学校"坐标"的基础上，以特色类型为纽带，围绕育人模式、学校文化、学校管理、素养教育、教学方式等五种类型，将10个区的10所普通高中学校作为跟踪指导学校，并根据这10所学校的特色类型、办学层次，选择了10所优质特色高中作为示范带动学校，本着"双方自愿、相互认同"的原则，组建了10个跨区域的普通高中特色发展联盟，将同类不同质的两所学校结合在一起。例如，围绕教学方式，北京市第一七一中学与密云二中结盟、北京市第十九中学与延庆五中结盟；围绕育人模式，人大附中与大兴一中结盟、北京四中与北京实验学校（平谷校区）结盟、京源学校与昌平前锋学校结盟；围绕学校文化，北师大附中与顺义二中结盟、北师大二附中与丰台丽泽中学结盟；围绕素养教育，北京中央工艺美术学院附属中学与怀柔首师大附属红螺寺中学结盟、北京市第一六六中学与门头沟育园中学结盟；围绕学校管理，北京市第一零一中学与房山区周口店中学结盟。同一类型、不同层次、不同区域的高中学校特色发展联盟的组建，搭建起示范性高中与非示范性高中、优质特色高中与一般特色高中之间交往和对话的平台。

联盟采取入区专题报告与入校调研指导相结合的方式，由示范带动学校为跟踪指导学校提供专业支持。入区专题报告面向跟踪指导学校所在区的全部普通高中学校干部教师代表进行专题培训，报告采取"1+1"的方式进行，即1个理论报告加1个实践报告，理论报告是根据跟踪指导学校所在区的需求为全区高中干部教师做专题报告；入校调研指导是根据跟踪指导学校的需求，深入学校进行研讨交流，提供"点对点"的指导，充分发挥示范带动学校的引领辐射作用。

（四）多种形式调研，点面结合，全方位监测高中学校发展质量

项目组采取个别调研与集中调研相结合的方式，在广泛的个别调研的基础上，选取典型学校进行集中调研，一方面针对共性问题为同类学校提供例证，答疑解惑；另一方面为成效明显的学校搭建展示平台，交流分享。调研面向北京市各区及高中学校开放，自愿参加。项目组先后组织区项目联系人、项目学校负责人、高中学校领导和教师等近千人（次）走进京源学校、第一七一中学、玉渊潭中学、北京外国语大学附属外国语学校、第六十五中学、中关村中学、第十一

中学 7 所优质特色高中学校进行现场交流研讨，通过典型引路，共享特色建设成果。

项目组面向北京市普通高中学校及学生相继开展了大规模的线上调研，包括普通高中特色建设成效调研、普通高中学校发展现状调研、高中学生多元发展现状调研、普通高中多样化发展现状调研等。普通高中特色建设成效调研主要围绕特色建设的理念系统、载体系统、保障系统和成果系统四大维度 20 项关键指标进行比较与分析；普通高中学校发展现状调研主要围绕普通高中学校发展规模、现状及趋势，新高考与高中学校发展变革等进行全面调研；高中学生多元发展调研包括多元智能发展、人格特质倾向、自我效能感、职业价值观、社会支持等方面的内容；普通高中多样化发展现状调研包括办学理念与文化建设、学校组织与管理、教学组织形式、课程体系建设、课题研究、办学条件和环境、学生发展指导、学校发展倾向、办学成效及面临的主要困难等。通过调研，建立起普通高中学校发展数据库（2017 年）、高中学生多元发展数据库（2019 年）和高中学校多样化发展数据库（2020 年）。系列调研活动为北京市高中学校多样化发展及高中学生多元发展情况进行了把脉，针对具体问题及时提出政策建议，形成专题调研报告，及时上报市级教育行政部门。

项目组还通过"走出去"的方式，学习借鉴兄弟省市先进经验，先后组织项目学校前往重庆、上海、江苏、辽宁、黑龙江、浙江、天津等地考察，深入十多所高中学校、教育研究机构围绕学校特色建设、高中多样化发展、高中课程改革、学校教育教学管理、学生选课走班、学生发展指导、综合素质评价等内容进行面对面的交流。

三、实施效果

（一）实地调研与现场指导相结合，促进了学校改进与完善

项目组根据项目学校在推进过程中存在的问题与困惑，采取个别调研的方式，深入学校进行研讨交流，提出明确的改进建议；及时发现典型进行宣传，通过开放式集中调研的方式为兄弟学校提供借鉴。个别调研与集中调研相结合的方式有效满足了不同层次学校的发展需要，尤其是开放式集中调研为优质特色高中先进的办学理念与实践的传播搭建了平台，大部分学校都是校长或副校长带队参观，讲解学校的环境布置、资源整合及课程设计与实施情况，全面阐释和展示学校的办学理念与办学特色。这种深入学校现场观摩研讨的方式也得到了各区教委

中教科和项目学校的积极响应，参加调研的人员覆盖了几乎所有项目学校，部分学校的校长参加活动。调研人员在参观特色育人环境、经验交流分享的基础上，继续围绕主题进行研讨交流，挖掘亮点，提出建议，固化成果，增强区、校对高中多样化发展的反思意识、研究意识与总结意识。通过开放式调研将优质特色高中的先进办学理念和育人方式进行了有针对性的宣传与推广，同类学校通过近距离地观察、剖析和借鉴，结合自身实践对照、反思与提升，改进与完善本校建设。

（二）外出交流与专题培训相结合，提升了学校特色建设能力

项目组采取"走出去"与"请进来"相结合的方式，加强与兄弟省市的交流与合作。首先通过"走出去"学习和借鉴先行改革地区的经验，先后组织学校赴先行进入高考改革试点省市的浙江省、上海市及同期进入高考改革的天津市进行专题调研，学习交流兄弟学校在高考改革与高中特色建设中取得的经验。并与天津教科院、济南市教研院联合举办了"高考改革与高中多样化发展研讨会"。在"走出去"全面了解的基础上，2018年底项目组邀请上海市四所特色高中之一的华东政法大学附属中学龚海幸副校长为北京市高中学校校长及区教委中教科领导做专题培训，龚校长的报告受到了参会者的一致好评。外出交流与专题培训相结合，密切了北京市与上海、浙江、天津教育科研部门之间的关系，加强了业务往来，增强了与兄弟省市的沟通与合作，提升了学校干部教师的特色建设能力。

（三）行动研究与成果提炼相结合，全方位呈现高中多样化发展成果

在项目推进过程中，项目组一方面及时为学校提供相关理论文献、政策信息，提高理性认识水平；另一方面在学校实践探索的基础上，指导学校及时总结经验，展示成果。2013年下半年，相继在朝阳、东城、延庆、西城、海淀5个区举行了区级结题系列展示交流活动，近700余人（次）参加，5个区教委分别介绍了本区学校特色建设情况及取得的主要成效，9所学校的校长分别围绕本校的特色做了主题报告，与会人员观摩了38节特色课，欣赏了学生自编自导自演的话剧片段和部分项目学校的特色宣传短片等。在项目组的指导下，16个区和70所项目学校对高中特色发展试验成果进行了总结，形成结题报告，编写了《探寻

普通高中特色发展之路》（全4册，2013年，北京教育出版集团出版）。项目组围绕"新高考改革与高中多样化发展"征集区、校典型案例38篇，编写了《高考改革与高中多样化发展的探索与实践》（2019年，科学技术文献出版社出版）。围绕近十年高中多样化发展征集区、校典型案例33篇，编写《北京市普通高中多样化发展报告（2020年）》（2021年将由知识产权出版社出版）。

（四）问题诊断与建议反馈同步，调研结果及时转化为决策依据

作为面向北京市开展的系列调研活动，项目组将学校和学生视为两个不同的整体，精心设计问卷维度，围绕各自发展的核心要素设计结构指标与操作指标，并召开专题培训会解读问卷设计的基本思路与内在逻辑。利用大数据信息筛选与组合的便利，将调研结果进行分类与整合，形成面向不同群体的专项报告，将不同类别的报告及时反馈给相应的调研对象，精准定位不同区域、不同学校与不同学生的发展坐标，建立起四级报告反馈机制。如2017年开展的高中多样化发展报告包括市级报告、功能区报告、区级报告、学校报告，其中，市级报告主要是面向市教委；功能区报告是根据首都城市功能定位，分析4个功能区的共性与个性；区级报告便于区级教育行政部门了解整体情况，分析不同学校的发展状况；学校报告主要是对校内情况的分析与比较。2019年开展的学生多元发展报告包括学生报告、学校报告、区级报告和市级报告。项目组针对不同的个体报告和团体报告分别开发了报告模板，保证每一份报告更具针对性和可读性，学生以此报告分析自我、认识自我，学校以此为依据采取相应的指导策略，为教育教学和学生发展指导提供依据。

四、反思与展望

协同理论认为，整个环境中的各系统间存在相互影响而又相互合作的关系，这些系统根据一定的规律和方式加以整合利用，可产生协同效应，使组织的整体效益大于各个独立组成部分的总和。学校作为社会系统中的一个组织，要主动适应环境的变化，就必须具有自我调节能力、自我适应能力，以及自我修复能力，通过与外界有效协作以进行能量交换，获得自身发展的动力与能量。为此，需要普通高中学校不断完善、修正现有管理方式，创新机制，激发学校办学活力，更好地适应高中多样化发展的需要。

（一）建立自我监控机制

优质特色高中在推进高中多样化发展的过程中发挥了重要的示范引领作用，其成功秘诀之一在于具有较强的"自组织"的能力，其教育改革的动力及行为不是单纯来自外部指令，更多的是来自系统内部的自我监控与调节，是系统内部自发、自觉的自组织行为。因此，普通高中学校在学习借鉴优质特色高中办学成果的过程中，更应具有"文化自觉"的意识，通过建立自我监控评估机制，以办学理念和育人目标为导向，重新审视本校所处的文化环境和办学资源，清醒认识学校发展的形势，增强自主发展能力。

（二）建立协同发展机制

系列调研结果表明：北京市普通高中学校整体发展良好，但存在不同功能区之间、不同学校之间的差异，跨区域高中特色发展联盟突破了区域界限，形成了区域联合及市域内的学校协同发展，增进了城区与郊区学校间的相互了解，是扩大优质教育资源供给的一种新探索。项目组作为主导力量，主动沟通各区教委中教科及项目学校，聚焦各方力量，相互协作、三力合一，但仅靠项目组一方一时之力是很难完成普通高中多样化发展这一重任的，还需要政府主导，建立优质特色高中与薄弱高中协同发展的长效机制，使合作共享成为一种常态。

（三）建立分类评估机制

普通高中多样化发展是一项复杂的系统工程，需要在办学体制、管理机制、培养模式等方面进行系统探索，针对高中学校的已有基础与发展需要，综合运用政策和资源杠杆，建立不同类型、不同层次学校的分类发展引导评估机制，促使每一所普通高中学校明确发展方向和改革路径，为高中多样化发展提供不竭动力。

北京市普通高中学生多元发展的现状分析与建议

北京教育科学研究院　李海燕

《北京市"十三五"时期教育改革和发展规划（2016—2020年）》提出：促进普通高中多样化有特色发展，加大学校办学自主权，支持学校特色发展，为不同潜质的学生提供更多选择空间。2017年北京市启动新一轮新高考改革，其目标是建立符合首都教育实际的现代教育考试招生制度，实现从"育分"到"育人"的转变，发展素质教育，促进多元人才的培养。新高考改革为高中生提供了更大的选择空间和更多的选择机会，学生可以依据自己的兴趣、学科优势、能力特长等选择专业及发展路径。为全面了解北京市普通高中学生多元发展的现状，面向北京市16个区开展基线调研，分析高中学生多元发展的基本现状和存在的问题，为学生发展提供指导，为教育行政决策提供实证依据。

一、调研内容

为推动普通高中多样化发展，满足学生个性化发展的需求，笔者对北京市普通高中学生多元发展情况进行调研，共收集北京市35所学校9737名高中生的多元发展评估数据，调研的内容主要包括以下几个方面：

一是高中生多元智能倾向性。基于心理学家加德纳的多元智能理论，人的智能是多元的、发展的、可塑的。每个学生的身上或多或少都具有八种智能，个体拥有自己独特的智能倾向和优势智能。

二是高中生个性发展倾向性基于人格的大五因素模型。大五因素可以分为神经质、外倾性、开放性、宜人性和尽责性，他们构成了人格的海洋❶。不同人格特质反映了高中生个性发展特征的倾向性。

三是高中生职业探索和影响因素等基本情况。如高中生自我效能感，它会影响个体行为目标的确定、个人行为的努力程度，也会影响个体能力的调控。职业

---

❶ 王孟成，戴晓阳，姚树桥. 中国大五人格问卷的初步编制Ⅲ：简式版的制定及信效度检验［J］. 中国临床心理学杂志，2011，19（4）：454–457.

价值观是指人生目标和人生态度在职业选择方面的具体表现，是一个人对职业的认识和态度，以及他对职业目标的追求和向往。学生的理想、信念、世界观影响职业的选择倾向，主要集中体现在职业价值观上。

二、调研方法

（一）自编调查问卷

在文献研究的基础上，编制"普通高中学生多元发展调查问卷"。通过研讨，明确了普通高中学生多元发展的主要指标，重点围绕学生多元智能、人格倾向、职业选择和影响因素等内容。

（二）问卷修订和测试

召开了两场问卷咨询会，邀请北京市16个区教委中教科科长、普通高中学校校长或副校长做问卷咨询。在正式测试前，邀请北京市某学校学生160人做试填写，多次修订完善并最终定稿。

（三）数据回收与统计分析

面向北京市16个区，随机抽取35所学校9737名学生实施问卷调研，其中高一学生4948名，高二学生4789名，对全部数据进行了整理，运用spss16.0进行分析处理。

三、调研结果

本次调研选取35所学校9737名学生，其中男生5560人，女生4177人。从北京城市功能区划分来看，首都功能核心区有1684人，占总人数的17.3%；城市功能拓展区有3007人，占总人数30.8%；城市发展新区有3413人，占总人数35.1%；生态涵养发展区有1633人，占总人数的16.8%。

（一）高中生多元智能发展情况

参与高中生多元智能发展情况调查的学生中，学生的言语—语言智能平均得分17.97分，身体—运动智能平均得分18.37分，人际交往智能平均得分19.47分，音乐—节奏智能平均得分17.17分，自知自省智能平均得分18.48分，自然观察智能平均得分17.02分，都处于中等水平（17≤得分<21）；逻辑—数理

智能平均得分 16.60 分，视觉—空间智能平均得分 16.31 分，都处于较低水平（0≤得分＜17）。

（二）高中生人格特质倾向性

通过调研结果分析，高中生的开放性、宜人性、尽责性和神经质维度得分处于中等水平（27≤得分＜34），外倾性得分处于较低水平（0≤得分＜27）。

（三）高中生职业探索和影响因素等基本情况

1. 学生学业、社团等选择倾向性

在学校开设的特色课程中，排在前三位的课程是体育健康类（86.4%）、音乐艺术类（82.6%）和科学素养类（71.1%）。学生参与人数排在前三位的社团是：体育运动类的社团有 3466 人（35.6%），学术科技类的社团有 3219 人（33.1%），音乐艺术类的社团有 3181 人（32.7%）。

2. 语数外以外的优势学科情况分析

本次调研调查了除语数外的优势学科外，每名学生最多可选 3 项，调查结果显示，优势学科排在前三位的是：物理有 4324 人（44.4%），化学有 4027 人（41.4%），地理有 3882 人（39.9%）。高二学生选课的主要依据是："自己对某一科目的偏好以及兴趣"的学生有 3112 人（65.0%），"所选三科的考试成绩最高"的学生有 2420 人（50.5%），选择"将来升入大学的专业方向"的学生有 2281 人（47.6%）。

3. 高中生偶像崇拜情况分析

参与高中生多元智能发展情况调查的 9737 名学生中，学生崇拜的偶像类别排在前三位的是：选择歌星的有 2674 人（27.5%），选择影视明星的有 2362 人（24.3%），选择动漫中的英雄人物的有 2140 人（22.0%）。

高中生崇拜偶像的主要三方面是：崇拜偶像性格特点的有 5033 人（51.7%），崇拜偶像专业能力的有 4840 人（49.7%），崇拜偶像坚定执着信念的有 3478 人（35.7%）。偶像对学生的主要意义在于：选择偶像使生活更有乐趣的有 7277 人（74.7%），偶像是精神力量和支柱的有 4633 人（47.6%）。

4. 高中生贫富归因情况分析

高中生对于周围人贫困和富有的归因前三位都是勇气与坚韧、努力和能力。具体来说，对于周围人贫困的归因排在前三位的是缺乏勇气与坚韧等特征的有

7107 人（73.0%）、不努力工作的有 4675 人（48.0%）、能力不高的有 4106 人（42.2%）；对于周围人富有的归因排在前三位的是有勇气与坚韧等特征的有 7236 人（74.3%）、努力工作的有 7050 人（72.4%）、能力很高的有 6557 人（67.3%）。

5. 高中生职业选择倾向情况分析

高中生最想从事的职业排在前三位的是：选择教师的是 2616 人（26.9%），选择医生的是 2010 人（20.6%），选择科研人员的是 1799 人（18.5%）。

6. 高中生职业价值观选择情况

高中生的职业价值观最看重的三方面是：符合自己的兴趣爱好，喜欢这份工作平均得分 3.66 分；公平公正对待每个人平均得分 3.59 分；工作稳定平均得分 3.50 分（见图 1）。

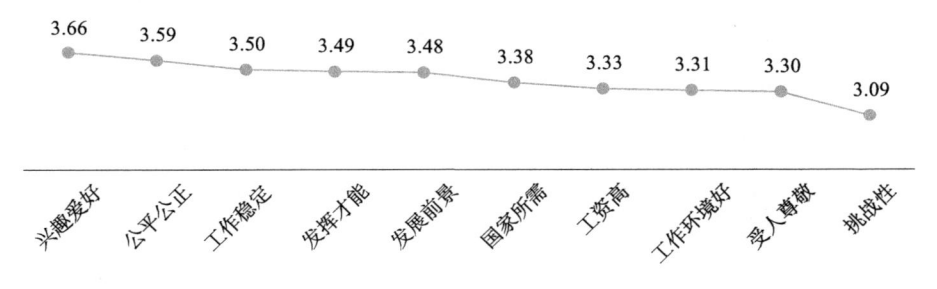

数据点：兴趣爱好 3.66、公平公正 3.59、工作稳定 3.50、发挥才能 3.49、发展前景 3.48、国家所需 3.38、工资高 3.33、工作环境好 3.31、受人尊敬 3.30、挑战性 3.09

图 1　高中生职业价值观选择情况

7. 高中生发展获得社会支持情况

学生发展获得社会支持的情况中，来自家长和教师的支持相对较大。具体来说，"家长对你的支持和个人发展的投入程度"得分是 87.42 分，"所在学校的教师为你的个人发展提供的人际支持"得分是 79.51 分，学校支持的得分是 78.91 分，同伴支持的得分是 78.79 分，社会支持的得分是 67.79 分。

（四）不同功能区学生发展对比分析

不同区域学生发展对比分析的方式有两种，有维度分的对比方式采用平均数的差异检验，单一题目的对比采用百分比或平均数进行描述性分析。

1. 不同区域多元智能、人格特质和自我效能感对比

不同区域高中生在多元智能、人格特质和自我效能感方面的得分都存在显著差异。相比其他区域，城市功能拓展区在多元智能的 8 个维度得分、人格特质的

5 个维度得分和自我效能感得分相对较高，具体情况如表 1 所示。

表 1 不同区域多元智能、人格特质和自我效能感比较

分类 维度	多元智能							人格特质					自我 效能感
	言语— 语言 智能	逻辑— 数理 智能	身体— 运动 智能	人际 交往 智能	视觉— 空间 智能	音乐— 节奏 智能	自知 自省 智能	自然 观察 智能	神经质	外倾性	开放性	宜人性	尽责性	总分 （分）
A	18.08	16.49	18.11	19.50	15.82	17.52	18.37	16.78	26.87	25.70	32.18	32.01	28.78	34.76
B	18.39	16.92	18.77	19.74	16.57	17.92	18.73	17.27	27.17	26.15	33.58	32.83	30.11	36.01
C	17.74	16.36	18.19	19.22	16.13	16.57	18.24	16.82	26.94	25.78	32.10	32.15	29.43	34.37
D	17.55	16.59	18.31	19.48	16.69	16.67	18.63	17.21	27.19	26.07	32.92	32.58	29.84	35.25
F 值	26.77**	8.31**	17.98**	11.52**	15.64**	47.48**	13.96**	8.59**	3.82*	3.80*	30.94**	15.25**	24.35**	27.05**

* $p < 0.05$；** $p < 0.01$
A：首都功能核心区　B：城市功能拓展区　C：城市发展新区　D：生态涵养发展区

2. 不同区域学生职业探索和影响因素分析

在学校开设的特色课程中，不同区域排在前两位的课程是体育健康类和音乐艺术类，排名第三位的课程有所不同，首都功能核心区和城市发展新区是科学素养类课程，城市功能拓展区是学科拓展类课程，生态涵养发展区是学科拓展类课程。

在学生参与的社团活动中，除首都功能核心区外，其他三个区域排名前三的社团活动都是学术科技类、体育运动类和音乐艺术类。而首都功能核心区排名前三的社团活动有社会实践类和休闲娱乐类。除语数外的优势学科外，不同区域学生报告优势学科排在前两位的都是物理和化学，首都功能核心区和城市发展新区学生的优势学科第三位是生物，其他两个区域是地理。高二学生选择人数排在前三位的学科中，生态涵养发展区高二学生选择的是地理、化学和物理。其他三个区域高二学生选择的都是物理、化学和生物。不同区域高二学生选课的主要依据都是"自己对某一科目的偏好以及兴趣""所选三科的考试成绩最高""将来升入大学的专业方向"。

3. 不同区域高中生偶像崇拜情况

在崇拜的偶像类别中，不同区域排在前三位的偶像都有歌星和影视明星，此外，首都功能核心区学生崇拜艺术家，城市功能拓展区崇拜动漫中的英雄人物，城市发展新区和生态涵养发展区学生崇拜父母，如表 2 所示。

表 2 不同区域学生偶像崇拜情况

分类	排名	首都功能核心区		城市功能拓展区		城市发展新区		生态涵养发展区	
		名称	比例	名称	比例	名称	比例	名称	比例
崇拜偶像类别	1	歌星	27.6%	歌星	27.8%	歌星	27.7%	父母	27.0%
	2	影视明星	23.8%	影视明星	23.8%	影视明星	25.3%	歌星	26.4%
	3	艺术家	22.5%	动漫中的英雄人物	23.3%	父母	24.1%	影视明星	23.3%
崇拜哪些方面	1	专业能力	55.5%	专业能力	51.7%	性格特点	52.6%	性格特点	50.3%
	2	性格特点	51.8%	性格特点	51.3%	专业能力	46.7%	专业能力	46.3%
	3	执着信念	36.6%	执着信念	36.2%	执着信念	35.9%	执着信念	33.5%
偶像主要意义	1	生活趣味	74.8%	生活趣味	74.1%	生活趣味	75.4%	生活趣味	74.6%
	2	精神力量	43.4%	精神力量	44.5%	精神力量	50.6%	精神力量	51.3%
	3	无所谓	26.1%	无所谓	24.5%	无所谓	19.7%	无所谓	20.1%

在高中生崇拜偶像的主要三方面中，不同区域学生选择的都是专业能力、性格特点和执着信念。在偶像对学生的主要意义中，不同区域学生主要选择的都是偶像使生活更富有趣味、偶像是精神力量。

4. 高中生贫富归因情况

不同区域学生对于周围人贫困的归因排在前三位中的都有缺乏勇气与坚韧、不努力工作。不同的是，首都功能核心区和城市功能拓展区还将贫困归因于能力不高，城市发展新区和生态涵养发展区还将贫困归因于学历低。不同区域学生对于周围人富有的归因排在前三位的都是有勇气与坚韧等特征、能力很高、努力工作（见表3）。

表 3 不同区域高中生贫富归因情况分析

分类	排名	首都功能核心区		城市功能拓展区		城市发展新区		生态涵养发展区	
		名称	比例	名称	比例	名称	比例	名称	比例
贫困归因	1	勇气与坚韧	69.2%	勇气与坚韧	71.2%	勇气与坚韧	75.9%	勇气与坚韧	74.2%
	2	能力	47.7%	努力	46.8%	努力	48.8%	努力	50.0%
	3	努力	46.8%	能力	42.5%	学历	41.5%	学历	39.7%
富有归因	1	勇气与坚韧	74.0%	勇气与坚韧	73.6%	勇气与坚韧	75.6%	努力	74.2%
	2	能力	71.8%	努力	71.8%	努力	73.1%	勇气与坚韧	73.3%
	3	努力	70.3%	能力	68.4%	能力	67.4%	能力	60.6%

5. 职业选择倾向情况

不同区域参评学生最想从事的职业排在前三位的都是教师、医生和科研人员。学生最不想从事的职业排在前三位中,首都功能核心区和城市功能拓展区学生选择的是保安、农民和工人,其他两个区域选择的是教师、保安和医生。

6. 学生职业价值观选择情况

学生的职业价值观最看重的三方面中,首都功能核心区和城市功能拓展区学生选择的兴趣爱好、公平公正和发挥才能,其他两个区域选择的是兴趣爱好、公平公正和稳定性。

不同区域学生获得社会支持情况中,来自家长的支持最大。此外,城市发展新区来自学校的支持较大,其他三个区域来自教师的支持较大。

四、北京市普通高中学生发展存在的主要问题

(一) 高中学生在逻辑—数理智能、视觉—空间智能方面处于较低水平,存在功能区域差异,发展不均衡

高中生在言语—语言智能、身体—运动智能、人际交往智能、音乐—节奏智能、自知自省智能、自然观察智能方面的平均得分都处于中等水平,在逻辑—数理智能、视觉—空间智能方面的平均得分处于较低水平。城市功能拓展区的学生在各智能平均得分更高(视觉—空间智能除外),而生态涵养发展区的视觉—空间智能平均得分高于其他三个功能区。逻辑—数理智能是有效进行计算、逻辑推理、科学分析的思维能力、视觉—空间智能是准确感知视觉空间、科学想象和创造力的思维基础,立足学生多元智能的发展特点和首都功能定位,为创新人才培养奠定基础。

(二) 高中生人格发展和辅导被忽视

高中阶段是人格形成的关键阶段,人格是构成个体的思想、情感及行为的特有统合模式,这个独特模式包含了区别于他人的稳定而统一的心理品质。高中生的开放性、宜人性、尽责性和神经质维度得分处于中等水平(27≤得分<34),外倾性得分处于较低水平(0≤得分<27)。学生的自我效能感平均得分处于中等水平(30≤得分<40)。学生的整体生活满意度较低(3.05分),父母对孩子发展最为关注的是学习成绩(68.8%)、品德和性格(28.6%),因此,我们在关

注学生学业和生涯教育的同时，应加强普通高中学生人格的发展和辅导。

（三）学生偶像崇拜存在娱乐化倾向，职业选择求稳，缺乏挑战性

学生崇拜的偶像类别排在前三位的是：歌星（27.5%），影视明星（24.3%），动漫中的英雄人物（22.0%）。学生职业价值观中选择工作稳定的排序靠前，国家所需、发挥才能、挑战性靠后，职业选择求稳，缺乏挑战性。偶像崇拜是当今青少年精神生活的一部分内容，也是学生学习生活的榜样。当下信息时代，媒体的发达带来了娱乐业的繁荣，青少年偶像崇拜集中在文娱和动漫，需要引起学校、教师和家长的关注，学生价值观引导有待进一步加强。

（四）学生发展中学校支持有限，获得社区支持与互动较弱

学生发展获得社会支持情况中，来自家长和教师的支持相对较大，其次是学校支持，最后是社区支持。学校是学生学习生活的主要场所，社区支持与互动是学生参与社会活动、培养公民意识的重要途径。如何提升学校在学生个体发展中更大的支持效能，发挥同伴的积极影响，提升社区的辐射，是我们需要进一步提升的领域。

五、北京市普通高中学生发展指导建议

（一）完善学校课程体系，推进学校培养模式多样化

立足北京"四个中心"城市战略定位，基于学生多元智能发展倾向性区域差异，每所高中学校都要根据不同层次、不同发展倾向的学生个体，提供丰富多样、可供选择的课程与活动，构建适应高考改革发展要求的课程教学新常态，构建以办学理念为统领、以育人目标为主线、以学生发展核心素养为轴心的分类分层课程体系，形成丰富多样、各具特色的育人模式。

（二）在关注学生学业和生涯教育的同时，加强普通高中学生人格发展和辅导

高中阶段是人格形成的关键阶段，与学业和生涯相比，人格教育是更加面向全体普通高中学生的。没有健全的人格，很难成为一个合格的劳动者，也很难继续升学或者发展，在一定程度上，人格教育才是普通高中教育任务中较为

基础性的任务。我们应立足学生人格发展特点，采取多种教学策略，培养学生积极的心理品质，学会自信自爱，坚韧乐观，有自制力，能调节和管理自己的情绪，具有耐挫能力，培养学生的健全人格。在关注学生学业和生涯教育的同时，更应该加强普通高中学生人格发展和辅导。

（三）关注高中学生价值观引导，加强社会主义核心价值观教育

北京市高中学校认真学习落实党的十九大报告精神，坚持立德树人这一根本任务，站在国家战略高度，围绕"培养什么样的人""怎样培养人"的问题，各高中学校将社会主义核心价值观融入课堂教学、校园文化、社会实践、学校管理等环节，以学校的价值追求为出发点，设计多样化的发展路径与实施策略。深刻理解培育和践行社会主义核心价值观的重大意义、丰富内涵和基本要求。由于区域经济发展水平、教育资源、学生生源基础的不同，城乡学生发展价值观、归因及职业选择表现出一定的差异。城区家长教育程度较高，对孩子教育的时间投入和引导也更具有针对性。各区域基于学校、学生的差异，为不同年级、不同性别、不同区域的学生提供有针对性的指导，提高实效性。

（四）构建"三位一体"的学生发展指导体系，为学生发展提供社会支持

家庭教育是青少年健康发展的起点和基础，是以亲子关系为中心伴随养育生活而进行的教育，伴有情感性特征，因此能够给孩子以长远而深刻的影响。学校是学生学习生活的重要场所，是学生受教育的主要阵地。学生在学校学习科学系统的文化知识、社会规范、道德准则和价值观念等，同时在与教师、同伴的互动中完善自己的人格，因而加强教师、同伴和榜样的有效互动是学生发展的重要支持。社区教育是学生通过与校外的接触、互动而进行的，社区参与是培养学生公民意识、社会责任意识的重要途径，没有年龄、时间、地点等局限性，因其形式的灵活多样成为家庭、学校教育的有益补充。以学校教育为纽带，构建家校联盟，拓展社会实践的教育方式，促进学校、家庭和社会紧密配合，形成合力。教育是社会、学校、家庭共同作用的结果，应构建"三位一体"的学生发展指导体系，为学生发展提供社会支持。

普通高中育人模式研究与实践综述

北京教育科学研究院　崔玉婷

一、育人模式的概念界定与创建理论

（一）概念界定

一般而言，"育人模式"的概念和内涵是在与"人才培养模式"的辨析中得出的。育人模式与人才培养模式的概念极为相近，但仍有一定区别。关于人才培养模式，有学者认为，是指在一定的教育理念指导下，按照特定的培养目标，以相对稳定的课程体系、教育教学方式和评估方式等进行人才教育所形成的风格或特征，具有明显的系统性和规范性。[1] 基于不同的教育哲学，有研究者把西方大学人才培养模式分为人文型、科学型、技术型以及混合型四种模式。[2] 关于人才培养模式的内涵，有学者从教育发展方式转变的角度进行了解释，认为教育发展方式转变的"技术路径"关注的是"怎么教"的问题，是"培养模式"的改革问题，涉及教学目标的确定、教学计划的设计、教学内容的选择与处理、教学方法的选择、教学辅助工具（多媒体、教具等）的使用等要素。[3] 还有学者认为，从一个学校内部分析看，培养模式至少应该包括学校文化、课程设置、教学过程、学生评价、学校规章制度、学校管理、人际关系、学生指导、校园环境、社团组织、功能性场馆建设、主题活动、校外合作等。其中，课程设置、教学过程、学生评价是核心内容。[4]

育人模式，是在一定的教育理论、教育思想指导下，为实现特定的育人目标而构建的，并在育人实践中总结和提炼出来的，由适切稳定的教育内容和教育方式组成的育人系统。育人模式强调以"人"为中心，即以人的发展、人的完善和

---

[1] 杨宗仁. 论人才培养模式及其嬗变 [J]. 江苏高教, 2012 (1): 94 – 96.
[2] 宋遂周. 我国民族院校人才培养模式研究 [D]. 北京: 中央民族大学, 2010.
[3] 褚宏启. 中国教育发展方式的转变: 路径选择与内生发展 [J]. 华东师范大学学报（教育科学版）, 2018 (1): 137 – 138.
[4] 袁桂林. 论高中教育机构和培养模式多样化 [J]. 湖南师范大学教育科学学报, 2015 (2): 58 – 63.

人的幸福为宗旨，凸显人的价值，是对传统"人才培养模式"的继承和发展。[1]育人模式的内涵包括育人的思想理念、育人的目标设计、育人的实施与评价反馈等内容。基于此，也有学者认为，育人模式之于学校是一种"顶层设计"，是包括育人理念和目标体系、育人实施和评价反馈等多个环节的"闭环"。其中，育人的实施又可以进一步具象化为学校课程体系建构、教学方法与手段、教师队伍建设等具体内容。[2]还有学者从学校发展系统的角度，认为学校的育人模式系统是学校办学和创新发展的主体工程，是反映学校层面领导力的核心部分，它包括学校教学和德育工作两个主要育人途径，并重点突出课程开发、课堂教学和班级建设这三个带有原点性的基本要素。[3]这种观点把育人模式的理念目标部分划入目标与价值系统，从而把学校育人模式的内涵窄化和细化了。

由此可见，育人模式和人才培养模式的相似之处在于二者的构成要素基本相同，主要包括育人的理念、目标、载体（即课程体系与教学组织形式）与保障等内容；不同之处在于育人模式更强调教育的目标是培养"人"，而非"人才"，更强调回归教育的原点和本质，凸显人的价值，更具人文性和人本性。

（二）学校育人模式的创建

学术界对学校育人模式创建的理论研究主要包括从"整体构建"和"转型"等角度的研究。从整体构建或整体改革的角度来说，"整体建构"的学校育人模式，涉及三个层面，价值观的确立是前提，方法论的建立是关键，"操作体"则提供了实践路径。包括五个步骤，"立根子"——梳理办学理念；"定调子"——明确发展主题；"搭架子"——整体构建体系；"探路子"——创新实施载体；"亮牌子"——创建学校特色。[4]还有学者提出"学校整体改革"的思路，即在学校情境中，校长领导全校根据时代发展和教育改革的要求，对本校教育实践的现状进行专业性诊断，选定改革的核心任务，制定学校发展的阶段性目标，聚焦师生能力建设和课程资源建设，遵循整合、动态和系统的原则……用"整合、动态和系统"的思维方式进行整体改革。[5]

---

[1] 周敬山. 以育人模式创新推进普通高中教育转型发展 [J]. 上海教育，2013（2）：98-99.
[2] 李建民，陈如平. 新时代普通高中教育转型发展关键在育人模式变革 [J]. 中国教育学刊，2019（9）：32-37.
[3] 裴娣娜. 变革性实践与中国基础教育的未来发展 [M]. 北京：教育科学出版社，2015.
[4] 陈如平. "整体建构"：学校改进的实践模式 [J]. 中小学管理，2015（4）：18-20.
[5] 陈雨亭. 学校整体改革的内涵与实践维度 [J]. 教育科学研究，2018（11）：51-55.

有学校管理者从学校转型的价值选择、提供学生可以选择的课程、教学组织形式的转型、学校管理模式的转型以及教师转型等角度对学校育人模式转型进行理性分析。❶ 还有研究者认为育人模式要实现四个转型：育人理念转型——从"育才为本"到"立德树人"；育人目标转型——从"三个维度"到"核心素养"；育人内容转型：从"学科教学"到"学科育人"；育人路径转型：从"社会需求"到"教育供给"。❷ 基于新高考改革的背景，近年来又有学者提出"分类高考"时代的普通高中教学的转型发展，必须以绿色发展理念为指导，坚持新课改"学生为本""发展为本"的理念，以课程改革为中心，以合作学习为方式，以适合性教育为原则，全面培养和提升学生的思维能力和创新能力。❸ 还有学者指出学校育人模式改革需要系统设计，要以科学的教育理念为引领，要与教育改革总体方向相契合，以丰富的探索实践为基础，要以文化制度建设为保障，以教师团队的协同努力为前提。❹ 具体到普通高中育人模式变革的路径，有学者提出五条路径：一是全面落实以立德树人为核心的教育质量观；二是整体系统地构建学校课程体系；三是实施"留白"式学校内部治理；四是激活综合素质评价的育人功能；五是提升学生发展指导的方向感。❺

上述学者与学校管理者从高中教育的理念目标、课程建设、教学改革、内部治理、文化建设、综合评价以及学生指导等不同的角度研究育人模式的创建，其共性在于提出以价值观（理念）为引领，统整育人模式各要素，强调育人模式创建的系统性、整体性与协调性。

二、国外高中育人模式研究

西方有些发达国家为满足不同学生的多样化发展需求，创办了多种多样的高中学校，主要表现为学科专业侧重，产业和职业预备侧重，特殊人群关注，出资办学主体多元（如民办高中、特许学校），时空安排和媒介利用多样等多个维度。❻

不同的学校类型意味着不同的发展方向和育人模式。如从1988年到2010年，英国政府逐步将中等学校的特色学科从技术拓展到艺术、人文、语言、音

---

❶ 李希贵，郭学军. 新高考背景下普通中学转型的路径选择［J］. 北京教育，2018（2）：11-14.
❷ 倪娟. 回归与遇见：高中课程基地转型育人模式［M］. 南京：江苏凤凰教育出版社，2017：47.
❸ 尹达，田建荣. 普通高中转型发展的理念创新与循证实践［M］. 南京：教学与管理，2019（8）.
❹ 汪明. 学校育人模式改革需要系统设计［J］. 中国教师，2015（1）：57-58.
❺ 李建民，陈如平. 新时代普通高中教育转型发展关键在育人模式变革［J］. 中国教育学刊，2019（9）：32-37.
❻ 袁桂林. 论高中教育机构和培养模式多样化［J］. 湖南师范大学教育科学学报，2015（3）：56-63.

乐、体育、工程、数学与计算机、科学、技术、商企等学科，每个学校可以选择一到两门学科作为本校的特色发展领域，并由英国政府统一提供资助，统一规定学校要达成的目标，统一评估。美国高中阶段分为综合中学、普通中学、职业或技术中学以及选择性中学、虚拟高中和在线高中，其中选择性中学包括"校中校""磁石学校""全年学校""特许学校""新型美国学校""特殊高中"等，这些学校都为学生提供了不同的选择机会。从培养目标来看，这些学校往往比较复杂、各有侧重，有的偏重学术、有的偏重职业准备、有的则偏重技能技巧，也有的追求情操陶冶、以培养高雅的时代文明人为宗旨。其中，综合高中将中等教育的普通教育、学术教育、职业教育等各种职能集于一体，在美国各类中等学校中占据了主流地位，担负着升学和就业的双重培养任务。如在美国纽约、伊利诺伊等州试行的"一贯制科技高中"办学模式，进行6年一贯制、多边共治和应用型综合技能培养，将4年高中教育与2年大学教育融为一体。❶ 又如托马斯·杰弗逊科技高中，把培养学生的创新精神和实践能力贯穿于高中各年级、各学科的教学活动中，课程侧重科学、数学和技术的多层级、多类型的兼顾综合与分科的实践性，其高水平的课程包括英才课程、荣誉课程、大学预科课程、大学预科以上难度课程，为中学与大学的无缝连接做出了贡献。其课程理念是用跨学科的方法最大限度地发挥每个学生的智力、技术和情感潜力。❷

国外多数发达国家学校的人才培养模式并不限于高中学段，而是贯穿于普通教育和职业教育之中，具有整体性，如美国的STEM育人模式，该模式将四门学科内容组合形成有机整体，让学生打好扎实的科学、技术、工程和数学基础，进而培养其创新精神与实践能力，促进创新型、创业型人才的成长。德国"双元制"教育模式，德国政府认为，传统的中小学课程更为偏重传统专业知识的传授，无法跟上日益变化的时代与创新的核心理念。因此，"双元制"教育模式对学生的知识结构进行了大规模的调整，加大培养基础性、关键性技能的相关课程数量，增添有关科学价值教育的课程，培养学生现代化的职业素质。

日本采取产学政一体化教育模式，"产"是指产业界，"学"是指大学等研究机构，"政"是指政府。从三者在体系中的不同定位来看，"产"为"学""政"提供经济保障，对创新的风险负责；"学"具有提供和创造学术

---

❶ 王辉，刘冬. 美国应用型人才培养的"首席品牌"："一贯制科技高中"办学模式之述评［J］. 比较教育研究，2014（8）：57-62.

❷ 刘翠航. 美国托马斯·杰弗逊科技高中：创新人才培养模式初探［J］. 基础教育参考，2010（5）：28-31.

源泉的功能；"政"是对"学"的成果进行国家政策上的认可和支援。面对知识经济社会的日新月异，韩国政府制定了21世纪职业教育的发展战略，颁布了《终身教育法》，确立了以终身教育模式强化培养专业人才的能力。为此，韩国设立了继续教育学院，旨在保障国民终身学习的权利和教育的多样化。❶ 为保障《终身教育法》的实施，韩国采取订单式终身教育模式，其目标在于通过制订订单式教育计划来培养以实务为中心的国际化专业人才。在"订单"教育的实施过程中，企业向学校下订单，确定教育对象的人数和教育相关内容，并与学校共同商定课程、所用教材以及教师人选。还有英国的"林间学校"培养模式，其课程与组织形式的多样化、考核与评价方式的多元化是林间学校的一大特色。❷

可见，与我国教育界和学校提出的强调校内育人模式不同，西方国家的高中育人模式，更多地体现在不同类型的高中学校办学模式之不同特性，以及高中学校与职业教育、政府、企业、社会之间的互助合作的办学模式。这种模式界定的视野更为开阔，重视学校发展与政府、社会、企业之间的密切关系，为我国高中学校教育及政府对高中教育的宏观统筹提供了一定的参考。

三、国内普通高中育人模式探索

我国普通高中的育人模式探索可分为区域层面与学校层面。

（一）区域层面

在区域层面，江苏、浙江、上海、北京四省市的探索较为典型。江苏省以"育人模式转型：江苏省普通高中课程基地建设"项目为抓手，自2011年起，带动全省324个课程基地，涵盖语文、数学、英语、物理、化学等学科领域，通过课程变革从实践层面回答"育什么样的人"与"如何育人"这两个教育根本问题，探索课程基地促进育人模式转型的组织推进策略，打造了普通高中育人模式转型的典型案例。江苏课程基地建设的丰富实践，为我国基础教育课程改革、推动育人模式转型提供了生动的"江苏样本"。❸ 浙江省自2009年始，以省教科院

---

❶ 关松林. 发达国家创新人才教育的模式、特点与启示：以美国、德国、日本和韩国为例 [J]. 创新人才教育，2016（1）：78-83.

❷ 刘建，魏志英. 英国创新型人才培养模式 [J]. 中国民族教育，2012（11）：42-44.

❸ 时晓玲，潘玉娇. 推动育人模式转型的"江苏样本"：江苏省普通高中课程基地建设纪实 [N]. 中国教育报，2018-07-06.

为首成立了浙江教育科研孵化基地，已有38所"解放学生"联盟学校加入，在新的教育理念引领下探索新的育人模式，尝试置换学校教育的基点，即将传统的重"教"置换成重"育"，将传统的重学科知识掌握置换成重兴趣特长培育，将传统的重应试能力置换成重个性发展，将传统的重教师意志置换成重学生选择。❶ 上海市教委对普通高中实行分类指导策略，一部分高中聚焦拔尖创新人才培养；一部分高中聚焦创新素养培育的实践和研究；一部分高中加强特色办学，通过高中的差异定位和分类指导，实现优质多样的整体布局。经过几年探索，形成了4种较为典型的培养模式：一是专设试验班模式，二是全体与部分学生相结合的金字塔模式，三是校际联动模式，四是区域统筹整体推进模式。北京市以项目驱动的方式，从办学形式多样化、课程设置多样化、校园文化多样化、考试评价多样化四个维度设计了各类实验项目，通过分层定位、分类规划，让每一所高中找到自己的个性化发展的方位，构建多样化的教育生态。❷ 其中，海淀区教委以资源整合为手段，以满足学生个性化的成长需求为核心，鼓励大中小学在资源互通的基础上，深入推进育人模式的变革，构建一体化的人才贯通培养模式，建立人才成长"直通车"。❸ 上述四省市皆以项目驱动的形式推进学校育人模式变革，其中，江苏和浙江以课程基地或科研基地建设为学校育人模式变革提供切实的平台；上海市和北京市则通过对学校进行分类指导和分层定位，为高中多样化发展提供比较充足的空间。

（二）学校层面

在学校层面，国内高中学校的育人模式探索主要包括三种类型。第一类是基于办学理念的育人模式，就是某些普通高中学校围绕办学理念或培养目标而形成的学校课程体系与校本人才培养模式，如北京师范大学第二附属中学自建校之初就实施"全人格"教育，经过百余年的发展，成为学校稳定的文化理念与育人模式，全人格教育渗透在学校教育教学的全过程中；北京大学附属中学实施"高中多元自主发展模式"，变革学校的组织结构和管理模式，实行分部制、单元制，成立两部、四学院、五大中心，并改革了课程结构与教学模式；北京十一学校为

---

❶ 方展画. 育人模式转换：基础教育改革的抉择 [J]. 教育发展研究, 2010 (17): 2.
❷ 罗洁. 促进北京市普通高中多样化发展：北京市开展高中特色发展试验项目介绍 [J]. 北京教育（普教版）, 2011 (5): 4-6.
❸ 北京市海淀区教育委员会. 大中小合作办学的海淀一体化育人模式 [J]. 人民教育, 2016 (16): 65-66.

创造"适合每一位学生发展的教育"而进行育人模式创新，构建了一套分层、分类、综合、特需的课程体系，包括265门学科课程、30门综合实践课程、75个职业考察课程、272个社团、60个学生管理岗位，供学生自由选择，并全面实行选课走班；❶ 华东师大二附中为了"卓越人才的终身发展"而进行的"六个百分百"的育人模式探索；❷ 上海市七宝中学"全面发展，人文见长"的育人模式；❸ 等等。这类育人模式以学校的办学理念与培养目标为思想统领，具有较强的整体性、系统性。

第二类是基于学制特点的育人模式，此类育人模式包括纵、横两个维度：从纵的维度看，即某些学校基于本校学制贯通而形成的人才培养模式，如北京京源学校基于集幼儿园、小学、中学于一体的15年一贯制特点，从"为了人的终身发展和一生幸福"和"培养有能力担当社会责任和创造幸福生活的高素质人才"出发，确立了"纵向有效衔接，横向丰富多元的中小幼一体化育人模式"；目前，全国有许多12年一体化的学校，正在进行贯通培养的育人模式探索。从横的维度看，则是某些普通高中学校与职业学校合作，借鉴职业学校资源，为普通高中学生提供职业技术教育的人才培养模式。如从2011年开始，北京市第一六五中学、北京市第一一九中学分别借助职业学校资源进行了"普职融通"教育的尝试；2017年浙江省嘉兴南湖高级中学与嘉兴技师学院合作成立了"普职融通实验班"；2019年成都市有15个区（市）县的16所中职学校分别与区域内普通高中结对举办"职普融通实验班"。这类育人模式在纵向上打通了学段的限制，在横向上冲破了普通教育与职业教育的樊篱，使学段贯通、普职融通，为培养全面发展的人才提供了丰富的教育资源。

第三类是基于特色内涵的育人模式，即学校在特色建设过程中形成的系统的教育教学经验与方式、方法，多表现在特色学科、特色项目等方面。如北京市中关村中学以提升学生的科学素养为特色建设内容，与中国科学院合作，充分利用中科院丰富的科教人文资源，实施贯通教育和协同创新，形成了科学教育的"金字塔"形育人模型。❹ 其他如北京师范大学第二附属中学的人文教育，北京八一

---

❶ 李希贵. 学校转型：北京十一学校创新育人模式的探索［M］. 北京：教育科学出版社，2014：15.
❷ 何晓文. 为了卓越人才的终身发展：华东师大二附中六个百分百育人模式［M］. 上海：华东师范大学出版社，2011：39.
❸ 鞠瑞利：谈普通高中办学特色创建与育人模式创新：以上海市七宝中学为例［J］. 上海教育科研，2014（1）：55－58.
❹ 北京市海淀区教育委员会. 大中小合作办学的海淀一体化育人模式［J］. 人民教育，2016（16）：65－66.

学校的科技教育，北京顺义九中的艺体教育，上海戏剧学院附属高中的戏剧素养教育，上海海事大学附属北蔡高中的航海文化教育，华东师范大学附属东昌中学的金融教育，华东政法大学附属高中的法治教育，皆在其特色内涵基础上形成了校本特色育人模式。

（三）新高考改革启动后，普通高中育人模式变革实践

新高考改革启动后，浙江、上海试验区的高中学校为适应新高考要求，进行了育人模式转型探索。浙江省海宁高中形成的教育"新常态"包括：在教育内容上，实现从专注"层次选拔"向优化"个性选择"转型；在教育方式上，实现从过度关注"育分"向全面关心"育人"转变；在教育目的上，实现从注重"学科成绩"向促进"学生成长"转型。❶浙江大学附属中学准确把握新高考的价值取向，确立了"为每一位学生的学习发展而设计"的办学理念，重构学校育人体系：一是建立"五力"核心素养培育体系，追求全面育人；二是统整三级课程，形成学校课程体系；三是构建学生生涯发展教育体系，培养学生的选择力；四是重构学生学习空间，实现学习空间立体化；五是重构学校制度和机制，保障课程改革"法制化"。❷上海华东政法大学附属中学坚持"尚法"特色，以培养"明德、尚法、精业"的现代公民为育人目标，把特色建设与新高考改革有机融合，把"尚法"特色融合于各学科的课程教学过程中和选课走班的实施机制建立中。上海交通大学附属中学加强基于新高考的学生生涯教育，从"适应生活"到"筹划发展"，再到"准备未来"，形成了各年级纵向衔接、各类课程和实践活动横向贯通的局面，和"课程学习＋课题研究＋实践体验＋测评反馈"的生涯教育模式，对学生进行系统化、分层次、多元化的生涯发展教育。❸

浙江、上海实验区普通高中学校的探索，虽各有特色和亮点，但皆致力于新高考背景下高中育人模式变革的整体性、全面性和系统性，把理念、目标、课程、教学、制度统整于育人模式的转型之中，以服务于学生的全面而有个性的发展为宗旨，为后续进入新高考改革实验的学校提供了重要的参考。

---

❶ 周斌. "新高考"引领下的高中教育"新常态"[J]. 人民教育，2015（1）：34－35.
❷ 申屠永庆. 新高考下的新变革："为每一位学生的学习发展而设计"[J]. 中小学管理，2016（12）：4－6.
❸ 徐向东. 纵向衔接、横向贯通的生涯规划教育模式[N]. 中国教育报，2019－03－20.

以高考改革和技术革新为契机，推进区域普通高中多样化发展

东城区教育委员会　彭靓芳　张英新

为了适应学生多样化发展和社会对多样化人才的需要，《国家中长期教育改革和发展规划纲要（2010—2020年）》和《北京市中长期教育改革和发展规划纲要（2010—2020年）》都提出要推动普通高中多样化发展。东城区在教育改革深入推进的过程中，不断探索具有东城特色的改革之路。从2004年开始，东城区着手探索通过学区化管理，突破学校地域狭小、优质教育资源分布不均衡的问题，在学区内实现设施设备、人力、课程等资源的共享，服务学校发展。在此基础上，不断完善体制机制，推进"学区化管理"向"学区制"升级。同时还敏锐抓住信息化发展的历史机遇，着力推进智慧教育，加快释放信息化发展在教育领域的潜能，2019年东城区被教育部评为首批"智慧教育示范区"。

一、问题的提出

（一）新高考改革凸显人才培养模式变革，给学校办学带来新的挑战

自2016年《北京市深化考试招生制度改革的实施方案》发布，北京市拉开了新高考改革的序幕，此次改革的核心理念是"选择性教育"，新方案充分照顾了学生的兴趣、志向和特长等个体差异，支持个性化发展路径的自主选择，实现学生在共同基础上有个性的发展，实现人人成才的育人目标。同时，新一轮高考改革提出了建构"高考立交桥"的宏伟目标，从招生考试制度上开辟了多种路径，打通了多条升学通道。抓住这一契机，笔者在思考新高考改革视域下人才培养多样化应如何发力，如何支持学校在原有基础上创新人才培养模式，有效设计人才培养与发展的多元路径。

（二）新技术推动未来学校发展，给学校办学带来新的机遇

2019年，在东城区教育大会上，教委列出了"1+5"的目标任务单，明确

了加快推进教育现代化，建设"东城品格、首都标准、中国特色、世界水平"教育现代化示范区的新目标和五项重点任务。抓住这一契机，我们在思考如何利用新技术服务于未来学校的发展，服务于学生的个性化发展，探索实现信息技术与教育教学规模化、常态化、深层次融合应用的途径，从而构建以学生为本、开放、平等、可持续的教育生态。

基于以上两点，东城区的教育发展既要抓住机遇，也要迎接挑战；既需要有新思维、新理念的引领，也需要新技术、新空间的支撑。我们会一如既往地坚持问题导向、务实高效、稳步创新推进的原则，推动学校在新形势下不断开展多样化探索，推动东城教育持续发展。

二、区域推进高中多样化发展的探索与实践

面向教育现代化的新图景和下一代学习模式，在适应考试改革需求的基础上，东城区积极思考支持学校未来发展的多元路径，为学校的特色发展寻找新的着力点。在梳理区域教育发展已有经验和成果的基础上，东城区以原有学区制建设为基础，以现代化技术为支撑，积极探索建构区域高中多样化发展的新局面。

（一）以学区制综合改革为突破口，建构高中多样化发展新局面

在学区制综合改革过程中，东城区采用"学校深度联盟—九年一贯—优质资源带—教育集团"一系列教育改革"组合拳"，将重点校和普通校、中心校和周边校、优质中学与普通小学，通过"一体化管理"实现深度共享，形成区域内34对深度联盟学校、10所九年一贯制学校、7条优质教育资源带、7个教育集团，实现了东城教育资源共享、组团发展、一体化办学新模式。以"盟—贯—带—团"为基础，努力构建学校办学特色鲜明、课程丰富多样、评价科学有效、资源开放共享、体制机制健全的普通高中多样化发展的新局面。

1. 构建长链条人才培养模式

在新高考背景下，东城区在人才培养模式上不断进行探索，一方面，在学区制"盟—贯—带—团"长足发展的基础上，探索九年一贯乃至十二年一贯制学生培养通道，支持"盟—贯—带—团"打通学生培养渠道，打造集团或联盟内特色贯通课程、学段衔接课程，开展长链条人才培养模式研究。在此基础上，东城区很多学校针对高校自主招生和综合评价招生的改革，开展了积极探索，制订方案，搭建教师团队，为学生提供多元化的学习机会和资源，形成了独特的教育

风格和学校文化，为多样化人才的培养服务。另一方面，设计人才培养的"多元路径"，加强高中和高校在招生录取、专业选考科目、人才培养要求、大学选修课程、自主招生以及其他选拔条件的对接，支持学校深入研究考试招生改革，探索与高校、科研院所深入开展创新人才培养研究与试验。例如，精心开设部分大学选修课程；对接高校夏令营、冬令营活动；参加高校的专项计划培训；有计划地走进高校重点实验室，协同开展研究项目；邀请高校大师和名家走进中学校园等，为学生高位发展搭建平台。

2. 提供丰富多样的课程选择

富有特色的课程体系应是高中多样化发展的集中体现。东城区以推进高中课程改革为重点，鼓励学校走以课程建设为核心的内涵式发展道路，通过努力构建可供学生多样化选择的课程体系，满足学生多元学习需求，推动高中阶段教育多样化发展。

（1）专业引领，完善区级课程管理机制

① 专业支持，推进全区课程建设与实施。研修中心、研修学院作为区域人才高地，具有课程管理的专业优势。在区教委统筹下，进一步明确了研修中心、研修学院的职责，教师研修中心负责国家课程的教学保障，指导学校落实国家课程计划，探索研修一体的教师培训方式，同时还开展多种形式的教学视导活动，依据学校需求，深入学校，进行全员课堂诊断服务，为教育决策、教师发展、学校建设服务。2016年研修学院课程部成立。研修学院课程部作为课程管理研究部门，在区教委的统筹领导下，主要负责区域课程顶层设计及特色发展区域课程方案研发与管理，地方课程、校本课程、教材的审查、备案及管理。

② 积极探索，推进课程评价方式改革。东城区积极探索课程评价方式的改革，通过扩大参与评价的主体，运用多样化的评价方法，重视过程性评价的实施，关注"学生的实际获得"，从而更好地发挥课程评价的诊断、调节、促进等作用，切实做好学习过程质量监控。课程部制定了《东城区中小学校本课程管理审议制度（试行）》《东城区地方课程建设规划（草案）》《东城区地方课程管理方案》，对学校三级课程实施进行监控评价指导。同时，课程部还通过"课程建设先进单位"评选，优秀课程成果评选等评比工作，以评促建，推进区域课程建设品质提升。

（2）不断实践，形成学校课程建设的丰富成果

东城区各校适应深化课改要求，提高课程建设和管理能力，积极做好新高考

背景下的课程规划，梳理、调整、完善学校课程体系，结合学校实际和特色，挖掘课程资源，在探索中逐步建立包含学科课程、综合实践课程、高中生涯教育体系课程等适应学生个性差异和选择需要的多类型课程体系，为学生个性化发展需求提供课程保障。以高中生涯课程建设为例，通过生涯规划课程的推进，既提升了东城区学生的自我认知和自我规划能力，逐步完善高中生涯教育体系和选课指导制度，同时又为学校的特色发展提供了方向和途径，东城区第十一中学在生涯教育方面进行系统构建、全课程实施，第一零九中学探索"生命—生活—生涯"的课程模式，都为学校特色发展进行了有益的探索。

3. 探索建构推动区域普通高中多样化发展的长效机制

推动普通高中多样化发展是一项复杂的系统工程，东城区坚持统筹规划，精心组织，周密安排，以学区为基础，探索建立高中教育资源共享的公共平台与共享机制，为各学校的多样发展提供区域整体支持。

（1）搭建学习交流平台

改革的关键因素在人，东城区坚持定期组织各学校相关干部、教师开展交流研讨，坚持定期走进各学区，学校就学校建设、质量提升等各方面问题开展调研，搭建普通高中多样化发展的交流平台，及时研究解决改革过程中出现的新情况、新问题，确保推动普通高中多样化发展工作顺利进行。例如，东城区组织教学校长新高考专题学习班、开展为期一年的课程领导力提高班、进行"生涯教练种子计划"系列培训、召开"学科大会"、开展学科教学研讨等，提升学校干部、教师的业务能力。

（2）拓展资源共享空间

为满足学生多样化的学习需求，促进学校特色的形成，东城区有意识地推动学区内普通高中学校之间、不同学区的普通高中之间、普通高中与中等职业学校之间、高中学校与高等院校之间、高中学校与社会资源单位之间的联系与合作，共建共通共享高质量的课程、虚拟实验室、实践实习基地等，为普通高中多样化发展创造条件。以北京市第五中学语文"双课堂"的研究实践为例，东城区于2018年11月成立了首批"双课堂"项目合作共同体，牵头学校是北京市第五中学，成员校有北京市第一中学、第二十五中学、第六十五中学等，通过发挥示范校的引领作用，尝试以实践共同体的组织形式，推进区域教学模式创新，增强学校的办学活力，提高办学水平。

（二）以推进东城区智慧教育为着力点，拓宽高中多样化发展新路径

在全面提升区域智慧教育整体水平的基础上，基于时代变迁和技术革新双轮驱动下未来教育的变革趋势，有效整合与运用云计算、大数据、在线课程等信息技术和网络资源，使互联网与学校、课堂形成更深度的融合，跨越边界，在"互联网＋教育"的融合模式中拓宽"多元路径"的人才培养平台，推动东城区高中多样化新发展。

1. 在"互联网＋学校整体改革"的融合模式中拓宽"多样化路径"

在已有的智慧教育示范区基础上，东城区制定的《东城区智慧教育三年发展规划》，选取一批有条件的学校，先行先试，以点带面，积极探索以5G、人工智能为代表的新一代信息技术在校园内的融合应用，建设数字化、智慧化、学习型的"未来学校"。建设"未来学校"，打造泛在、智能、开放、个性的未来学校新样态，特别是在高中阶段，如何让新技术融入校园、如何用技术支持深度学习，如何用技术为高中学生提供多样化、可选择的个性化课程内容和教学方式，实现学生个性化发展，引导学生成为主动学习者，适应未来学习和生活的挑战，这都为东城区高中多样化发展提供了新思路和新契机。

2. 在"互联网＋教育"的融合模式中拓宽"多样化路径"

深化新技术与课堂教学改革、课程建设、德育工作等深度融合研究，有助于从深层次推动高中多样化办学。例如，在课堂教学改革方面，围绕推进个性化教育、丰富优质教育资源供给、促进课堂形态改变、实现精准教育等目标，开展基于信息技术的翻转课堂、STEAM教育等教学探索，实现跨学科有机整合，重构学习流程，为学生提供发现问题和解决问题的多元路径。又如，总结新冠肺炎疫情期间在线教学的成功经验，以促进学生自主学习为目标，探索线上教育和线下教育融合的OMO（Online Mix Offline）教学模式，形成线上线下教育有机融合的新机制与新方法。这都将为学校多元发展提供实践积累。

3. 在"互联网＋教学服务"的融合模式中拓宽"多样化路径"

针对新高考改革选课走班带来的变化，东城区开始建设并不断完善统一的高中选科排课平台，支持全区各中学进行选科排课及走班教学管理。以此为基础，东城区教委中教科引领各校开展"新中高考背景下东城区选科排课管理平台建设研究"的课题研究，支持全区各中学进行选科排课及走班教学，开展以学校为主

体的应用研究，推动高中个性化发展。同时，东城区还积极打造覆盖课前、课中、课后、课外教和学全流程的智能型学科教学平台，建设面向不同特征学习者的多样化学习资源。由研修中心牵头建设英语听说计算机考试日常教学、练习和考试训练平台，进一步丰富英语听说机考考试题库资源。我们鼓励并支持各学校在使用区域系统和资源的基础上，结合学校实际需求进行个性化完善，在把学校建设成为符合时代发展的智慧型校园的过程中，拓宽人才培养的"多元路径"，推动学校的个性化发展。

三、研究与反思

依据实践研究中的相关内容，聚焦问题，思考对策，采取措施，在深入推进课程改革和考试改革的背景下，我们推动高中多样化发展要因势而谋，顺势而为，从而努力提升区域教育质量。

1. 引领学生成长，有态度

学生的成长，需要学校提供丰富的教育资源，高中的多样化发展正是为了服务学生的多元个性化发展。我们要始终保持先进的教育理念，特别是在中高考改革的背景下，关注学生核心素养，关注学生自信和自律的养成教育，关注综合素质评价的落地，为学生提供更多的发展平台，促进学生全面个性的发展，落实立德树人的根本任务，培养德智体美全面发展的社会主义建设者和接班人。

2. 助力学校发展，有高度

支持学校在考试改革和技术革新背景下应时而动，返本开新，拓宽学校多样化发展的渠道。在新中高考改革背景下，在学校的学科建设和学科教师团队建设、特色班级建设、一贯制长链条育人模式、课程建设、学习方式变革项目、未来学校建设项目、校园文化建设工程等多方面给予支持，特别是做好人才培养规划，支持学校在长链条育人方面的探索，进一步加大学段衔接，健全育人体系和培养机制。同时，积极探索"未来学校"的内涵与建设路径，立足培养面向未来的人的原则，高起点打造"未来学校"体系，从而有力促进高中多样化发展和质量提升。

3. 探索多元评价，有力度

普通高中多样化特色发展，学生的个性发展，都需要评价制度的支撑。要进一步完善区域内的评价机制和激励机制，采用综合评价、专项评价与发展性评价等多种评价思路，实现内部评价与外部评价相结合，积极推进综合多元评价制度改革，这是推动高中多样化有特色发展的重要抓手和有力保障，也有利于全面提升普通高中学生综合素质，促进每个学生实现个性化的发展。同时还要将推动普通高中多样化发展纳入督导检查的内容，突出对学校办学特色的评价，以评促优、以优促建，推动高中多样化发展。

课程引领，整体带动：促进普通高中多样化特色发展

海淀区教育科学研究院　张晓玉

党的十八届三中全会以来，教育领域综合改革不断深化，高中日益成为当前课程改革与评价改革的关键领域。2019年，国务院办公厅发布《关于新时代推进普通高中育人方式改革的指导意见》。2020年，北京市教育工作委员会发布《北京市关于深化育人方式改革推进普通高中多样化特色发展的意见》。随着这两个文件的发布，推进普通高中育人方式改革，促进普通高中多样化特色发展成为当前各区及学校高度关注的课题，这是实现学生全面而有个性发展的前提和关键。

课程是学校育人的载体，是学校品质及特色的集中体现。学校特色发展是以课程特色为核心的发展。因此，推动普通高中多样化特色发展，课程建设是核心和重点。如何通过课程建设促进普通高中育人方式改革，进而推进普通高中多样化特色发展，成为各区及学校普遍关注的课题。在北京市整体统筹规划下，海淀区始终坚持以课程建设为核心和统领，在调整优化课程体系的基础上，带动课程管理、教学实施及学生评价等多方面改革，努力促进区域内普通高中多样化特色发展。

一、区域整体推进概况及经验

（一）基本概况

海淀区是北京市基础教育大区、强区。区域内共有59所高中学校，其中包含中国人民大学附属中学等11所市级普通高中示范校，还有北航附中、北京市第十九中学等多所市级优质校。2002年，海淀区代表北京市参加了国家基础教育课程改革实验，在课程建设、校本教研和教学改革等方面进行了有益的探索和实践，在基础教育领域成为先进教育理念的重要策源地和教育改革实践的重要基地。2010年，海淀区承担了"开展高中特色发展实验"等7项国家级实验，推动了全区基础教育教学质量提升，涌现了一批办学特色鲜明的高中学校，形成了

浓厚的改革创新氛围，提升了教育治理体系和治理能力的现代化水平，为普通高中实施"新课程新教材"奠定了坚实基础。

2019年9月，海淀区高中与北京市其他各区高中一同进入"四新"时代，全面实施"新课程新教材"。2020年，《北京市关于深化育人方式改革推进普通高中多样化特色发展的意见》发布，为海淀区整体推进课程改革提供了更加具体的目标和方向。2020年，教育部启动普通高中"新课程新教材"实施国家级示范区和示范校遴选。2020年，北京市公布市级示范区和示范校名单，海淀区及区域内的人大附中、十一学校及一零一中学三所学校入选。新课程新教材国家级示范区及示范校的遴选及建设为海淀区高中多样化特色发展提供了良好的契机。

（二）已有经验

经过多年的实践探索，海淀区在推进机制、队伍建设等方面都积累了较为丰富的经验。

1. **形成"三位一体"区域课改推进机制**

海淀区自2010年起建立了课程改革办公室，形成了行政部门统筹规划、科研部门项目带动、教研部门专业支撑的"三驾马车"，构建了区域推进课程改革工作的"三位一体"工作机制，为促进区域课程改革规范发展提供了有力保障。在这一机制引导下，海淀区发挥海淀普通高中学校首创精神，大力支持学校课程、教学、评价、管理改革，为实施普通高中"新课程新教材"做好思想准备、队伍准备和策略准备。

2. **建立"市区校联动"经验推广机制**

作为基层教育科研部门，海淀区探索建立了"市区校联动"的学校课程建设经验推广机制。每年承办北京市课程改革经验交流类研讨会，通过区域报告、学校报告、示范课观摩、学生活动展示、分论坛、专家点评等方式，分专题交流培育核心素养的可行路径与实施策略经验，系统总结区域和学校推进高中课程改革的经验与做法，固化成果。

3. **加强学科教研基地建设，为特色课程提供支撑**

2015年海淀区启动高中学科基地建设项目，采用"双微驱动"的工作机制，即"首席教师"带领"微团队"，以"微项目"为载体，基于学科课程建设、教学改进、评价改革、队伍建设等问题开展教学实践研究，学科教研员、兼职教研员共同参与，解决实际问题。目前，106个学科团队被认定为"海淀区高中学科教研基地"，覆盖16个学科25所学校，为学校优势学科与特色课程的建设提供了有力支撑。

4. 聚焦关键环节，着力探索高中课改中的重难点问题

以选课走班为抓手，推进教学管理和组织形式变革。2010年起，海淀区十一学校率先以课程改革为龙头带动学校综合改革。十年来，全区稳步推进选课走班实验，形成了全员走班（大走班）、选考科目走班（中走班）、分部分类分层走班、分段分层分类走班（小走班）等多样态走班模式。另外，以新高考改革为契机，深入开展学生发展指导研究。总结近十年"高中人生规划教育实践研究"经验成果，启动高中学生发展指导专项研究，部分试点校构建了学校治理体系、课程体系、师资队伍、资源整合模式和大数据支持下的学生发展指导体系。打造班主任、学科教师、心理教师专兼职团队，建立教师专业能力提升的管理制度，探索学生成长顾问动力机制，形成了一套成熟有效的组织体系。

5. 坚持以评促建，发挥教育评价导向作用

海淀区探索建立了学校课程规划与实施评价标准体系。2018年制定《海淀区普通高中学校课程方案评价指标体系》，修订了《海淀区课程建设工作手册》，明确课程建设规范与程序，全方位指导学校做好新课程规划、课程实施与课程评价，指导学校合理规划分层分类课程，满足学生选科、选类、选层的发展需求。构建素养导向的学业评价指标体系，建立起三级指标评价框架，并立足该体系，建立基于"区域—学科—学校"的评价结果三级反馈机制。在此基础上，实施学校和学生发展增值性评价。

二、区域整体推进的问题与举措

海淀区依托行政统筹、科研引领、教研支撑"三位一体"的工作机制和市区校联动的经验推广机制，聚焦核心问题深入探究，协力突破改革难题。

（一）区域整体推进的问题与挑战

普通高中多样化特色发展是新时代对教育提出的新要求、新课题，在探索过程中会不断出现新的问题与挑战，其中比较关键的有如下三方面。

1. 对新高考文本缺乏理解和把握

2017年以来，新高考方案、课程方案、课程标准、新教材相继推出，成为

高中新一轮课程改革及高考改革落实的重点。2020 年，教育部又发布了最新修订的《普通高中课程方案（2017 年版 2020 年修订）》及各学科课程标准。对这些文本的准确理解和深入把握是实践探索的前提和基础，但学校干部教师对新方案、新课程、新课标、新高考到底"新"在哪里缺乏理解和把握，无法很好地应对变革要求，成为改革深入开展的制约和影响因素。

2. "五育并举"具体落实到课程

2019 年国务院办公厅发布的《关于新时代推进普通高中育人方式改革的指导意见》中明确提出，要"努力培养德智体美劳全面发展的社会主义建设者和接班人"。而"德智体美劳"五育落实的关键在课程。学校传统的课程体系在课程结构上不够均衡，在体育课程、美育课程，尤其是劳动教育课程方面需要进一步强化。如何调整原有的课程结构，优化五育并举课程内容就成为亟待学校思考和解决的问题。特别是要统筹规划，落实劳动必修至少 1 课时，落实生活劳动、生产劳动、服务性劳动的规范设计和实施，以保证学生的全面发展。

3. 学校特色的确定和培育

多样化特色发展在学校层面体现为特色，在区域层面则表现为普通高中多样化发展的格局和态势。海淀区有 59 所高中，如何让这么多的学校找到适合自己的特色点并获得良性发展并不是一件容易的事。一些传统名校可以在原有特色基础上进一步巩固，但特色不够彰显的学校如何结合新高考选科选考的契机打造自己的优势学科，培育自己的特色点？如果某些特色过于集中怎么办？这些都需要区域在结合学校已有优势学科及特色课程的基础上统筹规划，合理调配资源，以形成特色发展的合理布局。

（二）区域整体推进的具体举措

1. 组织系列专题培训，提升新课程新教材实施能力

育人方式的变革，需要"育人"的人首要发生变化，尤其是教育教学理念的变化。区教委整体统筹，通过多种培训方式，提高校长和教学领导干部的课程领导力，提高普通高中干部教师实施"新课程新教材"的能力。2017 年秋，在新修订的高考方案、高中课程方案和高中课程标准首轮实施之前，海淀区由区教委牵头，针对各中学主管课程教学的校长、副校长、主任进行了长达 80 课时的多轮培训，学习和研讨相关文件，帮助学校干部深入理解新课标新方案，并以之为依据制订本校新课程方案。此后，海淀区又多次组织专题培训，切实提升学

校干部教师的课程领导力。

2. 创新教师研训体系，为新教材实施提供专业支撑

推动教研方式全面转型升级，升级教研课程，全面提高海淀教师的课程育人能力。建设形成全覆盖可选择的全学段"5＋M＋N"（必修＋限选＋任选）学科教研课程，形成了学段衔接、三年贯通、学期覆盖的高中学科研修课程体系，坚持"一段一方案，一科一系列，一人一课表"，满足不同专业发展阶段的教师需求。

3. 聚焦重难点深入研讨，以点带面，融合创新促五育落地

海淀区依托"市区校联动"的问题研究及经验推广机制，整体统筹，以点带面，努力落实"五育并举"的高中课程育人体系。2019年，海淀教科院与北京教科院课程中心在北京理工大学附属中学联合举办"深化普通高中课程实施 促进育人方式改革"研讨会。这是在全市高中学校集体进入"四新"时代，学校育人方式发生重大改革之际召开的一次深度研讨会，形成了系列共识：高中育人方式改革旨在促进学生"全面"发展，其推进方式是包括政府部门在内的"多主体"协同推进，其首要问题是提升教师的育人能力，其关键是多元化、立体化的课程建设，其落点在课堂教学实践，主要表现为教学方式和学习方式的变革。

4. 加强区域统筹，帮助学校拓展合作渠道和优质资源，引导学校巩固或发现特色，形成多样化发展良好布局

学校特色发展是以课程为核心的发展。主要有如下两种类型：一是基于传统优势，巩固现有特色。比如，人大附中的创新人才早期培养特色、一零一中学的人文特色等。原有特色需要结合新的文件精神，进行完善提升和优化巩固。二是努力拓展资源，形成新的特色。海淀区积极整合高校及科研院所优质资源，探索联合育人机制，支持高中与高校合作开发大学先修课程，实现"大中衔接"、联合培养，建立特色课程和实验班，加强中学特色实验室和大学实验室的对接，共建理科、新工科、艺术、师范类人才培养基地，促进学校特色培育。学校还可以在新高考20种学科组合中寻找突破口，将某些优势学科组合形成特色优势。特色的形成需要时间打磨，在初步形成特色的基础上进行深化研究，使学校特色进一步凸显。

在高中学校发展布局方面，海淀区启动新品牌、新优质、新潜力等学校建设工程，分类支持学校发展。"新品牌"涉及海淀区的19所高中学校。我们鼓励普通高中办出特色，积极探索学校人文、科技、艺术、语言、体育特色发展，如中关村中学的科技特色，中法实验学校的法语特色等。交大附中东校区是近年来海淀区致力打造的艺术特色校，区域一方面积极引导学校制定课程规划，另一方面帮助学校拓展学生出口，确定了清华美院等6所合作高校。

三、区域整体推进的效果与反思

海淀区整体推进普通高中多样化特色发展的举措取得了较好的效果，学校干部教师课程领导力得到有效提升，普通高中人才队伍优势更加突出，区域推进多样化特色发展的实践路径已见雏形，多样化发展布局初步显现。今后，海淀区将着力在以下方面作出努力。

（一）丰富完善培训课程，全面提升干部教师课程领导力

对干部教师进行全面新课程培训，促进高中新课程理念落地。对各校实施"新课程新教材"的问题和困难进行诊断调研，找到培训的"起始点"。对学校参与课程教材工作的全体干部、教师，尤其是新高一教师进行"新课程新教材"培训。对2017年以来的三年高中教育改革经验和第一轮（2017—2020）新高考改革经验进行梳理和总结，将新课程、新高考实施过程中积累的经验和教训融入培训内容，形成包括课程开设、线上教学、考试评价、选课走班、学生发展指导、综合素质评价等一系列主题的培训课程，努力培养一批区内高中特色课程建设骨干教师，并使之成长为高中新课程实践指导专家。

（二）引导学校进一步优化课程结构，孵化特色课程，落实五育并举

引导学校按照新课程方案以及新时代育人目标，梳理优化课程结构，合理设置必修、选择性必修和选修三类课程；指导学校丰富完善体育、美育、劳动教育课程，立足办学定位和特色方向，构建多样、丰富、可选择的课程群；督促区内所有普通高中开齐、开足、开好国家规定课程，特别是劳动、技术、音乐、美术、体育与健康、综合实践活动，开足规定课时；注重孵化普通高中特色课程，确定特色课程进行重点建设，评选特色课程成果，推荐15~20个特色课程参加北京市特色课程建设评选。

（三）加强区域统筹，构建学校特色联盟，形成区域高中特色发展良好生态

按照强弱拉手、特色联手、分类共进、整体提质的发展思路，探索海淀区普通高中特色发展的合理格局。指导学校立足办学定位和特色构建课程体系，以人文、科技、数理、艺体、语言以及普职融通等特色课程为核心，凸显学校办学特色，形成多类型普通高中交相辉映的海淀区高中教育发展新格局。充分发挥人大附中、一零一中学和十一学校等市级高中示范校的"龙头"作用，探索组建以各自特色为中心的特色联盟，如"拔尖创新人才培养"联盟、"特色课程建设"研究联盟和"选课走班实验"联盟等，探索海淀区普通高中育人方式改革的实践路径，整体促进全区高中教育共同发展。

"课程育人"理念引领下的普通高中多样化发展策略

北京市朝阳区教育研究中心　曹洪彪

朝阳区现有普通高中学校31所。其中，公立普通高中22所，含12年一贯制学校14所，完中8所。22所公立普通高中，市级示范校7所，引进市（省）级示范高中5所，高水平体制改革学校包括朝阳外国语学校和北京中学共2所，达到市（省）级示范校的总数为14所，其他8所学校中区级示范学校7所，以上各类优质资源高中为21所，占公立普通高中学校的95%。朝阳区教委多年来致力于推动普通高中多样化发展，以"课程育人"理念引领学校内涵发展，朝阳区普通高中阶段教育取得了跨越式发展和显著的成绩，获得了北京市教委充分肯定和社会各界的高度认可。朝阳区普通高中多样化发展的主要策略及做法表现在以下三个方面。

一、课程文化引领，促进高中优质发展

朝阳区教委在区域推动普通高中学校多样化发展过程中始终引领学校坚持以学生为本，努力适应学生个性差异和选择需要；坚持以课程建设为核心，构建多层次、多类型、可选择的课程体系；坚持因地制宜，从朝阳区和学校实际出发，积极探索"课程育人"理念引领下的高中多样化发展路径。

（一）校校有特色多样化育人课程

朝阳区强化以先进"课程育人"理念引领学校办学，以全面育人价值观引领学校课程建设，通过高中校长课程领导力工作坊、高中学校学校课程建设方案多轮答辩论证、课程改革系列专题培训、学校课程建设个性化诊断等方式，推动朝阳区高中校100%形成了系统完备、特色突出的学校课程体系，实现了"一校一案""校校精彩"的高中学校多样化发展格局。其中，北京市第八十中学、陈经纶中学等多所学校获得"北京市课程建设先进单位"荣誉称号。朝阳区区域课程改革推进的"朝阳模式"在2019年全国课程学术研讨会上作了经验交流。

（二）科科有新课程教学指导意见

朝阳区自2012年以来开展了"基于学科核心能力的课堂行为表现分析的教学改进研究"，引领教师进行学科关键能力和核心素养的教学实践与研究，14个学科的新课程学科教学指导意见，为一线教学明确方向，整体构建了基于第四代评价理论的课堂评价量表，以评价撬动区域课堂教学改革；系统开发了新课程的配套教学资源，保障各学校教学的均衡化发展，服务不同学校校本教研；朝阳区还在全国率先开展了"我们的价值观，我们的中国梦——精彩课堂"教学设计与视频制作的创新活动，在"教研网"播放，成果辐射全国，产生了良好的反响。

（三）生生有个性发展指导课程

朝阳区2010年率先启动了传统文化教育项目研究，构建了"一体两翼三层"的区域传统文化课程整体推进机制，增强了学生的文化自信，研究成果获得北京市教育教学成果奖；自2012年开始，开展了学生生涯发展指导的研究与实践，创建了15个生涯体验基地，开发了150门职业体验课程，帮助每个学生在个性发展方面做出适合的选择。还将学生职业发展、个性发展课程制作了80个职业介绍的微电影和两本职业体验手册，在北京市第十七中学和第八十中学召开了两次市级现场交流会，在全市产生了较好的影响。

二、培养方式多样，推动高中特色发展

朝阳区教委引领学校注重创新人才培养方式，全面落实课程选修制度，积极推进走班制和学分管理，满足学生个性化的课程学习需求。

（一）实施创新人才协同培养计划

朝阳区实施创新人才协同培养计划，组织高等院校和高中合作，共同实施面向高中学生的创新素养培养计划，将高校参与情况作为评价的一项重要内容。分类引导学校立足自身传统、历史积淀、学校文化和办学优势，找准发展定位。有序推进选课走班、科学开展学分认定工作。中央美术学院附属实验学校、北京中学、清华大学附属中学朝阳学校等学校通过和中央美术学院、北京大学、清华大学合作，共同实施面向高中学生的创新素养培养计划，取得了很好的效果。

（二）实施学习困难学生帮扶计划

多年来，朝阳区教育秉持面向全体学生不让一个学生掉队的思想，分层分类促进学生全面提升，尤其是大力实施学习困难学生学业帮扶计划，指导学校建立学习困难学生的帮扶机制。指导学校结合实际，完善选课走班制度，并制定具体的学分认定办法，满足学习困难学生的发展需要。同时，充分利用信息技术手段，加强对教师配置、班级编排、学生管理、设施配备等方面的统筹力度，逐步形成科学规范、高效有序的学习困难学生帮扶运行机制。

（三）实施综合实践活动评价

通过指导学校加强综合实践活动环节，组织开展丰富多彩的研究性学习、社会实践、社区服务和社团活动，将开展情况纳入对学校的考核评价，将学生参与情况纳入综合素质评价，推动学校加强学生发展指导，提高学生选修课程、进行生涯规划的意识和能力。通过建章立制、分工协作、规范操作、家校联动等方式全面推进高中学校学生综合素质评价，形成"管理规范，主体多元、方法多样、内容全面"的综合素质评价体系；以学科核心素养为导向、以学生学业水平发展大数据为支撑，创新区域高中考试评价试题命制思路，服务于学生个性成长和教师精准施教；以多层次的课程体系建设、"班主任 + 导师"双轨制管理为突破重点，分类型、分层次引导普通高中推进选课走班制度，形成了行政班和教学班相结合的新型教学管理体系，促进了学生全面而有个性的发展。

三、创新办学体制，促进高中多样发展

朝阳区通过外部资源引进和内部资源整合，促进学校多样化发展，高中教育优质化程度达到了新水平。目前，各类优质学校占比95%，基本实现了全优质发展。北京市第八十中学、陈经纶中学、朝阳外国语学校等传统优质校以拔尖创新人才培养带动学校健康发展，北京中学创新办学体制机制异军突起；人大附中朝阳学校、清华附中朝阳学校等引进优质教育资源，本土化、特色化发展成为"新晋"优质；北京市第十七中学、三里屯一中等突出传媒、足球、美术、外语等特色方向实现个性化特色发展……各类普通高中学校齐头并进、同步发展，结构不断优化、动力不断增强、特色不断鲜明、品牌不断涌现。

国际教育是朝阳区区域教育发展的主要特色之一。随着朝阳区国际化程度的进一步提高，对国际教育的需求日益旺盛。目前，北京中学、北京市第八十中学

等学校进一步创新国际合作模式，深化国际教育教学方式改革，在管理模式、师资队伍、课程体系、教学方法和手段上同国外学校合作，满足国内学生出国留学需求。此外，还充分利用国际教育资源优势，推进国际教育和朝阳教育有机融合。

四、转变政府职能，引领高中卓越发展

朝阳区教委支持全区高中结合实际和办学特色，自主开设课程，创造性地实施国家课程，有计划地整合国家课程和学校课程，引领学校卓越发展。

立足五育并举、全面育人的教育目标，以落实立德树人为根本任务，以课程教学、学生成长、教师发展、社会认可为突出重点，构建了区域高中素质教育办学质量评价体系。近几年，朝阳区高中教育实现了跨越式发展，通过大力推进教育教学创新和品牌建设，形成一批在全市乃至全国有影响力的教育成果。全国德育"精彩课堂"首发式在朝阳启动，"精彩课堂"节目在全国展播，创立了"中国梦"大讲堂等有全国影响力的德育活动品牌，获教育部"全国德育创新奖"。教育科学研究取得了突破性成绩，两项教学成果获教育部首届国家级教学成果奖一等奖，5项国家规划立项课题。教育国际化发展水平进一步提升，"构建未来理想学校"国际论坛与哈佛大学、斯坦福大学等学校的一批国际知名教育专家建立了长期合作关系，初步形成教育国际化品牌。高考成绩近年不断攀越高峰，2019年一本上线率较2011年提高22.21个百分点，本科上线率提高15.1个百分点，此外，还实现了人人能"上大学"，多数能上"好大学"的目标。

朝阳区在全面实施素质教育、建设现代化教育强区的进程中，先后获得了"全国青少年足球试点区""全国2018年度网络学习空间应用普及活动优秀区域"。普通高中学生在德、智、体、美、劳各方面均有出色的表现，朝阳学子连续6年获得"北京市优秀学生"荣誉称号，朝阳区体育代表团在北京市第十五届运动会上，金牌总数首破200，名列金牌榜第一。在全国第六届中小学生艺术展演活动中，朝阳区获两个一等奖（北京市5个），两个二等奖（北京市6个），获奖数量和比例均位居全市前茅。学生的体质健康、学业水平、实践能力与创新意识等方面取得的成效有目共睹。

展望未来，朝阳区高中教育会进一步落实立德树人的根本任务，提高普通高中"新课程新教材"实施的质量和水平，调动本地区每一所高中的积极性、主动性和创造性，促进学校科学定位、提升品质、办出特色，全面促进普通高中多样化特色发展，全面探索形成朝阳经验，为首都教育现代化建设发挥高中教育应有的示范引领作用。

探索一体化培养模式　推进区域高中高质量发展

怀柔区教育委员会　邓福善

一、基本概况

目前，怀柔区综合性国家科学中心正在全力推进，为主动适应怀柔区以科学城为统领的"1+3"融合发展格局对教育的新要求，扩大优质教育资源供给，促进怀柔教育优质均衡发展，区委、区政府积极引进城区名校，按照"管理统一、教师融通、教学同步、资源共享、活动共建、学生互动"的合作模式推进一体化办学，激发学校办学活力，进一步提升教育质量，增强人民群众的获得感。现在怀柔区教育系统共有10个一体化办学单位，其中普通高中2所：北京市一零一中学怀柔分校、北京市第一七一中学怀柔分校高中部。

北京市一零一中学怀柔分校是一所一体化寄宿制完全中学。2014年学校建成并投入使用，现有40个教学班。未来怀柔校区将设初中、高中和国际3个教学部，72个教学班，近3000个学位。现有教职工186人，其中特级教师4人，正高级教师3人，高级教师36人，一级教师39人，硕士90人，其中博士3人，教师学历100%达标。学校的管理理念是：怀柔分校与总校实行"一个法人、一体化管理"的办学模式。其办学理念是"全面发展：为学生一生幸福奠基"；培养目标：人格健全有担当，全面发展有特长，勇于创新有能力。办学近期目标：一所北京远郊区的品牌学校、一所令人尊敬的学校、一所让师生实现梦想的学校、一所与一零一中学的社会声誉相匹配的高质量学校；办学远期目标：一所国内一流、世界知名的研究性、创新性中国基础教育名校。

北京市第一七一中学怀柔分校是一所以高中为主的完全中学。1956年建校，2018年与北京市第一七一中学实现一体化办学，学校现有"1+3"实验班、高一、高二、高三4个年级45个教学班，1573名学生，257名教职员工。专任教师195人，其中正高级教师5人，特级教师3人，高级教师94人，市区级学科带头人7人，市区级骨干教师45人，两名教师被评为北京市劳动模范，10名教师荣获北京市"紫禁杯"班主任称号。学校还形成了老、中、青结构合理的教师梯队，35岁以下青年教师中，61%的专任教师具有硕士及以上学历。学校的办学理念：把一件事情做到底；培养目标：嘉言善行、强能创新、济世拔萃；办学目标：惠师惠生惠民；发展目标：建成"京城品格、首都标准"新优质学校。

二、问题和举措

（一）问题

两所高中一体化办学以来，整体工作推进顺利，但也遇到了一些问题，经过深入细致调研，梳理出以下问题。

1. **文化方面**

引进的总校都是传统名校，学校文化底蕴深厚，具有鲜明的个性特质，给人极其强烈的归宿感，而怀柔分校一体化办学时间较短，学校文化建设需要慢慢成长和艰难探索。

2. **管理方面**

分校与总校实行"一个法人代表、一体化管理"的管理机制，调整学校原有职能部门，形成与总校相衔接的管理还需要一个过程。

3. **课程方面**

怀柔分校根据办学目标创设了体现重基础、层次性、系列化、生成性课程文化，但在课程的丰富性、高端性与办学目标上还有差距。

4. **队伍方面**

怀柔分校充分融合了新老教师、本地与异地教师、总校与分校教师的有机发展，采取集团作战，运用集体智慧，但打造团队品牌是一项很艰苦的工作。

5. **环境方面**

怀柔分校目前还处于建设中，建设使用功能、审美功能、教育功能和谐统一，办学理念、办学特色、学校精神充分体现的校园环境还需精心研究。

6. **生源问题**

从实施校额到校政策开始，怀柔区生源外流数量加大，生源质量也在下降，外在客观因素影响加剧。

（二）举措

1. 一体化学校采取的措施

实行分校与总校统一教学工作计划，统一课程安排，统一教学进度，统一教学时间，统一质量检测，统一教学评估，以利于同步进行教学诊断，及时调整改进。

通过认领徒弟、专题教研、专家讲座、挂职学习等形式对怀柔分校干部教师进行系统培训，发挥总校骨干力量的引领作用。

建立一体化学校资源共享平台，通过移植、复制等形式共享总校优质特色课程资源、课堂教学资源、教师培训和教科研成果等资源。

搭建一体化教育教学交流展示平台，定期举办校际大型交流研讨活动，通过教学研讨会、德育工作论坛、学校管理交流等形式，促进教育教学和学校治理水平的提升。

共同开展校际学生实践活动、学生社团活动，校园艺术、科技、文化活动等，学习交流，开阔视野，提升素养。

2. **区教委优化服务措施**

管家服务，排忧解难。实施管家式服务，业务科室每周固定时间下校了解存在的问题和困难；建立台账，协助解决，销账处理。

项目支持，促进发展。充分调研总校优质课程资源移植怀柔的必要性和可能性，在资金上对课程移植、文化移植予以倾斜。

适应需求，调整机制。调研一体化学校在教研、培训等方面的机制体制，在课程建设上给予学校自主权，在教研时间上进行适当调整，在教师培训上给予帮扶。

下放权力，尊重自主。一是一体化学校可以依照区教委设定的招聘指标，自主招聘教师、自主调整岗位、自主制定岗位职责；二是人员编制和绩效工资核拨时，加大对一体化办学单位的政策倾斜力度，确保一体化办学单位更好地安排教师交流培训，调动工作积极性。

3. **区教委强化管理措施**

做好规划。一体化办学学校要制定三年发展规划，确定三年目标，制订分年度计划，让工作有可操作性和可检性。

年度检测。一体化办学学校于每年初制定年度重点工作，重点解决问题台账，要求目标明确，措施可行，结果可检。

定期分析。年终对一体化办学学校工作台账进行梳理，对完成度进行考评，并召开座谈会进行分析和问题解决。

发挥辐射。一体化办学学校要发挥优质教育资源学校的作用，将总校的优质资源与学区校和同类校共享，带动区域发展。每学期组织学区校参与总校理念指引下的大型活动、参与总校下校指导和教师培训。

加强教研。一是科研项目和市级优质项目优先对一体化办学学校投放，支持学校的课程建设、课堂教学改革和学校办学特色的形成。二是把一体化学校作为海淀教师进修学校重点教研支持学校。

典型引路。每年组织全区各高中学校走进一所一体化高中学校，学习成功经验。

三、成效分析

（一）成效

怀柔两所高中推进一体化学校建设以来，取得了可喜的变化。

文化引领作用显现，两校对总校的学校文化、质量标准的认同度不断提高，全体教职员工对总校的办学理念、办学目标、办学策略等方面的认识进一步统一。

在学校管理上更加注重精细化，北京市一零一中学怀柔分校与总校管理机构改革一一对应，成立了学校发展中心、教师发展中心、课程教学中心、学生发展中心、后勤保障中心。北京市第一七一中学怀柔分校高中部按照总校管理模式，执行级部制扁平化管理。管理模式的改变，使总校的办学思想迅速转化为教育实践。

各项改革项目有序推进，北京市一零一中学怀柔分校的"学而不已大师讲堂""读写结合一体化课程""科学素养大师课程"，北京市第一七一中学怀柔分校高中部的"课案和学案""海量阅读工程"等已经落地见效。

干部教师交流成为常态。总校干部、骨干教师到怀柔分校驻校开展教育教学指导、调研、送课、讲座等活动并形成机制；怀柔分校的干部教师到总校参加培训、听课、观摩交流、年级分析会等各类教科研活动已成常态，新冠肺炎疫情期间侧重线上交流指导互动，效果明显。

学生交流形成奖励机制，怀柔校区有55名优秀学生到总校留学，与总校学生一起生活学习。

北京市一零一中学怀柔分校建校 5 年，高中部仅用两年时间就用出色的办学效益赢得了老百姓的信任，2019 年、2020 年高中招生录取平均分分别为 542 分、555 分，居全区四所高中之首，2021 年首届高考有望取得好成绩。学校的科技、艺术教育呈现良好发展态势，近两年在科技方面共获奖项 163 项，其中，国家级 5 项，市级 71 项；艺术体育类社团如火如荼，参赛屡获国家、市级奖励。

北京市第一七一中学怀柔分校高中部依托"金鹏科技团"，建造了生物科技园、机器人活动室、天文活动室等专用科技活动场地，并开设了相关课程。最近两年获得 6 个国家级奖项，55 个市级奖项；以"金奥运动队"为载体，依托现有的体育场馆资源，形成了完善的体育课程体系，每年都能培养出一批国家一级运动员。科技、体育已成为该校的特色。2019 年高考名校增长 3.1%，600 分增长 0.43%，文科一本率增幅 12.7%，理科一本率增幅 12%。2020 年高考本科上线率、录取率较 2019 年均有提升。

（二）一体化办学经验

1. **管理体制一体化**

实行的是"一个法人、一体化"管理机制，总校校长兼任怀柔校区校长，总校向分校派出执行校长，在管理上实现无缝衔接。

2. **资源配置一体化**

共享总校先进的教育理念和一流的课程资源，丰富学生学习生活，充分满足学生的个性发展和特色发展的需求。

3. **师资调配一体化**

一是依托总校金字招牌面向全国招揽人才，二是教育集团内部优秀师资带入引领。总校人才济济，各学段、各学科的名师被派到怀柔校区任教，为怀柔区的学生带来最优质的学科课堂。

4. **教师培训一体化**

怀柔分校搭乘了总校教育培训的快车，怀柔分校教师按照一体化的培训方案定期到总校参加培训，总校也会定期安排专家和特级教师指导教学，促进教师教学水平和办学实力快速提升。

5. **教学评价一体化**

怀柔分校与总校深度融合，达到讲、练、测统一，所有学段、所有学科都可以进行集体大备课，在同样的教学指导思想下授课、检测，让学生既看到差距，又明确努力方向。

6. 学生培养一体化

一是怀柔分校的学生到总校参加丰富多彩的教育教学活动，展示才华充分交流；二是成绩优秀、综合素质好的学生可以通过"留学制度"到总校就读。

四、反思和建议

（一）相关项目经费需要政策倾斜

一体化学校按照总校课程建设、办学特色等方面的规划实施的项目，区教委应对项目经费需求给予倾斜。

区教委为总校派驻怀柔分校的干部教师的待遇提供了保障，怀柔分校的干部教师与总校干部教师出现同工不同酬的情况，学校计划对本校教师进行奖励激励，区教委应给予一定的经费支持。

（二）教师编制需要相关政策支持

总校向怀柔分校派驻教师后，出现缺少专任教师的问题，建议适当增加一体化办学学校教师编制，从增量中选派怀柔分校教师到总校跟岗培训，将总校和分校教师编制打通使用。

优秀人才不足，建议面向全国为一体化办学学校引进优秀成熟人才、优秀应届毕业生，提升教师专业化素质水平。

（三）继续深化与城区教育合作

1. 加强干部教师培训

积极争取海淀区和东城区的教育支持，为怀柔区干部教师提供跟岗学习、挂职锻炼的适合学校，让其深度参与学校管理的各个方面，特别是深度参与教师听、评、讲、备课等方面的工作。

2. 加强专家指导

一是选派怀柔区教师加入城区特级教师或名师工作室；二是海淀区和东城区选派特级教师到怀柔区建立学科工作室，亲临怀柔区进行教育教学工作定期指导或常驻指导。

3. 加强学生交流

海淀区和东城区为怀柔学生开放优质学生实践活动资源和课程资源。

（四）促进优质教育资源共享

1. 深化优创

按照"管理统一、教师融通、教学同步、资源共享、活动共建、学生互动"的合作模式持续深化一体化办学，力争今后 3 年内，在怀柔建成几所在北京市具有一定影响力的优质品牌学校。

2. 共享共赢

建立一体化学校资源共享平台，结合学校特色及工作实际，将一体化学校建成全区教师培训基地、学科教研基地、学生特色活动基地，辐射其他学校发展。加强城区校、平原校、山区校的深度合作，在学区内充分共享牵头校和一体化学校的优质教育资源，通过以强带弱，缩小区域、校际差距，促进学校间的整体优化。

3. 互通共荣

探索集团化办学改革，计划成立科学城教育总集团和在科学城以外区域 5 个教育集团，建立怀柔区优质教育资源整合的有效模式和长效机制，推进集团校间的核心理念、管理机制、师资队伍、评价考核等方面的深度融合，努力实现集团校内部的共享、互通、共荣，促进教育质量的整体提升。

区域推进高中多样化发展的实践与思考

房山区教师进修学校　周长凤

《国家中长期教育改革和发展规划纲要（2010—2020年）》明确指出：推动普通高中多样化发展，促进办学体制多样化，扩大优质资源。推进培养模式多样化，满足不同潜质学生的发展需要。随后，《中国教育现代化2035》《加快推进教育现代化实施方案（2018—2022年）》以及2020年颁布的《北京市关于深化育人方式改革推进普通高中多样化特色发展的意见》等文件都明确提出，形成普通高中多样化有特色发展格局。现阶段，普通高中教育已经开始从基本普及走向质量提升、从满足共性到追求个性、从规模发展走向内涵式发展，普通高中教育发展的时代要求需要以普通高中多样化发展为支撑。普通高中应采取怎样的发展战略？如何引导普通高中多样化发展，为每一个学生提供适合的教育？这是各级教育行政部门、每所普通高中学校都应该思考的问题。

一、统筹规划，科学布局

房山区目前有9所普通高中，按照分层发展模式，9所学校可分为3个层次：一类校2所，二类校3所，三类校4所。从整体上看，学生的升学路径相对比较单一，基本走的是统招路线，少部分是自主招生，学校特色不明显。

近年来，房山区委区政府坚持加快对外开放合作的战略决策，不断扩大优质教育资源的引进，在市教委的统筹设计和大力支持下，落地名校办分校、科研院所办附属学校、高校支持中小学发展、教科研部门支持中小学发展、城乡教育一体化、市级统筹扩优等项目，让优质教育资源通过不同形式，向房山加速聚集。例如，北京师范大学良乡附属中学、首都师范大学房山附属中学、北京教科院实验学校、北京教育学院实验学校等都是借助高端力量，引领和助推学校发展。此外，随着2017年新一轮高考改革的启动，教育部修订颁发了《普通高中课程方案》及各科课程标准，房山区积极谋划，系统规划，整体设计高中课程改革，先后制定了《房山区普通高中课程实施指导意见》《房山区加强中学学科分层教学指导意见》等11个指导性文件，指导学校进行深层次的课程教学改革。经过3年的改革推进，房山区高中办学质量有了大幅度提升，首轮新高考取得了历史性的突破。

二、多措并举，助力发展

（一）学校布局调整

为进一步整合优化资源，2016 年，房山区进行了教育布局调整，将规模小、地处边远地区的长沟中学、琉璃河中学、韩村河中学和南尚乐中学 4 所高中学校一次性撤并，把教师和学生整合到其他高中学校，高中学校由原来的 13 所变为 9 所，为选课走班及高中多样化发展奠定了基础，提供了可能性，也优化了教育资源，在全区教育均衡发展和城市化进程中起到了激活全局的作用。

（二）优质资源引入

发挥本区高教园区高校聚集的优势，在信息技术、医药健康、节能环保、财经素养、历史文化等领域，帮助区内普通高中提升教师素养，开发实施特色课程，共建共享教育资源，协同培养创新人才。2017 年，北京理工大学良乡校区管委会与房山区教育委员会正式签订合作协议，重点支持北师大良乡附中（以及其他两所中小学），依托北京理工大学的学术力量和科技优势，着重提升教师和学生的科技素养，通过教师培训、党团建设、课程建设、学生活动、课题研究、管理理念转变、机制创新等方面的合作，推进学校基础教育水平的提升，从而推动房山区基础教育改革。2018 年，北京中医药大学与房山区教委签署教育合作协议，重点支持良乡中学（以及其他两所中小学），北京中医药大学开放的教育资源、中医药文化的传播活动与高考改革等紧密结合，共同促进了良乡中学综合改革与创新发展，共同助推了房山区教育的高质量可持续发展。2018 年首都师范大学房山附中与首都师范大学的合作也进入一个新阶段。优质资源的注入，为普通高中特色课程建设奠定了良好的基础。

（三）课程体系建设

伴随着新一轮的高考改革，房山区以习近平新时代中国特色社会主义思想为指导，全面贯彻党的教育方针，落实立德树人根本任务，遵循教育规律，强化课程在学校育人中的核心作用，坚持整体设计、重点突破和传承创新的基本原则，规划了房山区学校课程领导力提升三年行动计划，以此引领学校课程建设的结构化、系统化和多元化。

课程是普通高中特色发展的重要支撑，也是核心载体。在课程领导力提升三年行动计划推进过程中，9所高中学校都构建了符合本校实际的课程体系。例如，北京四中房山分校秉承北京四中百余年积淀的深厚办学传统，以"培养杰出的中国人"为目标，传承四中"勤奋、严谨、民主、开拓"的校训，发扬四中"优、苦、严"的校风，深入理解并努力实践"以人育人，共同发展"的教育教学理念，构建了具有四中特点的课程体系。

房山中学基于"共同成长、共同成就、共同分享"的人文价值理念，把师生的思想和行动引向合作和共赢，和谐完美的人文内涵更加丰富，"和美"文化的特质开始凸显，"勤思于学、正和于心、雅美于行"的育人目标及创办"人文教育见长"的优质高中的目标逐步确立。为推进人文教育，完善学校课程体系，增加了人文课程，设立了人文特长班，在课程实施过程中注重人文知识传授、人文精神激发、人文情怀培育和人文实践体验，构建了由共同发展类课程、个性发展类课程和特色成长类课程组成的课程体系，逐渐形成人文教育办学特色。

（四）学生发展指导

为更好地适应高考改革，促进学生全面而有个性地发展，房山区初步构建了"12333"生涯发展指导教育体系："1个平台"，即区域生涯发展指导信息平台，包括生涯发展测评模块、大学和专业数据模块和学生考试数据模块等；"2大中心"，即在北师大良乡附中建设以"科技"为特色的职业生涯体验中心，在房山区实验中学建设以"艺术"为特色的职业生涯体验中心；"3支队伍"，即学生生涯指导师队伍、心理教师队伍和学生生涯成长导师队伍；"3个重点"，即生涯测评科学化、生涯课程体系化和职业体验系统化；"3个指导意见"，即《房山区小学生涯发展教育指导意见》《房山区初中生涯发展教育指导意见》和《房山区普通高中生涯规划教育指导意见》。

"12333"生涯发展指导教育体系，是以学生发展需求为导向，形式多样、注重体验、讲求实效的生涯教育服务体系，有利于指导学生增强对自我和人生发展的认识与理解，促进学生在成长过程中学会选择，主动适应变化，主动发展。生涯发展指导教育体系的构建，有利于学校深层次了解学生的发展需求和发展愿望。

（五）选课走班模式

新一轮高考综合改革实施选课走班教学，强化了选择性教育。房山区9所高中的选课走班的一个基本原则是充分尊重学生的自主选择，提供了20种组合。从整体上看，房山区的选课走班，"定二走一"是多数高中的选择，学校在尊重学生选择的基础上，按照少走动的原则，尽可能将有两个学科一样的学生组成一个教学班。选课走班的目的就是充分发挥学生的优势，高中所学课程与将来高校所学专业匹配，充分尊重学生的自主选择，"定二走一"是在学生自主选择的基础上进行班级编排，既尊重了每一位学生的学科选择，又能保持相对稳定，让学生有一个熟悉、稳定的学习环境。这样的走班方式力求走动最少，有相对稳定的教学环境，有利于学科教学的进行。

新高考选课走班的形式，不仅对学生学习、教师教学、学校管理提出了新要求，对于教室等硬件同样是冲击。"走"只是一种形式，核心是学生的"选"，高考改革核心要义是尊重学生的选择权，如果能够满足学生的需求就是成功的。

三、抓住关键，提升品质

为更好地推进普通高中多样化发展，需要将自上而下的区域规划与自下而上的学校定位相结合；赋权增能，扩大和落实学校办学自主权；立足课程开发，提升课程品质；建立科学、合理、公正的评价制度等。

（一）自上而下的区域规划与自下而上的学校定位相结合

普通高中多样化发展呼唤教育行政部门及学校管理理念的更新。地方政府要尊重教育规律，宏观规划不能以牺牲教育拉动经济发展为目的，要有明确的长远的普通高中教育布局，制定相宜的教育政策，并给予相应的扶持，合理配置教育资源，加大教育经费的投入，加强教育质量的监控等，创新人才培养机制、办学体制、教育管理体制、学校质量评价体系、考试招生制度等，引导学校"错位竞争，共同发展"。各学校要基于内涵式可持续性发展的需求，对自身现状进行"特色诊断"，清晰认识自己的优势、弱势、机会和风险，对学校的特色资源进行筛选、分析和整理，从中找出特色办学的现实路径。学校建设中所有元素都是特色化的源头，如办学理念、办学形式、管理模式、课程设置、师资力量、教学模式、校园文化、生源状况等，学校既可以把原来的劣势作为突破点，转变为自己的特色；也可以把自己的优势渐进为自己的强势，形成自己的特色。总之，区域规划与学校发展实际相结合，是一种比较理性的特色定位方式。

（二）赋权增能，扩大和落实学校办学自主权

教育行政部门要切实履行统筹规划、政策引导、监督管理和提供公共服务的职责，通过权力下放，赋予学校更大的办学自主权，尤其要减少学校在课程设置、人事管理、资源配置、教学评价等方面的行政干预。学校要立足自身实际，积极探索，大胆实践。一方面，学校要以国家课程为依据，结合学生的发展情况，自主安排教学内容、教学进度和各类测试，创造性地实施国家课程，以满足不同能力、不同志趣学生学习与发展的需要；另一方面，学校要根据学生的兴趣和个性发展需要，挖掘自身优势，开发课程资源，建设一批具有本校特色的丰富多彩的学校课程与活动，供学生选择。

（三）立足课程开发，提升课程品质

普通高中多样化发展要坚持以课程建设为核心，建立以专业导向为主的学科群，满足不同性向、不同层次、不同潜质学生的学习需要，保障学生多方面的兴趣。在国家普通高中必修、选修课程设置之外，可以增加有选择余地的、能满足学生个性发展需求的校本选修课程。从某种意义上说，校本课程的开发过程就是学校特色的形成过程，校本选修课程设置可以从多方面考虑：一是培养学生的社会责任感和实践意识，提高实践能力的课程，如研究性学习课程、领导力培养课程、实践活动类课程等，达到"学思结合，知行统一"的培养要求；二是拓展学科基础，增加学科兴趣的课程，如趣味语文、生命的奥秘、化学与生活、常用家用电器、时事经纬等特色课程；三是提升学科要求，增加学科深度的课程，如数理化等科目的大学基础课程，提供给学有余力、有兴趣和理科特长的学生选修，或者中外文学等科目的大学基础课程，提供给学有余力、有文科兴趣和特长的学生选修；四是提高学生体育、艺术素养的课程与活动：如田径、足球、篮球、乒乓球等体育专项课程以及社团活动课程；五是提升外语学习要求，接轨国际的课程，如托福、雅思等课程，提供给选择出国留学的学生自修。

（四）建立科学、合理、公正的评价制度

评价是影响普通高中多样化发展的最直接、最根本性的因素。当前高升学率仍然是社会各界对学校的期待，甚至地方政府也以此作为判断办学质量的首要标准。要摆脱千校一面奔高考的局面，只有建立科学、合理、公正的评价制度，营造公正的社会氛围，鼓励学校依据自身情况确定发展目标，开展发展规划，真正

体现高中教育在人才培养中的"立交桥"作用，为学生的出路选择提供多种可能，从而科学引导学生合理分流，实现自主发展、多元发展。

高中优质教育不仅限于以分数为标准"量"的增加，更应该强调以人的全面发展为核心"质"的提升。因此，对学校教育质量评价，不能单纯以学生升学率作为单一标准，必须建立完善的多元化、多维度评价的绿色机制，以促进普通高中教育的转型，激发出学校创新的活力，促进学校自主特色化发展。教师对学生成长、成才也不能以成绩作为唯一的评价标准，要注重学业评价与非学业评价相结合；关注学生的学习态度、知识掌握、身心健康、品德修养、意志情感等方面，实现对一个学生的完整评价；要注重评价主体的多元化，形成以班主任牵头、任课老师、家长、学生为一体的评价多元主体，对学生形成全面、客观、公正的评价。这样才能促进学生的个性发展和能力提高，激励学生健康成长。

深化育人方式变革，推进普通高中多样化特色发展

丰台区教育委员会　唐汝育　余　琴

一、丰台区普通高中发展现状

丰台区现有 13 所教育部门创办的高中学校，涉及 15 个办学点，3 所在招生的民办高中。高中在校生共计 7254 人，公办高中学生占比为 90.7%。预计到"十四五"中后期，丰台区高中每年生源数接近 5000 人，公办高中将超过 4000 人。北京市第十二中学钱学森学校、人大附中丰台学校分别在 2017 年、2019 年开始招收高一学生，北京市丰台第二中学（简称"丰台二中"）改扩建工程基本完毕并投入使用。此外，北京十中槐树岭校区、北师大实验中学丰台学校处于在建之中，北京第五实验学校、北京市第十二中学联合总校丽泽国际学校处于规划建设阶段。远期规划中具有高中办学资质的还有北京教育学院附属丰台学校高中部、长辛店铁路中学、民大附中丰台学校等。随着普通高中改扩建、新建学位的增加，丰台区高中办学资源基本能够满足生源实际需求。

（一）坚持全面落实立德树人根本任务

加强改进中小学党建和德育工作。颁布并实施《丰台区关于加强和改进中小学德育工作的实施意见》，引导学生准确理解和把握社会主义核心价值观的深刻内涵和实践要求。发挥课程在人才培养中的核心作用，凸显思想政治课的育人功能，深入开展中华优秀传统教育，构建丰富的传统文化课程体系，弘扬民族精神，增强文化自信。稳妥开展学生综合素质评价工作，将学生综合素质评价工作与学校教育教学工作有机结合，设计有影响力的活动，促进学生全面和个性成长。将综评工作纳入对学校管理工作的绩效考评范围，建立学生综合素质评价工作的区级表彰激励机制。

（二）积极稳妥推行新高考各项工作

采取政府主导、教委统筹、教科研指导、学校实施的工作模式，建立和完善

课改领导机构和组织机制，围绕落实高中课程方案、学业水平考试、学生选课指导等重点任务开展工作。将课程发展中心调整至丰台分院，增设编制，扩充职能，更好地服务于高考改革。发挥教育行政、教科研部门职能，全面深化课改，实施新高考方案。全方位、高标准落实干部教师培训工作，通过采取自主学习、集中培训、常规教研相结合的方式，组织完成首轮新高考11个学科700余位教师的岗前培训任务。健全教学制度，加强学生选课管理。参照学业水平考试和高考时间，统筹安排三年教学体系，重构教学时间、空间与资源，通过采取"定二走一"的教学组织形式满足学生的选课需求。

（三）加强区、校特色课程体系建设

规范课程建设，发挥整体育人功能。优化原有区级备案管理机制，制定了"纵横两向、多维聚焦、分类指导、个性优化"的学校课程管理机制。横向关注学校各领域、各学科课程开设，纵向关注学校从课程计划制订到实施成果梳理，在重点关注国家课程校本化的同时，对学校课程建设的整体性和特色化提供指导。结合国家课程改革中的热点、学校课程建设中的困惑，实施丰台区课程品质提升项目，统筹规划设计系列长周期、专题化课程领导力提升培训。北京市第十二中学形成了培养学生"真善美"品格交融的课程体系，北京市第十八中学（简称"北京十八中"）形成了"聚宽"课程体系，丰台二中围绕中国学生核心素养构建学校课程，将学科核心素养落实到学科课程体系建设之中。丰台区以学校特色课程建设为基础，初步形成了"传统文化、红色人文、航天科技"三大领域的区域特色课程。

（四）积极支持普通高中多样化特色发展

全面深化普通高中特色化发展。按照"统筹联动、一校一策"的基本原则，在高校对接、学段打通、资源融通等方面下功夫，拓宽并打通人才培养途径，促进优质高中集团化发展，一般高中多样化特色发展，逐步形成分层分类发展的新格局。实施"1+3"人才贯通培养项目，人大附中丰台学校、大成学校、北师大实验中学丰台学校审批为项目实验校。大成学校依据美术发展特色，统筹安排初中、高中衔接，引导学生发挥自己的美术特长。北京市第十二中学、丰台二中、北京十八中、北师大实验中学丰台学校结合学校历史，分别承担了市级特色人才培养项目。市、区、校三层次创新人才培养体系，着力培养学生的科学精神和创新能力。截至2020年，丰台区已有十二批次116名学生参与了北京市"翱

翔计划",并完成课题研究,为高中毕业生进入大学自主招生序列创造了条件。

(五)整体推进教育集团集群化发展

探索切合实际的教育治理模式。涉及普通高中的教育集团7个,8个教育集群覆盖各级各类教育资源单位,其中有9所高中学校牵头了教育集群建设与发展。按照"1+2+N"的规划构建治理和保障体系,整体推进教育集团集群工作,围绕治理机制、队伍建设、课程共享、特色文化等领域开展实践研究,在教育集团一体化办学、教育集群特色化发展方面取得成效,对区域优质教育资源扩增发挥了重要作用。从2017年起,区教委建立了教育集团集群项目支持制度,各教育集群牵头校、教育集团围绕教育治理、课程建设、队伍建设、学生培养等开展项目研究,助推了教育集团一体化发展和教育集群特色化发展。方庄教育集群形成了横向贯通、纵向衔接、纵横融通的集群课程体系,东高地教育集群创立了航天教育课程体系。在高中教育集团化办学方面,北京市第十二中学、北京十八中等学校,积极构建合理的学段生源结构,建立健全集团内部治理机制,在内涵发展方面取得了持续性成效。

二、面临的问题和挑战

随着普通高中改扩建、新建学位的增加,丰台区高中办学资源基本能够满足生源实际需求,但在发展素质教育、创新人才培养、全面提高教育质量等方面还存在空间;在全面深化育人方式改革,满足学生多样化选择性需求,实现普通高中教育高质量特色化发展等方面,仍需要长远规划和整体统筹。

(一)发展形势分析

普通高中综合改革,强调了招生方式的多元化和人才培养模式的变革。学校在按需发展、特色发展方面效果不够显著,高中多样化办学方向与路径需要进一步清晰并落实,外部环境、政策支持、经费保障、智力投入需要进一步加强,区域高中分类自主发展格局有待形成。

1. **外部环境要求**

分析丰台经济社会发展情况,对于推行教育改革既是机遇,也是挑战。随着丰台区高新技术、新兴金融、文化创意三大产业的繁荣,必将带来人口结构的优化。"二胎政策"和"人口疏解"带来京籍生源比例提高,中考招生政策引导学生在区内完成基础教育,提高了优质生源留区比例。预计在"十四五"中期,本区公办高中在校生会达到1.2万人左右。另外，市教委、高校、教科研单位支持中小学办学、名校办分校等重点项目，对优质教育发展提供强有力的支持。

2. 教育整体要求

就丰台区基础教育整体情况而言，京籍生源数量及占比从小学低学段逐步过渡到中学高学段，普通高中生源正处于生源逐步增加阶段，学校硬件资源基本能够满足现实需求，尚可以探索走班制、小班化教学。中高考改革处于初期，学科教师需求的波动性加剧，部分初中教师"教非所学"，英语学科师生适应英语听说机考能力较弱，学科师资结构有待优化。另外，为保障基础教育改革顺利实施，需要进一步加强教学组织形式的变革研究，建立健全各项评价体制机制，具体涉及教师绩效考核和学业过程管理评价机制。

3. 自身发展需求

随着"内升外引"政策的深入实施，极大地降低了丰台区建设优质教育资源的成本，在确保自身办学效益的基础上，发挥对区域教育的辐射带动作用至关重要。通过新建改扩建、一体化管理和集团办学实践等方式扩大优质高中规模，应对普通高中生源增加问题。推进教育集团集群重点项目，探索初高中直升和贯通培养育人模式，实现资源利用集约化和学生贯通培养。建设北京第五实验学校，筹建北京市第十二中学联合总校丽泽国际学校，扩大普通高中中外合作办学项目规模，发挥其引领和带动作用。

（二）存在问题分析

1. 办人民满意的教育亟待统筹发力

促进丰台教育高质量发展，需要从教育与社会、教育与人的发展、教育系统内部结构与功能等多角度开展研究，需要政府的顶层设计和支撑，需要直属业务单位的服务保障，也需要社会各界的支持和协同，更需要各学段教育不懈的实践追求。教育成效的凸显是一个日积月累、厚积薄发的过程。

2. 需要加大力度推进普通高中育人方式变革

区内普通高中资源量基本满足生源增长需求，以新高考撬动课程教学改革的政策体系渐趋完善，基于生源在促进学生分类发展方面初见成效。今后一段时期，区域要加快高中学校扩建、新建任务，匹配课改硬件资源，构建丰富多元的课程体系，落实学生发展的选择性，拓宽人才培养模式和路径，指导优质高中集团化发展、一般高中的特色化发展，实现普通高中多样化特色发展，共同构筑良好的营商环境。

3. 健全教育治理助推区域教育高质量发展

针对区内优质教育资源不足及发展不平衡的情况，合作办学机制需要健全、集团化管理模式有待完善、依托教育集群发展机制尚不完备、民办教育还未形成品牌效应等问题依然存在。教育集团集群发展已经成为丰台区基础教育优质均衡发展的独特路径，进一步加强教育集团集群治理理论和实践研究，加强教育集群内部治理，做强、做优教育集团，保障区内各类教育协调可持续发展，是打造丰台教育名片面临的重要问题。

三、发展思路与对策

（一）普通高中育人体系建设行动计划

深入开展习近平新时代中国特色社会主义思想教育，突出思想政治课关键地位，把立德树人融入教育教学各环节，积极开展主题教育、仪式教育、实践教育等活动，深化一体化德育体系建设，切实承担好铸魂育人的时代重任。改进科学文化教育，统筹课堂学习和课外实践，充分利用高校、科研院所、博物馆等优质教育资源，提升学生的人文素养和科学素养。加强健康知识教育和心理健康教育，广泛开展学生体育运动，培养学生的强健体魄、坚强意志和拼搏精神。开齐开足艺术课程，挖掘不同学科美育资源，推进民族艺术、戏曲进校园，建设中华优秀传统文化传承学校。建立和完善家庭、学校、社会劳动教育体系，注重围绕丰富职业体验加强劳动教育基地建设，注重教育实效，实现知行合一。

（二）普通高中新课程新教材建设行动计划

全面实施新课程新教材计划，组织开展学科教学基地校建设，有效开展市、区两级学科教研活动，逐步建成区内覆盖全部学科的教研基地校，推选市级学科教学基地学校。继续完善普通高中课程安排指导意见的实施方案，合理安排三年各学科课程，均衡设置必修、选择性必修和选修课程，实现统筹衔接。建立学生发展指导制度，加强学生发展指导队伍建设，研究制定符合学生特点的指导内容和方法，构建规范有序、科学高效的选课走班运行机制。鼓励学校开设人文、科技、数理、艺体、语言等领域的选修课程，以课程为核心凸显学校办学特色。发挥区职业与成人教育集团课程资源优势，将优质职业教育课程纳入选修课程，供学生进行职业体验，给学生专业的指导。

（三）普通高中教学方式改进行动计划

基于线上、线下混合式教学需求，以学生的学习为中心，开展单元"教学评一体化"课堂教学实践，积极探索发展学生核心素养的教学方式，研究形成"教学评一体化"的教学评价体系。以"促进素养导向下教学评一体化发展的区域教研模式的实践研究"申请北京市规划课题，探索区域教研模式的职能职责、任务要求、工作机制、策略方法及质量标准。聚焦课堂教学质量，围绕教学环节优化，突出信息化辅助教学，定期开展主题式教学研究活动，注重培育、遴选和推广优秀教学成果、教学案例。加强考试组织与管理、数据库建设与服务、数据服务教学的研究与实践，基于考试大数据，初步构建起大数据下区域教学分析诊断系统，推进大数据、人工智能等信息技术在教学中的应用。

（四）优质示范和品牌特色高中行动计划

整合有限资源做大做强优质高中集团化办学，进一步优化全区教育布局，发挥作为教育集团、教育集群牵头校的主体作用，满足青少年全面发展和个性成长的需求，引领带动区内基础教育健康持续发展。以优质高中为基础，坚持评建结合，着力建设市内有一定影响力的普通高中，在课程体系、治理机制、人才培养、智慧教育、教师研训等方面给予重点支持，引领和带动区域普通高中教育质量和办学品质的整体提升。整合本市高校、科研院所、高水平艺术体育机构等优质教育资源，指导学校找准发展定位，围绕人文、科技、艺体、职业等领域，打造成为学科优势明显、办学特色鲜明的品牌特色高中。

（五）学校课程一体化育人行动计划

根据中小学课程建设需求，结合社会教育资源实际，围绕培养学生核心素养，打破学段界限、打破学科边界、打破学校壁垒，逐步构建区域性课程，探索课程一体化育人模式。从地域经济、社会和文化发展方面，把握教育改革与发展方向，聚焦建设"传统文化、红色人文、航天科技"三大领域课程群。加强钱学森青少年航天科学院建设，建设拔尖创新后备人才培养基地校，整体推进市、区两级项目实验校活动，积极做好区内中小学创新人才选拔和培养工作。鼓励学校开展创新教育实践研究，完善学校与社会横向整合，搭建小学、初中、高中纵向衔接的创新人才培养体系，助推丰台区基础教育实现高质量发展。

精确定位　精准支持
促进区域高中精品特色发展

门头沟区教育委员会　裴　军

一、门头沟区学校的基本概况

门头沟区现有教学单位 91 个，其中，小学 23 所，初中 8 所，完全中学 4 所，九年一贯制 2 所，十二年一贯制 1 所，中等职业学校 1 所，特殊教育学校 1 所，幼儿园 37 所，直属单位 14 个。在校学生 28713 人，教职工 3633 人，专任教师 2789 人。全区教职工中研究生及以上学历 353 人，现有特级教师 15 人，市级学科带头人 6 人、市级骨干教师 36 人，区级骨干教师 428 人，区级骨干班主任 79 人。

全区共有五所高中，分别是北京市大峪中学、北京八中京西校区、首师大附中永定分校、北京八中永定实验学校、北京市景山学校门头沟校区。其中北京市大峪中学为北京市示范性高中，首师大附中永定分校为北京市优质高中，北京八中京西校区为拥有"统筹二"招生资质的名校所办分校，北京八中永定实验学校为与北京八中合作办学的新建学校，景山学校门头沟校区为与北京景山学校合作办学的新建学校（暂未建成招生）。目前，区内高中共有专任教师 301 人，其中特级教师 7 人，市骨干教师 4 人，区骨干教师 65 人，在校学生 2514 人。

二、门头沟区高中学校特色发展的定位

门头沟教委坚持以习近平新时代中国特色社会主义思想为指导，全面贯彻党的十九大和全国教育大会精神，全面贯彻党的教育方针，落实立德树人根本任务，坚持"三全育人"。立足首都城市战略定位和区域生态涵养发展功能定位，遵循教育规律办好每一所高中，遵循人才成长规律教好每一名学生。坚持"校校精品"的质量标准、"一校多品"的特色发展方向，加快推进区域普通高中精品化、特色化建设，培养德智体美劳全面发展的社会主义建设者和接班人，为学生接受高等教育、适应社会生活和发展职业生涯打好基础，为建设国际一流的和谐宜居之都提供人才保障和智力支撑。

三、门头沟区推进"一校一品"特色发展的实践

(一)引进优质资源,优化学校布局

通过优质教育资源"四个引进"(引进名校、引进名校长名师、引进优质教科研项目、引进先进的教育理念)加强区级统筹,结合落实区域总体规划,集中优势资源加快建成更多优质普通高中学校,盘活存量,优化增量。通过城乡一体化建设项目、集团化办学、新建优质学校等方式扩大优质高中规模,加速均衡布局,满足区域人民普通高中入学需求。扩大优质高中办学规模,利用北京市城乡一体化学校建设项目,引进北京八中、北京景山学校等北京市内优质高中教育资源,合作成立了北京八中京西校区、景山学校门头沟校区等优质高中校,采用"法人一体化"的合作办学模式,增加了优质高中教育学位供给。2018 年与北京八中再次进行办学合作,新址迁建北京市第八中学永定实验学校,进一步扩大了优质高中学位供给。截至目前,门头沟区 5 所普通高中,除一所北京市示范性高中外,其余 4 所高中均与城区优质高中建立了合作办学关系,为区内高中教育的全面优质均衡奠定了基础。在引进优质学校的同时,制定《门头沟区教育系统高级人才引进实施意见》,加大高级人才引进力度。自 2013 年起,面向全国引进了 12 名高端教育人才,包括 7 名特级教师,2 名省级骨干教师,1 名教授(博士)及 2 名校长(均为高中校长)。

(二)坚持"五育并举",发展素质教育

党的十八大报告指出:"全面贯彻党的教育方针,坚持教育为社会主义现代化建设服务的根本任务,培养德智体美全面发展的社会主义建设者和接班人。"2019 年 5 月 20 日,门头沟区召开了以"坚持'五育并举',打造京西教育精品区"为主题的教育大会,旗帜鲜明地将区域教育发展方向指向坚持立德树人、发展素质教育。

门头沟区教委出台文件,统领全区德育体系建设;智育工作聚焦课堂教学改革,稳步提升智育质量;体育工作以立德树人为根本任务,以"天天锻炼、健康成长、终身受益"为目标,培养学生的体育素养;美育工作围绕创建全国文明城区、创建全国未成年人思想道德建设工作先进城区和实现首都教育现代化的目标,深化学校美育改革,构建学校、家庭、社会互联互动的美育机制;劳动教育方面,重视加强高效、环保、协作、契约等一系列现代劳动观念的培养,充分利

用区域内劳动教育资源，广泛开展学科学、学农、学工等各种形式的实践活动，丰富完善门头沟区劳动技术教育基地和学校劳动教育课程体系。

（三）落实招考改革，探索自主招生

深入落实《北京市深化高等学校考试招生制度综合改革实施方案》（京教计〔2018〕20号）、《北京市教育委员会关于进一步推进高中阶段学校考试招生制度改革的实施意见》（京教基二〔2018〕16号）等招考改革文件。

一是加大对各项改革举措的宣传力度。及时、全面、准确地向学校传达改革政策，多次组织专家面向高中学校领导和教师做好政策解读，凝聚改革共识，营造良好的改革氛围。连续两年举办京西高校招生咨询会，搭建院校和考生之间的互动平台，现场为考生答疑解惑、提供权威的报考信息，帮助考生科学定位，全面准确了解高招录取，做好生涯规划。

二是加强基础设施、教师队伍和考试服务保障。支持学校根据需要对原有教室进行改造，充分满足学生的选课走班需求，为每所高中建设2~3间英语听说教室，购买听说训练软件服务等；实施"银龄计划"，面向全市公开招聘近5年退休的特级教师，在日常教学、青年教师培养、教学研究、课程开发、课题研究指导等方面发挥引领作用；成立退休教师资源库，申请专项资金返聘退休教师，建立退休教师短期聘用机制，保障高中教育改革的平稳顺利进行；按照北京市教育考试组织管理要求，指导区考试中心高标准做好各类考试的考务工作。

三是推动初升高自主招生方式改革，指导大峪中学、首师大附中永定分校成功申报"1+3"自主招生试验。四年时间共有500余名学生通过"1+3"自主招生升入两所高中，学校统筹设计四年课程，为高中育人方式改革做出了积极有效的探索。

（四）优化课程实施，深化教学改革

优化课程实施，加强课程整体建设。以国家课程方案和课程标准为依据，以课程精品化建设和特色化实施为方向，指导各高中学校合理安排三年各学科课程，均衡设置必修、选择性必修和选修课程，保障选修课程落实。学校根据办学基础、特色优势、发展方向制订具体课程实施计划，倡导课程实施方式多样化，丰富课程选择，合理满足学生选课选考和个性化发展需求。创新课程管理方式，落实学校课程自主权，各校在现有课程基础上，依托市区优质教育资源，丰富人文、科技、数理、艺体、语言以及普职融通等领域的选修课程，坚持以课程为核心凸显学校办学特色。

深化教学改革，有序推进选课走班。根据"两依据一参考"升学方式的变化，指导学校统筹好班级编排、学生管理、教师调配、教学设施配置等，构建规范有序、科学高效的选课走班运行机制。依据学科人才培养规律、高校招生专业选考科目要求和学生兴趣特长，结合招生大数据分析，指导学生科学选课。强化任课教师责任，注重学生分层分类培养，努力满足学生的不同发展需要。加强走班教学班级管理，充分发挥学生组织自主管理作用，积极探索选课走班下科学有效的集体主义教育方式。加强学生生涯规划指导，基于学生身心特点科学设定指导内容，加强对学生理想、心理、学习、生活、生涯规划等方面的指导，帮助学生正确认识自我，树立远大理想，适应高中学习生活，处理好个人兴趣特长与国家和社会需要的关系，提高选修课程、选考科目、报考专业和未来发展方向的自主选择能力。经过三年的改革探索，区内高中学校均建立了基于校情的选课走班制度，在课程安排、教学组织、生涯规划、选课指导等方面形成有效运行机制，较好地实现了教、学、考、评的统筹衔接。

四、高中办学成效及展望

（一）高考成绩稳步提升

随着高考改革的深入，高考不仅承载选拔和评价的功能，更是立德树人的重要载体和素质教育的关键环节。现阶段，高考（学业水平考试）成绩仍在一定程度上体现着区域教育，尤其是高中教育的发展水平。以门头沟区2020年高考成绩为例，相比2014年，在考生总人数减少的情况下，一本文化课（特殊线）上线人数、一本率（特殊线上线率）均实现翻番。纵观2014年以来的高考成绩，几项重要指标均呈现稳步提升的态势，被"985、211、双一流"等优质大学录取人数连年提高，体现着办人民满意教育的应有之义。

（二）人才培养趋向多元

在高考成绩稳步提高的同时，各高中校能够转变育人观念和育人方式，尊重学生差异，努力让每名学生成为最好的自己。近两年通过艺术、体育专业学习升入本科院校的学生数量每年接近百人，在发展自己特长的同时实现了自己升入本科院校的梦想。与此同时，升入艺体类名校学生的数量不断增加，录取高校涵盖清华美院、中央美院、中国音乐学院、北京体育大学等知名学校，仅2020年，便有 12 名学生被北京体育大学录取。

（三）高中生源有效涵养

高中教育品质的提升，使区域高中教育吸引力显著增强。纵观近 10 年中考区内前 200 名考生出区情况，2011—2013 年，区内中考前 200 名考生升入本区高中学生人数合计为 179 人，留区比例仅为 29.8%；2014—2016 年，区内中考前 200 名考生升入本区高中学生人数合计为 312 人，留区比例为 52%；2017—2019 年，区内中考前 200 名考生升入本区高中学生人数合计为 350 人，若将通过"1+3"试验升入高中的较优秀学生计入后，留区比例接近 80%。

（四）办学特色愈发明显

区内高中经过多年发展，均形成了本校成熟的办学理念，能够基于办学目标、育人目标和自身对教育规律的理解进行办学实践，而不再只是围绕高考指挥棒的整齐划一。北京市大峪中学以"山谷相生，自然天成"定位学校发展，提出"发展每个人的天赋才华"的办学理念，以"走进山谷，走出山谷，走向世界"的思路构建形成了丰富完善的"山谷课程"。北京八中京西校区秉承北京八中"着眼于未来，着力于素质"的办学思想，传承北京八中"本真致美"的教育理念和素质教育文化，在办学实践中始终将提升人的生存能力、提升人的生活品位、提升人的生命价值，促进社会发展、促进人类美好作为办学的价值坚守。首师大附中永定分校以"为每一位学生的终身幸福奠基"为办学理念，围绕对于"幸福是人类追求的终极目标"的理解，构建出幸福文化、幸福管理、幸福课程、幸福课堂、幸福品格等六位一体的学校幸福教育体系。北京八中永定实验学校坚持"以人为本，关注生命"的教育理念，以"一体化管理，跨越式发展"的办学目标，完善"一主两翼起飞"的课程体系，促进学生全面而有个性地发展。

今后，门头沟区将进一步坚持"校校精品"的质量标准，"一校多品"的特色发展方向，分类引导各高中校立足学校文化、历史积淀、办学优势和条件资源，精准定位自身发展，通过精准支持，破解普通高中发展中体制机制障碍，给予学校人事、经费、招生、课程等方面更多自主权，激发办学活力，实现区内高中精品化、特色化发展。

为每个学生提供"私人定制"的教育

北京市第三十五中学　朱建民　陈　翠

一、坚守志成初心，提出"志成教育"

北京市第三十五中学（以下简称三十五中）始建于1923年，前身为由北高师（今北京师范大学）的9位毕业生创建的志成中学。李大钊、邓萃英等15位教育名流担任校董并提出了"改变民族落后，发展教育事业，培养栋梁之材，有志者事竟成"的办学宗旨，这也是我们的"志成"初心。2005年三十五中被认定为北京市示范性高中，现分为初中部、高中部、国际部和贯通培养项目部。

98年的办学历程中，学校坚守"诚 真 勇 毅 勤 美 严 实"的校训和"励精图治、自强不息、艰苦奋斗、有志者事竟成"的志成精神，注重传承、勇于创新，培养出宋平、王光英、李锡铭、王光美、邓稼先、王岐山等大批杰出人才。

三十五中以"中国特色、中国风格、中国气派的现代学校"为办学愿景，以"培养具有中华民族的文化底蕴和中国情怀、具有国际视野、具有正义感与责任心、具有适应社会的能力、具有科学精神和探究意识的创新型人才"为育人目标。传承"志成"初心，三十五中确立了"志成教育：立志·成人"的教育理念。其中"立志"是指引学生认识自我和社会、树立远大志向、确立生涯规划、寻找人生价值，"成人"是指引领全员尊重生命特性、培养健全人格、提升综合素养、发展天赋特长。

二、基于挑战重新认识高中教育使命

（一）总理到校调研提出的难题

2009年9月4日，时任国务院总理温家宝到三十五中调研，在座谈时提出中国教育发展面临的两个深层次问题——"为什么现在我们的学校总是培养不出杰出人才？""一直在强调素质教育，但是为什么成效还不够明显？"这两个问题切中当前中国教育之痛，是当代教育工作者无法回避的命题。总理调研后，我们将这两个问题作为学校教育教学改革的核心关键词，探索人才培养模式改革。

（二）对高中教育使命的再认识

高中教育存在着一味围绕高考"画圆"的倾向，把人的成长窄化到了片面追逐分数之中，把学校的发展局限在了大学预科教育之内。这样的高中教育是补短教育而非扬长教育，不利于学生个性发展和创新人才成长，也不能满足经济社会发展的需求。我们应对高中教育使命进行再认识。高中阶段的教育是学生个性形成、自主发展的关键时期。在这个时期，学生的不同个性和才能开始显现和发展，要思考和选择今后的发展道路。高中教育要承担起启蒙和唤醒的责任，创造适合每个学生的教育，尊重和成就每个学生个体的生命独特性，为每个学生创设自由成长和个性发展的空间。

（三）审视学校发展的困境与出路

对高中教育使命的重新认识，让我们重新审视自己的办学——三十五中地处名校林立的西城区，从升学成绩排名来看，区域内的竞争格局基本是固定的，三十五中并未跻身最顶尖的学校之列。但是，斤斤计较于录取分和升学分之高一分或低一分，难道这就是我们学校存在的主要价值吗？进一名，或者退一名，真的有那么重要吗？我们能否寻求对学生、对学校更有价值的发展道路呢？

（四）生源差异凸显、需求日益多元

三十五中高中部学生从入学录取分数来看相对比较整齐。但是，在总分整齐的背后，是一个个兴趣、爱好、潜能千差万别的个体，学生在学科发展方面的基础、潜能和方向也存在着显著差异。尤其是近年来，三十五中的育人理念和多样化的办学特色赢得了越来越多优秀学生的青睐，而北京市在高中招生政策方面更加突出均衡导向，高中部招收的生源情况更加复杂多元，学生之间的学习基础与发展倾向之间的差异性和层次性更加突出。随着高中入学政策的调整，身处同一间教室的学生可能学业成绩悬殊，个体差异凸显，学生需求多元，学校如何应对这一挑战？

三、系统变革推进个性化教育

基于对高中教育使命的再认识，我们决定推进育人方式改革，探索个性化育人模式，为学生自主选择、自主学习、自主发展搭建平台，为每个学生的个性发展和潜能实现提供支持，引领学生找到自己的"跑道"并主动"奔跑"。

北京市 2017 年进入新高考改革实验，即 2017 级高一年级学生就要执行新的高考方案。根据新方案，北京高考不再实行文理分科，而是采取"3+3"模式，学生可根据报考高校要求和自身兴趣特长，从 6 门等级性考试科目中自主选择参加 3 门科目考试。此外，学生还要形成包括思想品德、学业成就、身心健康、艺术素养和社会实践五方面的综合素质评价。此次改革的价值取向其实正是打破僵化的公平，鼓励每个孩子发现、发展自己的个性与爱好。可以说，我们育人方式改革的目标正契合了高考改革的思路，而新高考方案的推进坚定了我校育人方式改革的信心与决心。

普通高中育人方式改革是一项系统工程，涉及课程、教学、管理、评价等育人要素的全面变革。三十五中将课程变革尤其是课程体系的构建作为育人方式改革的核心与引领，基于课程变革实施面向个体的教育教学管理模式，探索以"留白"为特点的课堂教学模式……

（一）课程体系：立体与多元

课程在教育体系中处于核心地位，是学生成长和发展的"营养基"，是一所学校的核心实力和竞争力，也是一所学校办学特色的关键支撑。三十五中育人方式改革，从课程建设起步，以课程建设为基。

从立志到成人，学校教育的重点与核心在于帮助学生认识自己的天赋和潜能、找到发展的方向和动力，为学生发展提供包括课程在内的丰富资源支持，引领学生自主、全面而有个性地发展，成为"五有"人才。基于此，我们构建了"一体两翼三层"的立体多元的"志成"课程体系（见图 1）。

其中，核心课程主要是国家规定的学科课程。针对高中招生政策调整带来的学生学业成绩差距扩大以及学生发展倾向多元化，我们在学科课程建设方面更重视课程的育人价值挖掘和层次体系构建。在横向上，我们探索课程模块的分层分类，在不同年段针对不同学科采取不同的分层或分类方式，走班上课，满足不同学科基础、不同发展方向学生的选择需求。信息技术、通用技术、艺术课则打通必修和选修，开设若干模块课程，学生自主选课。在纵向上，我们探索学科课程群的构建，挖掘学科育人价值，将课程分为基础类、拓展类、研究类 3 个层次，体现学科内拓展和学科间整合。

个性发展版块的课程主要包括科技与创新类课程、人文与社会类课程、艺术与审美类课程。课程突出综合性、层次性和选择性，提升全体学生的科技素养、人文素养、艺术素养，满足学生在这三个方面的个性化发展需求。我校与中国科具有中华民族的文化底蕴和中国情怀、具有国际视野、具有正义感与责任心、具有适应社会的能力、具有科学精神和探究意识的创新型人才

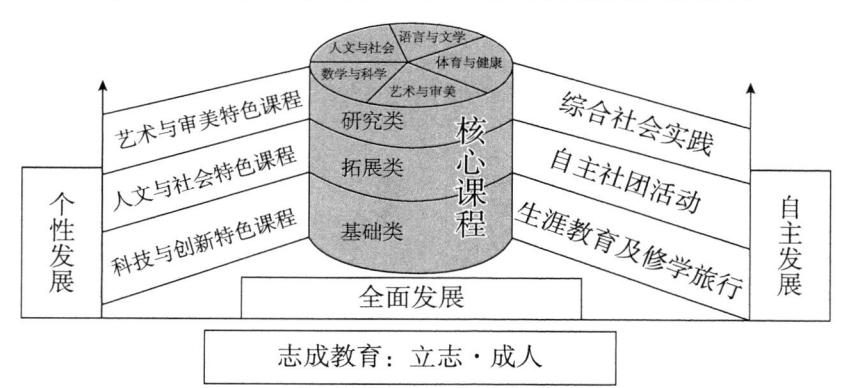

图1 志成课程体系

学院、清华大学等合作建设了十大高端科学探究实验室,有科学兴趣、科学潜质和科学志向的学生,可在导师指导下进入实验室开展探究实验,进行项目式学习,完成课题研究,提升科技创新素养。设立了八道湾鲁迅纪念馆,着力挖掘、传承李大钊、鲁迅两位伟人的精神,形成"一座院落,一所学校"的独特校园文化,研发了"立人""青春"系列校本选修课。

自主发展课程版块主要包括生涯教育与修学旅行、自主社团活动、综合社会实践。通过这样的课程设计,引导学生自我发现、自我规划、自我实现,提升学生自主发展的自觉性、主动性和规划性。同时,引领学生在社会实践中提升家国情怀与社会责任感,追求人生价值和社会价值的融合、提升。我们希望,在多元立体的"志成"课程体系下,不同发展基础、不同学习方式、不同发展方向的学生都可以找到自己的发展坐标,获得自己需要的课程支持,迈向自己梦想的成长方向。

(二)课堂教学:留白与生成

课堂是育人的主阵地。所有的教育教学改革都要回归课堂。课堂的质量决定师生的生命质量。如果没有课堂教学的改变,整个育人方式的变革只能算浅尝辄止。

1. 课堂教育价值取向的改变

对课堂留白的研究,缘起于对一种课堂的反思——在这样的课堂上,教师是

毫无疑问的主角，滔滔不绝地讲，讲得多、透、实，所有教学内容不留任何"盲点"；学生则更像配角，甚至是观众，被动地听与记，或者"答对"老师所有的提问。这些看似"天衣无缝""行云流水"的课堂往往被认为是成功的，却逐渐让我们感到尴尬。在这里，学生成为知识的容器、被填的鸭子，他们学习的积极性和主动性被打压，更别提想象力和创造性。

以前，我们评价一堂课的优劣是看老师是否能把内容讲清、讲透。现在，我们更关注让学习真正发生，提高学生的学习力。课堂不应是教师的"独角戏"，而应是师生生命成长的共同体。三十五中提出一堂好课应具备四个特征：点燃和提升（学习兴趣和求知欲望；学习方式和思维能力），互动和碰撞（多向交流与深度对话；质难问疑与寻根究底），独立和合作（独立思考与自主探究；讨论沟通与合作探究），放手和生成（敢于放手、留出空白；引领知识建构与提高课堂生成）。

2. "留白课堂"与小组合作探究式教学

基于价值取向的变化，我们提出了"留白课堂"的教学理念：在课堂教学（前）中（后），有意识地给学生留出空白的时间与空间，鼓励学生思考、探索、想象、表达、交流，让学生的思维、情感、表达等有生成、生长、发展的时间和空间，通过自己的探索研究去填充空白处的内容。在"留白课堂"中，教师扮演五种角色：课堂教学的设计者、课堂教学的组织者、学生学习的指导者、学生成长的陪伴者、学生发展的评价者。

在"留白课堂"教学理念下，三十五中近年来通过主题研讨、公开课示范、案例评选等形式，重点倡导教师探索小组合作探究式教学。小组合作探究式教学是教师通过指导小组成员展开合作，发挥群体的积极功能，提高个体的学习动力和能力，完成特定的教学任务的一种互助性学习方式。经过三年的探索，我们总结出小组合作探究式教学实施的关键：精心筛选，创设合作的条件；立足实效，优化教学策略；关注个体，重视小组评价。

（三）制度重建：自主与个性

随着新课改的推进，行政班授课制已经不能满足学生的个性化发展需求，影响了课程实施的质量。三十五中探索教育教学管理模式改革，2015年开始推行"五制"改革——选课走班制、学部制、导师制、学长制和学分制。由此，在课程、教学、学生指导、学生评价等各个领域更加关注个体需求，促进学生自主、全面、个性的发展。

1. 最大限度满足学生课程选择权

在建设可选择性课程体系的基础上，我们推行"选课走班"，尽可能赋予学生对课程的选择权，允许学生基于不同的兴趣、基础、潜能和目标自主选择课程，形成不同的发展路径。

三十五中自2015年3月全面推开选课走班，4年间4次更新方案，尽量满足学生对课程的选择权。其中，1.0版本在有限的教师和教室资源下设计出4套课表，课表1适用于偏文科类学生，课表4适用于理科类有A+课程的学生，采取先到先得的方法。1.5版本的突破点是实现学生对教师的选择。4套课表中的教师搭配提前展示给学生，学生选课第一步是通过选择某个课程而进入某个课表，满足学生对最喜爱教师的选择。2.0版本的突破点是先选课再排课，选课系统展示所有课程，学生按照意愿填报学科和教师，各学科按学生的选择排序分优先级，每个学科可有3个志愿层或级，按优先级别最大限度满足所有学生的志愿。2017年高一入学新生正式进入高考综合改革试验，学校通过增设"选考体验课程"和"学科未来课程"为学生"六选三"提供尝试和体验的机会，同时升级排选课方案（2.5版），在排课过程中确保100%满足学生的选考科目要求。

2. 系统推进"五制"改革

选课走班制：选课走班不只是教学组织形式上的变化，还会带来一些新问题，所以必须进行系统性变革。以选课走班制为核心，重建学校教育教学生态系统。

学部制：实行学部主任负责制，全面负责学部内教育教学管理、教师学生团队建设和学部特色、学部文化、学部生态的打造。学部是实施导师制和学长制的平台，对教师有考核、评价、奖惩和聘用的权利，同时还是让学生找到归属感的地方。学部内可实行聘任制、项目负责制，聘任老师做兼职助理或项目负责人。

导师制：要求每位教师担任7~10名学生的导师，关照每个学生的成长状态和发展需求，担当起学业指导师、心理疏导师、生涯规划师三重"引路人"角色。原则上每位教师都有承担导师工作的义务和责任，设立首席导师（即原来的班主任），负责团队的引领。

学长制：由高年级优秀学长以自身经验帮助学弟学妹适应高中生活、指引发展道路，让学生影响学生、带动学生、启发学生、教育学生，同时培养学生的责任意识、奉献精神、领导力、交流沟通能力。学长由学生申请和学部择聘产生，承担学长职务可以作为学生的一门荣誉课程，履行了学长职责可以获得学分。

学分制：探索"学分制"管理，以学分记录学生成长的轨迹、导引学生发展的方向。学分制不局限于课程成绩，探索日常表现和综合实践活动的学分化管理。学分制实行模块式和节点化的管理，每个学生都有自己的学分账号，可以通过学校信息管理平台即时查看自己的学分积累。这样，对学生学业质量的评价更为客观、全面，促进学生的自主管理和自主发展。

四、育人方式改革的成效分析

北京三十五中育人方式改革，促进了学生自主、全面而有个性的发展，倒逼着教师的专业发展，成就了学校的特色发展。

（一）促进学生自主、全面、个性发展

立体多元的"志成"课程体系拓展了学生学习的宽度和高度，为学生全面而有个性的发展提供了滋养与支持。配套的"五制"综合改革，充分尊重学生的主体性与选择性，学生自我发现、自我规划，学会选择、学会负责，发现潜能、发展优势，找到属于自己的跑道。

近3年，学生在科技、人文、艺术、体育等领域表现不凡。以科技为例，据不完全统计，仅2019年三十五中的学生就有196人次获得区、市和国家级以及国际性科技赛事的奖项，1名学生荣获第十八届北京青少年科技创新市长奖。更重要的是，大量学生在此过程中确立了科学志向。

近几年，三十五中毕业生在自主招生和高考中的表现都有突破，每年都有人被清华大学、北京大学录取（以往这个数字多年为零）。每年通过自主招生政策进入大学的学生人数，以及高分群体和尖子生人数均有提升。

（二）提升教师课程创生能力与整体育人能力

从最初被动参与到后来主动改革，教师的教育思想和观念发生着转变，他们的课程创生能力和整体育人能力有了大幅提升。越来越多的教师思考学科的育人价值，投入学科课程建设和校本课程开发。导师与学生密切互动、互相激发，提升了教师的职业价值感和幸福感。

面对变革，教师不得不更加注重研究学科、研究学生、研究课程与教学，越来越多的教师开展课题研究并在此过程中获得提升，2019年三十五中有19项市、区级立项课题。近3年，我校教师中有一位教师被评为北京市特级教师，一位教师被评为正高级教师。

（三）形成鲜明的办学特色

九层之台，起于累土。我校经过多年努力，打造了科技、人文、艺术三大教育高地，形成了鲜明的办学特色。2017年，三十五中在第32届全国青少年科技创新大赛中，获得"全国十佳科技教育创新学校"称号，并以示范性和可推广性夺得"十佳科技教育创新学校之星"殊荣。学校被评为全国艺术教育先进单位（2010—2020年）、全国群众体育先进单位等。2018年10月18日，位于高中部校园内的八道湾鲁迅纪念馆正式落成，一年多时间接待鲁迅研究专家及教育团体个人参观已达万余次，为西城区乃至北京市数所学校提供多次多种实践课程。

学校课程建设成果赢得业界认可。"促进学生自主、全面、个性发展的'志成'课程体系"获得2018—2019学年度北京市课程建设优秀成果评选一等奖；"中学生科学探究实验室教程"获得2018—2019学年度北京市课程建设优秀成果评选二等奖。学校被评为2017—2018学年度北京市基础教育课程建设先进单位，被授予全国课程改革骨干教师研修基地（2018年12月—2023年12月）。

作为国家社会科学基金教育学重大（点）课题"我国基础教育未来发展新特征研究"成果，校长朱建民等著的《勇毅笃行　大志大成——北京市第三十五中学课程建设与学校发展研究》于2018年10月由教育科学出版社出版发行。2018年12月20日，中国教育科学研究院基础教育研究所、北京市教育学会、西城区教委联合在三十五中召开"新时代普通高中育人方式改革研讨会"，深度解析三十五中的课程建设经验及配套改革，来自全国的400多名校长等参与会议。

五、反思与建议

普通高中育人方式改革是一项系统工作，三十五中以课程、课堂和制度变革为核心推进育人方式改革，取得了一定成效，同时在一些领域仍然存在不足。具体而言，课程建设存在重复与低效等问题；关于课堂教学变革的理念已形成共识，但具体的策略研究仍存在不足；课程评价和教学评价以及学生评价体系需要完善；师资队伍水平仍需提高，缺乏有引领性的、在市区有影响力的名师。

未来，三十五中将在实践中加强研究，着眼于学生德、智、体、美、劳全面发展，进一步提升学校课程体系的科学性与系统性，以科研为引领加强师资队伍建设尤其是名师队伍建设，深化课堂教学改革尤其是丰富留白课堂的教学策略，重点开展评价研究尤其是完善学分制与综合素质评价。

基于学校的教育教学实践，我们建议建立基础教育与高等教育的互动机制，高校教师走进高中实验室与高中教师共同开发实验室课程，并建立"高中探究实验室课程平台"，采用线上线下相结合的方式，并对接国家"强基计划"。

新高考背景下普通高中多样化特色育人机制研究

北京市第十八中学　张林靖

一、学校概况

（一）基本情况

北京市第十八中学 1951 年建校，1978 年成为区重点中学，1990 年从大红门地区迁至方庄，2005 年成为市级示范高中，至此北京市第十八中学教育集团方庄校区由初中部、高中部组成。2009 年角门中学融入，成为北京市第十八中学教育集团西马金润校区，成为又一个初中部；2013 年，芳星园小学融入，成为北京市第十八中学教育集团附属实验小学；大红门地区的北京第一实验小学彩虹分校融入，成为北京市第十八中学教育集团附属嘉泰学校；2015 年左安门中学融入，成为北京市第十八中学教育集团左安门校区。目前已经形成集小学、初中、高中一体的 12 年一贯制学校、一校五址、多法人治理的教育集团，拥有 91 个教学班、2803 名学生、393 位教职工。其中，特级教师、市级骨干教师共计 17 人。

2010 年，北京市第一个教育集群——方庄教育集群建立，北京市第十八中学教育集团成为集群龙头校。最初，集群成员涵盖方庄地区 27 所高中、初中、小学、幼儿园、职业学校、民办教育机构。目前，集群已经发展成为由"东方红"地区（东铁匠营街道、方庄地区街道、大红门街道）46 所学校及民办教育机构组成的区域教育命运共同体，成为全国最大的教育集群之一。

北京市第十八中学的发展历史可以概括为随新中国首都建设而立（1951），随改革发展而兴（1978），向美好生活而融（1990、2010），这也铸就了十八中伴随首都成长，因应时代而变，兼容并包、共融共美的学校文化传承。这样的学校文化传承与"唤醒、对话和包容、成长"的"聚·宽教育"实践原则很好地相生相融，交汇于十八中的办学实践之中。

（二）办学思想

我们立足教育现代化，传承中国优秀传统文化精神和学校发展历史，提出了"聚·宽教育"的办学思想。

"聚·宽"出自孔子所编著的《文言传》对《易经·乾卦》的解释。《文言传》中对《易经·乾卦》"九二"爻的解读："君子学以聚之，问以辩之，宽以居之，仁以行之"，意思是"君子必须具备学、问、宽、仁四方面德行与修养，即通过不断学习积累知识、通过质疑询问明辨是非、通过锻炼宽广的胸怀以适配不同环境、用仁爱之心来行事"。"聚·宽教育"思想即萌发于对孔子所倡导的从"学、问、宽、仁"四个层面发展人的德行与修养的认同。该思想既着重于乐学求真对人自主学力的培养，又强调成德以行对人完善人格的养成。从另外的层面来看，"学、问、宽、仁"不仅是作为学生培养目标的四方面德行，也蕴含了中国传统文化所倡导的教育智慧。"学以聚之，问以辩之"，渗透了探究学习和持续学习的理念，是终身学习、以学为乐的体现。"宽以居之，仁以行之"，教师也应当以宽广的胸怀，怀着仁爱之心，营造和谐的人际关系和教育氛围，有教无类。

"聚·宽教育"着重于基础教育阶段学生自主学力与健全人格的养成。凝聚人心、积聚力量建设丰富的资源平台、宽广的锻炼舞台、贯通的学习台阶，为每个孩子在十八岁之前打下健康身体的底子、健全人格的底子、宽厚文化的底子、强大精神的底子。在支持性的成长氛围中，唤醒学生成长的自主性与自发性，激励学生不断学习积累、拓宽视野，锻炼开阔心胸，完善学生的人格，为学生的幸福人生奠基。学生走向社会时，如果具备了以"宽仁"为底色的判断能力与不断追求"学问"的习惯，便具备了在新时代为建设社会、服务社会做出持续积极贡献的人才素养。

（三）办学理念

我校的育人目标是培养具有"健康的体，温暖的心，智慧的脑，勇敢的行"的新时代青年；学校特色是三特（科技特色、艺术特色、体育特色）、三化（国际化、数字化、集团集群化）；四级课程包括国家课程、地方课程、集群课程、校本课程。

在"聚·宽教育"思想的指导下，用国家课程、地方课程、集团课程、校本课程哺育，通过"三特三化"孵化，孕育具有"健康的体，温暖的心，智慧的脑，勇敢的行"的新时代青年。

二、形势与需求

（一）国家发展需要

《国家中长期教育改革和发展纲要（2010—2020年）》提出推动普通高中多样化发展。促进办学体制多样化，扩大优质资源。推进培养模式多样化，满足不同潜质学生的发展需要。探索发现和培养创新人才的途径，鼓励普通高中办出特色。《国务院关于深化考试招生制度改革的实施意见》（国发〔2014〕35号）提出深化考试招生制度改革，建立中国特色现代教育考试招生制度，形成分类考试、综合评价、多元录取的考试招生模式。以考试招生制度改革为突破口，克服"一考定终身"的弊端，不仅看"分"更要选"人"，推进素质教育实施和创新人才培养，为学校办学提供了多样化的选择。减少和规范考试加分，完善和规范自主招生等特殊类型招生录取，特殊类型招生主要选拔具有学科特长和创新潜质的优秀学生，可以充分发挥高中育人特色。

（二）学校发展需求

普通高中阶段教育是国民教育体系承上启下的关键环节，也是学生个性形成、自主发展的关键时期。在充分尊重学生个体的能动性、创造性的基础上，我校按照北京市普通高中多样化发展整体规划的项目设计，基于学校的"聚·宽"文化特色、办学基础与生源状况等，自主选择设计和申报特色学校发展类型项目，探索学校内涵发展、特色发展路径，实现学校的可持续发展。

特色人才培养机制是我校全人教育的实施途径。以我校为龙头的方庄教育集群是一种区域教育发展的新模式，是地区内各种教育资源基于自主性、内生性需求，以多元化的特色教育满足教师、学生个性化发展需求的区域教育共同体，是一个力图满足集群人个性化学习需要、由各个领域的教育特色品牌组成的教育丛林生态系统。

（三）招生制度改革实际

高考降分项目减少，强基计划成为普通高考学生的唯一降分方式。竞赛不再降分，但是可以帮助学生跨过强基计划的门槛。

重点高校在北京市招生人数在逐年减少，例如，北京大学和清华大学在北京市招生计划逐年减少，近几年维持在350人左右，所以裸分考北京大学、清华大学的难度会越来越大，但是北京大学、清华大学每年在北京市招生特殊类型考生还有近 300 人，其他重点院校也是如此。所以，我们要创新学生特色培养路径，拓宽学生成才渠道。

（四）研究价值

教育是一种有计划地培养人的活动，一切教育活动都应该是追寻价值的活动，多样化特色育人机制研究同样也具有鲜明的价值性。多样化特色育人有助于满足国家特色人才需求，有助于满足差异化成长的需求，有助于形成良好的高中特色课程体系，有助于融合高考评价制度的改革提升办学能力，有利于改变我国长期以来的同质化教育。

三、实施与保障

（一）建立全面而有个性发展的育人体系

1. 构建宽广融通的课程体系

课程体系是指学校为实现培养目标而选择的教育内容及其进程的总和，它包括学校所组织的全部有目的、有计划的教育活动。课程的宽度与深度决定了学生教育生活的完整度。既有宽度又有深度的课程，需要有完整的课程体系去承载。在北京市第十八中学课程体系建设的过程中，学校根据新课改的要求，依据社会主义核心价值观及中国学生发展核心素养的要求，在"聚·宽教育"理念引领下，聚焦学生核心素养，将自主学力和健全人格进行分解。在课程层面，自主学力体现为基础性学力、发展性学力和创造性学力，健全人格体现在培养身心健康的人的基础上，培养学生的"学、问、宽、仁"的德行，进而提出了"健康的体、温暖的心、智慧的脑、勇敢的行"的学生培养目标（见图 1）。

基于"健康的体、温暖的心、智慧的脑、勇敢的行"的学生培养目标，在课程建设方面，我们秉持"聚·宽教育"的四原则：

一是"唤醒"：自发性的唤醒，是对话、包容和成长的基础。我们在课程设置和教学时，注重挖掘学生的兴趣，并多以现实生活中的案例激发学生解决问题的动力，唤醒学生学习的自发性。

二是"对话"：我们多方沟通，连接集团、集群内各个学校，连接家长，连接社会，为学生汇聚了丰富的课程资源。

三是"包容"：我们始终在思考，我们的课程是否能够包容学生多样化的个

"聚·宽"课程

聚焦学生健全人格与自主学力的养成，以体·心·脑·行一体化培养为目标，着眼三力发展，课程三层开发，课程三翼实施，以三化为特征，以四原则为机制，构建一体化的五星培养行动路径

课程机制
唤醒
对话
包容
成长
四原则

课程开发
研究类课程
拓展类课程
基础类课程
三层

培养目标
智慧的脑　温暖的心
自主学力
健全人格
健康的体　勇敢的行

课程着眼
创造性学力
发展性学力
基础性学力
三力

课程特征
集群化
信息化
国际化
三化

课程实施
群内走校
校内走班
班内走位
三翼

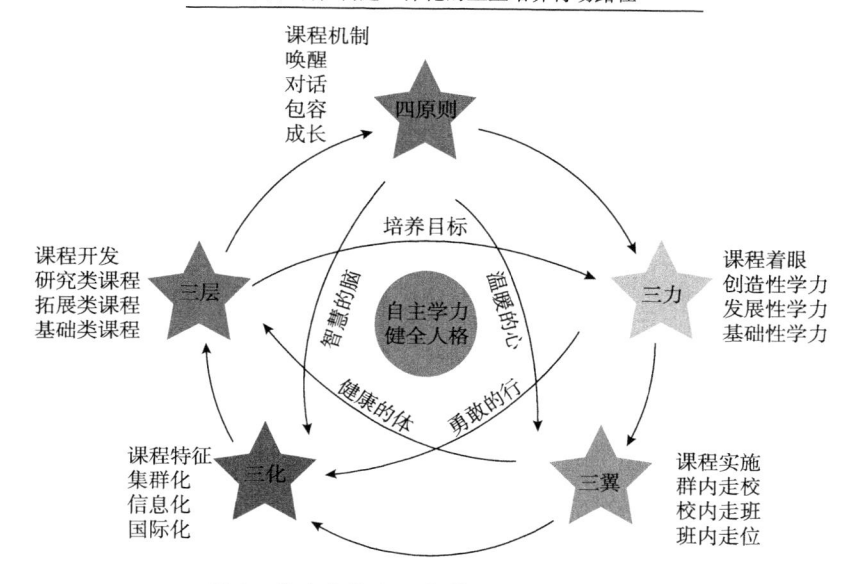

图 1 北京市第十八中学五星培养行动路径

性，是否能够让每个孩子都能发挥自己的特长。

四是"成长"：我们不以成绩作为课程设置或评价的标准，更看重的是能够提升学生终身学习的动机，提升自主学力；促进个性成长和全面发展，培养健全人格。

为此，我们立足基础教育不同阶段学生的身心发展规律，采取横向贯通、纵向衔接、纵横融通的立体推进方式，将国家、地方、集群和校本四级课程全面整合。我们设置了基础类课程、拓展类课程、研究类课程三个层次的课程，以学习共同体为"体"，以"集团集群内走校、校内走班、班内走位"为翼，"一体三翼"互相配合，推动学生基础性学力、发展性学力、创造性学力的发展。"健康的体、温暖的心、智慧的脑、勇敢的行"分别对应着乐活、美德、致知、行远四个主题课程系列，如图 2 所示。

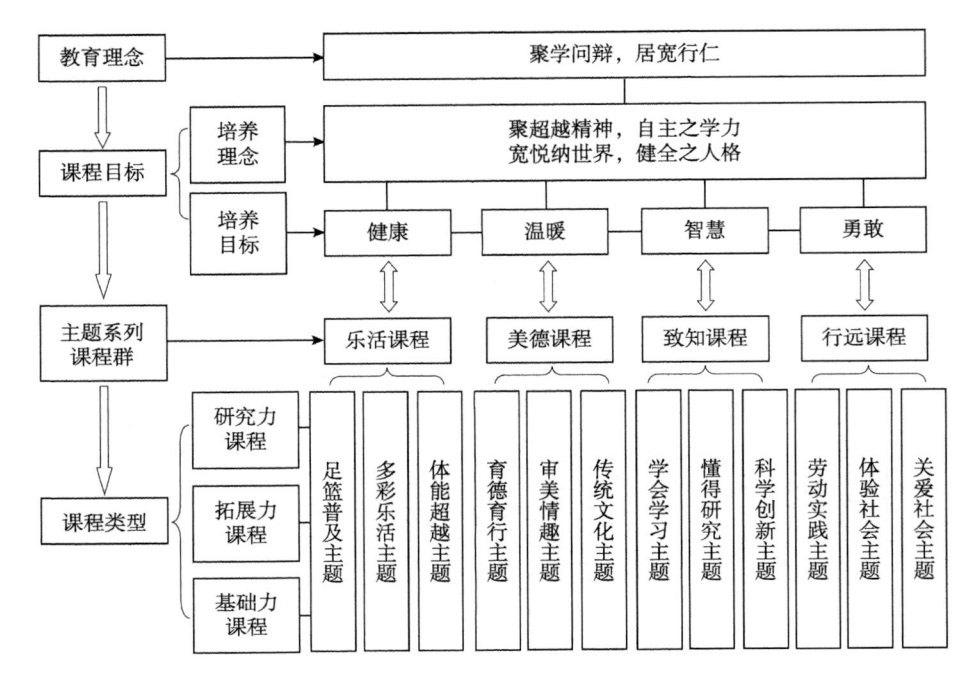

图 2　北京市第十八中学课程体系

2. 建设共同体课堂模式

（1）共同体课堂的建立

进行教学改革探索，找寻最适合学生成长的课堂。

北京市第十八中学教育集团从 2017 年开始了学习共同体的改革。3 年以来，学生们在共同体的课堂上互相倾听、积极对话、相互包容，他们在彼此的碰撞中自发性得到了激发，主动成长的内驱力与日俱增。已经毕业的高三学生李尚鸣说，"在实行'学习共同体'之前，学习仿佛是一个人的长征……当我们有一些独特的想法或思路时，课桌和课桌间短短的间隙却成为思想交流上的'鸿沟'。'学习共同体'学习形式使我们从一个人的战斗变为集体智慧的大碰撞……在这样的沟通、交流中，同学们可以接收到不同的信息，看到理解同一问题的不同思维，而这又会促使我们进一步反思自己，重新组织思路，获得一种全新的认知和体验"。

共同体课堂的三要素：倾听、互学、提出挑战性问题。要高标准地达成三要素，对学生、教师和环境的要求很高。学生要敢于质疑、长于思考、勇于探究、善于合作、乐于表达。教师要有教学智慧、备课充分、提出有思维含量的问题、关注个体差异、基于共性、保护个性。环境要构建成师生共同成长的生命场、悄然无声的思维场、唇枪舌剑的争论场、奇思妙想的"梦工厂"。因此，学生、教师、环境形成稳定的铁三角是构建和谐共同体课堂的保障。

（2）发挥各类共同体的作用

我校成立了学习共同体、教师共同体与家校共同体三类共同体。其中，学习共同体使每一个学生进入学习情境中，通过伙伴、游戏、自学、互学，使每一个学生不落单、不掉队，提升学生的必备品格和关键能力。学习共同体同样是情感关怀联盟，在新冠肺炎疫情期间发挥了关键作用。共同体的伙伴可以进行情绪的倾诉、聆听、释放，进行同理心的关怀和劝诫，避免情绪的积累爆发。教师共同体有利于教师进行教学研究、同侪互助、利益趋同，提升教育教学能力，使之更有归属感和情感依托。家校共同体使家校合作形成教育合力，促进学生的成长。新冠肺炎疫情期间，家长对孩子的管理和落实是教师的云端教育教学质量的保障。所以，线上教育不仅考验了教师的教育教学水平，考验了学生的自学、自理、自律能力，也考验了家长的管理、沟通、自律能力。因此，居家学习期间，家庭教育起到至关重要的作用。

（二）健全多样化特色发展的育人渠道

拓宽学生成才渠道，培养具有创新能力的高素质人才是我们的办学宗旨。

1. 对具有学科专长的学生开展学科竞赛，为强基计划蓄力

学科竞赛能提升学科成绩、高考成绩，也许这只是表象，更根本的作用是学生通过竞赛学习养成良好的自学能力和学习品质，甚至通过竞赛的深化研究明确自己的学习方向和价值体系。所以，学科竞赛不仅可以学以致学、学以致用，还可以学以致坚、学以致仁。

通过开展学科竞赛，我校部分同学被优质高校录取。2018年，邹家航同学通过化学竞赛被北京大学录取；2019年，王思涵同学、张光泽同学通过化学竞赛分别被北京大学、清华大学录取；2020年，袁靖昊同学通过信息竞赛被哈尔滨工业大学本硕博连读录取。

2. 发挥生源基地校的优势，利用高校资源，积极开展高参中项目

随着多样化特色办学的实施与大量优秀高中毕业生的输出，我校吸引了很多著名高校的关注。我校成为近20多所211、985院校与其他多所一本院校的生源基地校，这为学校的发展提供了丰富的资源。高校积极开展高参中项目（高校参

与中学教学），高校教授为中学生开展学术讲座，学生进入高校实验室进行观摩、实验，学生参与教授的研究课题，教授对学生进行论文指导等，训练了学生的思维，发展了学生的科学素养，给予学生专业的视野和成长的时空。

3. 积极开展个性化教学和差异化培优，效果显著，成绩斐然

北京高考具有宽广融通的特色，我校抓住文科综合的开放性特点，聘请了区外高三一线教师对尖端学生进行了文科综合的互补性培优，取得良好效果。此外，我校还利用优质的社会资源进行私人定制辅导，对学生进行"培优、促中、提基"的差异化培养，对学生进行一对一诊断，分析其优势区和薄弱点，进行精准辅导，取得不错的成绩。近6年，我校一本率得到大幅度提升。

四、反思与建议

在宽广融通的课程体系保障下，通过健全多样化特色发展的育人渠道，十八中已经取得一些成绩，但为了进一步寻求突破，还应进行一些实践探索。

（一）创新人才培养的模式

1. 研究强基计划招生机制

深入开展高校强基招生研究，广泛收集有效信息，争取强基招生指标，提高创新型学生参加著名高校强基计划的通过率。

开展针对名校的强基计划招生考试研究。高校招生办公室的工作人员解读强基计划流程和招录信息，选派本校教师参加国内各类强基计划招生考试研究培训。有计划、有组织地针对参加强基计划招生考试的学生进行强化训练，在关注文化知识训练的同时，注意学生思维力、判断力、表现力、表达力、形体举止等综合素质的训练。还要进行考前心理辅导，建立考后反馈机制。学生参加完强基计划招生考试后及时反馈考试相关信息，以便积累强基计划招生考试信息，方便后续开展更为深入的强基计划招生考试研究，形成良性循环。

强基计划相对于自主招生和综评招生，招生人数少，根据符合要求的报名人数的高考成绩，按照招生计划的1:5的比例入围初审。不仅入围的标准要求高，而且对高考成绩要求也高。录取时，把高考成绩折合成85分、校考成绩折合成15分求和从高分录取。所以，要积极参加各类比赛，争取优秀成绩（竞赛、科创、作文等），达到高校强基计划招生标准的要求，努力提升高考成绩，力争初审过关和增加高考成绩（85分）的比例。学校要对通过初审的学生进行校考笔

试和面试培训，增加校考成绩（15分）的比例。

2. 探索多学科奥赛培优项目途径

深化数学、物理、化学、生物、信息技术等学科奥赛研究，建立较为完整的奥赛培训资源系统，运用科学的方法进行创新型学生奥赛培训，力争取得优异的学科奥赛成绩，并通过奥赛训练培养学生的思维能力和学科素养，为理工倾向的考生提升学习质量。

选聘竞赛教练。外引，从外省市或外区引进优秀的竞赛教练；内招，从北京大学、清华大学招录有竞赛背景的优秀毕业生。外培，把有潜质的青年教师送到杭州二中、华中师范大学附中、湖南长郡中学等竞赛名校跟岗培训；内升，利用已有的竞赛资源，加强内部研修，形成教练培养梯队。

实行双师制教学与管理，年级组或竞赛部负责创新型学生学科奥赛培养计划及具体培养工作的组织与协调，本校教师承担奥赛培训课程的基础知识落实，奥赛培训导师负责学生思维方法拔高培训。强化奥赛主教练师资培训和交流研讨，选派现有奥赛主教练参加各级各类竞赛教师培训，提升主教练的专业水平，加强与校内外金牌教练的交流，增加信息渠道和有效信息利用率。保障学科奥赛时间、场地设施等资源，安排专用课时、奥赛培训教室、功能教室、实验室等，保障奥赛培训专项经费投入。参加奥赛的选手在课程设置、学业评价中要特殊对待，为参赛学生做好服务。

（二）拓展贯通培养的通道

积极探索"5+3+4"贯通培养模式，进行递进式优质课程孕育，内化学习能力、学习品质、思想品德，助力资优生培养，如图3所示。

（三）进行生涯规划，驱动学习的原动力

生涯是个人通过从事工作所创造出的一个有目的、有意义、延续一生的生活模式。结合自我认知，通过生涯探索，进行生涯规划，探求自己的职业生涯。职业可使人获得经济独立、实现个人价值、创造生活方式，心仪的职业是未来的事业和创业发展的基础。因此，生涯理想是驱动学业的原动力。根据特定职业的需求，研究其对应的专业及成绩，从而进行学业选择和学习目标管理。

新高考背景下普通高中多样化特色育人机制的研究在继续，方式在探索，措施在落实，希望能走深、走实、走远，为祖国培养更多优秀的建设者和可靠的接班人！

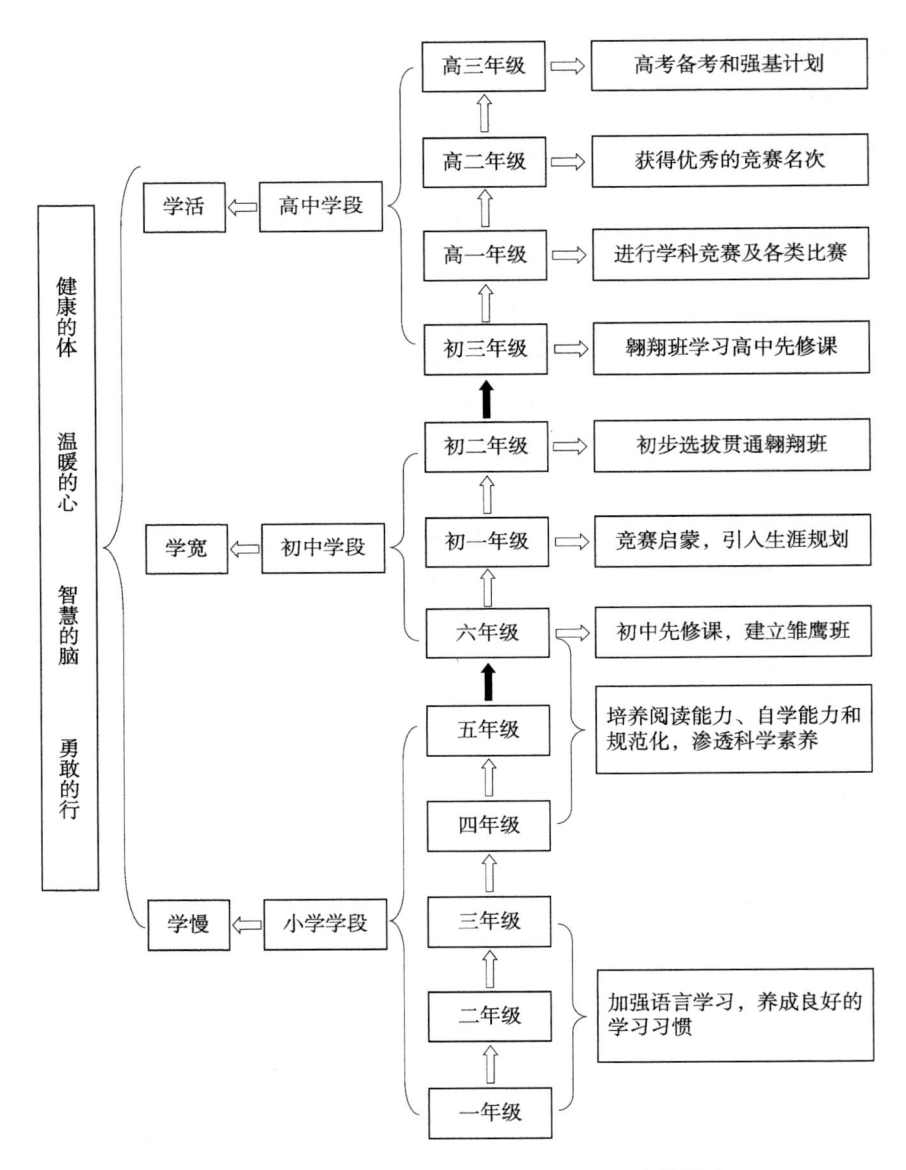

图3　北京市第十八中学"5+3+4"贯通培养模式

基于"全人教育"的分类分层课程实践探索

北京汇文中学　李红艳　尚宝山

一、学校概况

北京汇文中学始建于1871年，至今已有149年的历史。1926年"智、仁、勇"校训与"全人教育"办学宗旨的确立，成为汇文中学学校文化的两大基石。2001年，汇文中学成为首批北京市示范性高中；2016年，北京汇文中学教育集团成立，集团形成了"全人发展、红色传承、特色发展和机制创新发展"的四大发展愿景。

学校现有初高中6个年级共55个教学班，拥有中心城区占地面积最大的诗意校园。学校拥有一流的教育教学设施，设有音乐、美术、舞蹈、劳技等各类专用教室，以及物理、地理、生物、化学、人工智能等具备专业水准的实验室等近五十余间。此外，学校拥有400米跑道的田径场，数个标准篮球场地，以及包括标准泳池在内的综合体育馆等。

在"全人教育"思想的指导下，学校形成了以"以人为本，重在发展"的核心办学理念。学校着眼于为学生终身学习奠定坚实基础、为学生可持续发展创造良好条件，始终把育人放在第一位，致力于实现学生德、智、体、美、劳的全面发展。学校在初高中课程建设上不断变革组织形式、完善课程门类，分层、分模块实施国家课程，变革了传统行政班的教学模式；丰富的初高中选修课程发展了学生的兴趣爱好；初高中一体化的课程，实现了对学生长链条的培养；创新的书院制课程，满足了学有余力的学生群体对文史、数学、物理、化学等方向高端课程的需求；定制化的大学先修课程，为学生预备升学打下了坚实的知识和能力基础。金帆合唱团、金鹏科技团、金奥运动队、体育传统项目训练队、学生会、团委、社团共同支撑了丰富多彩的校园文化，形成了"全面发展，学有特长，宽松开放育人"的办学特色。

二、问题与坚守

学校的课程建设和变革是新时期社会发展的需要。首先，随着中国社会的高速发展，学生和家长对高质量和多样化的教育需求日益迫切。其次，由于高中招生方式的改革，进入汇文中学的学生群体也越发多元，涵盖了包括统招、校额到校和统筹等多种招生渠道来源的学生。最后，随着高招录取方式的变革，强基计划招生的推进，对拔尖创新人才的培养提出了更高的要求。

学校的课程建设必须适应时代的发展，通过分方向、分层的课程设置，满足在校学生多元而有个性的课程需求；通过不断完善课程门类，提高学生对课程的选择性。时代在变迁，汇文中学的教育模式也在不断地变革，但始终坚守着"尊重"学生的原则。具体体现在：

尊重学生的差异。从不同初中学校升入汇文高中的学生在知识、能力和习惯上都存在一定差异：从汇文初中升入的学生，在初中阶段就已经为预备升学打下了衔接高中的基础，思维活跃、自主学习能力强；从区内纯初中校升入的学生，在初中阶段的学习更多聚焦于中考，基础知识扎实，自我管理能力强；而市统筹和"校额到校"的学生，基础相对薄弱，但有较高的学习动力。面对学生的差异，学校必须要为学生提供最适合的教育，通过唤醒学生的心灵，激发求知欲和好奇心。在课程实施过程中，关心爱护每个学生，不放弃任何一个学生；对有不同学习基础和能力的学生，开设分层课程。同时，在教学内容、教学进度、教学方法和教学评价上，针对不同层级的学生做出有针对性的调整，让学生在学习过程中获得成就感，建立自信心，不断挑战自己、提升自己，成为爱学习、享受学习、具有终生学习能力的学生。

尊重学生的兴趣和发展需求。汇文中学高中学生的兴趣方向多样，如文学、科学、艺术、体育、实践等不同方向；学生的需求层次多样，如学科竞赛、强基计划、大学先修、跨学科项目学习、学科素养提升等不同层次。学校在实施校本课程前，通过问卷调查了解学生的兴趣和发展需求，同时结合师资条件和校内外资源，为学生开设适合学生个性发展的、多样的、可选择的校本课程，实现学生的兴趣和特长发展。

尊重学生的主体性。在课程实施过程中，既要发挥教师的指导作用，又要充分体现学生的主体作用。通过扩展课程实施的空间，创设开放、互动的学习环境，调动学生学习的积极性，成为课堂活动的主体。

三、汇文高中课程的设置

（一）创新国家课程设置，分层、分模块实施课程

学校根据学科特点，尊重学生发展的差异，满足教学活动开展的需求，在部分学段，针对不同学科采取"分层、分模块"的形式实施教学。对于语文、数学、外语、物理等课程，学生在学习基础和能力层级上存在很大差异，实施分层教学。对于艺术、体育、技术、信息等课程，学生的兴趣方向多样，这些课程依据师资和学校的软硬件条件设置不同的项目，每个项目为一个课程模块，推进实施分模块教学。

1. 分层设置

实施分层教学的科目采用如下的分层设计：

A1 层——涉及语文、外语、数学、物理、化学和生物学科。语文、外语学科，在教学上完成高中学科内容的基础上开展专项拓展学习。物理、化学和生物学科在完成高中学科学习的基础上适当开展大学先修或学科竞赛课程。

A 层——涉及所有分层学科。教学上，既要横向拓宽，又要纵向加深；既要夯实基础，又要鼓励创新，培养学生的自主学习能力和研究、探究能力，促进其知识、思维、能力的综合提升。

B 层——涉及所有分层学科。教学上，重在调动学生的非智力因素，培养学生的良好学习习惯，带领学生做好基础知识的落实，以及学科基本方法和技能的训练。

2. 模块设置

艺术、技术和体育学科采取分模块设置课程，学生根据自己选择的模块先后完成不同学科课程的学习。学科组根据教学安排选择自己擅长的方向深度开发模块课程。分模块设置课程的目的在于保证学生高中毕业时形成1项或2项专长。

3. 组织实施

高一年级高考科目均按行政班进行教学。高二年级开始采取行政班教学与教学班教学相结合的方式，语文、数学和外语三科按行政班分层教学。高考选考科目，充分尊重学生的选择权，满足学生所有选择组合。学生通过选课平台进行学科基础和学业发展潜能评价，结合评级数据和自我发展的意愿进行选择，选考科目实施走班分层教学。根据学生的阶段性学科评价结果及学生的申请，对学生的学科层级进行微调，为学生提供最合适的教育。艺术、技术学科在九月和十月，完成学科基础部分的学习，然后学科组提供不同方向的课程模块，学生根据自己的兴趣进行选择，实施分模块学习；体育学科高中三年均实施模块教学。

（二）打造多元、自主的选修课程，满足学生个性化需求

学校为学生提供了丰富且有特色的选修课程，以尊重学生的兴趣和个性需要，满足不同潜质学生的课程需求。

为了保证校本选修课程的开展达到预期效果，学校坚持教师和学生双向选择的原则。教师结合自身特长和学生的需求，提交选修课申请表，包括招生条件和教学计划等。教学部门综合教师的申报表和以往选修课开课的评价数据，生成年级选修课目录，并向学生发布每门选修课的课程介绍。学生通过线上选课平台，根据课程介绍，结合自身的兴趣选择一门课程。学生听完第一次课后，可以根据上课情况，提出申请，调整选择的课程门类。

选修课程的管理，教学部门通过考勤平台加强考勤，通过学术委员会定期听课，提高选修课的课程质量。在课程结束后，学生可通过展示课程成果，如绘画作品、剧目展演、辩论和演讲比赛等完成课程评价。学生通过填写选修课评价表，对所选择的选修课课程、授课教师的课堂教学等进行评价。

近三年来，学校面向高一和高二年级共开设了语言与交流、人文与社会、数学与数据、科学与技术、艺术与审美、体育与健康等六大课程领域的选修课程共计 250 门。如雕塑基础课程，由外请的老师授课，每位学生根据自己的想法，设计并手工制作雕塑作品，课程结束后，作品向全校师生进行展示；再如由生物组老师开设的 bio 学堂课程，教师带领学生开展植物种植活动，学生体验选种、播种、观察记录生长状况，并利用栽培的植物开展生物小课题研究，生成研究报告，进行交流分享。

（三）打破学段隔阂，进行初高中课程一体化设计，打造长链条培养机制

汇文中学作为一所完全中学特别重视初高中的一体化培养。由教学部门牵头、教科研室成员和教研组参与讨论，各教研组成立学科初高中一体化方案制订小组，召集初高中教师进行广泛的研讨，并邀请学科专家进行指导，形成学科初高中一体化建设的方案。学科方案包括初高中学科培养总目标及各学年的学段目标；在学段目标下，确定每个学段课程实施方案，包括：国家课程的教学进度调

整，学科内容的拓展及可用资源，教学方式的创新等。

通过初高中一体化课程的实施，调整各学段教育功能定位，理顺各学段育人目标，做到依次递进、有序过渡、避免重复，使各个学段在教学目标、教学内容、教学方法、教学评价等方面有机衔接，保持初高中教学的一致性、连续性和有效性，促进学生获得可持续的发展能力。

如生物学科在实施初高中一体化课程的过程中，教研组先梳理初高中各学段在实验教学和探究式教学上成熟的课程资源和成功做法，再根据高中课程标准要求达到的实验探究能力水平，进行目标拆解，明确各学段需要达成的目标，学段间彼此衔接、螺旋式上升。生物学科组在初一年级，重点进行学生实验操作、技能训练，在实践中发现问题、提出问题的能力训练。在课内实验活动的基础上，选择学生感兴趣、贴近生活的10个主题活动课程，包括：手眼通微——熟练显微镜基本操作、孟德尔的豌豆——绿色开花植物生长发育过程的实践与观察等，增加学生动手和体验的机会，培养学生的实验探究和实践能力。在初二年级，重点进行科学思维方式训练，设计实验、解决问题的能力训练，以及创新意识和批判性思维训练。设计了围绕科学发现史、实验探究的10个活动课程，包括：吃太阳的家伙们——重新经历科学家发现光合作用的过程、花实之道——植物传粉机制探究实验、3D打印生物——3D打印技术在生物学上的应用等。高一年级和高二年级重点进行实验探究能力、跨学科综合的分析和解决问题的能力训练，围绕项目开展细胞和分子水平的项目研究活动，如构建HA表达质粒等项目学习课程。

（四）实施汇文书院课程，发展学生特长、提升综合素质

汇文书院是学校拔尖创新人才培养的创新机制，书院通过实施导师制实现对学生人生成长的引领；通过多方向特色课程设置，实现学生学科特长的发展和综合素质能力的提升；通过互动交流师生社区的建设，实现教育的组织方式、学习方式和管理方式的变革。

书院制课程面向高一和高二年级学有余力的学生开设，课程方向包括文史、数学、物理、化学等，课程类别包括讲座类、强基类和竞赛类等。同时通过组织学科活动小组、开展学科沙龙活动等，调动学生学习的主动性，营造学生钻研知识、相互交流探讨的学习氛围。

汇文书院的课程充分利用校内外资源，调动学科组骨干教师参与课程设计，聘请大学教授为学生开设高端讲座，打造书院教师团队。实行书院制课程和传统

课程一体化设置，实现课内外知识、能力和方法培养的有机衔接，提高书院制课程实施的实效性。

（五）开设学段衔接的先修课程，培养学生持久的学习力

为了满足高中部分拔尖学生的个性化学习需要，高一、高二两个年级开设大学先修课程。如"数学大学先修课程""物理大学自招课程""化学大学实验探究课程""生物素养提升课程""北外精读课程"等，这些课程打破学段隔阂，在能力培养和知识学习上实现高度衔接，为学生的高学段学习打下良好基础。

新学年起始，汇文中学会对学生学科现状和特长学科发展方向进行调研，根据调研结果，与学科组确定大学先修课程门类。学科组与清华大学、北京大学、北京师范大学、北京工业大学、北京外语学院等专家教授沟通，确定教学计划。在课程实施的过程中，我校成立由年级组长、校内学科指导教师和高校授课教师组成的先修课程教师团队。学校教学部门会定期召开学生座谈会，了解先修课程的学习情况，跟踪开课效果，及时做出调整和完善。

例如，"化学大学实验探究课程"是我校与北京化学会、北京师范大学合作联合开设的大学先修课程。高一年级，开设A层和B层两个教学班，A层教学班侧重于理论学习、B层教学班侧重于实验探究。理论课程在汇文校内完成，实验探究课程依托北师大化学实验室开展。学校的化学学科组会安排老师跟班听课，负责学生管理和答疑。在高二年级，课程以项目学习的形式开展，培养学生的科学探究精神。

四、学生实现了全面而有个性的发展

汇文中学多数学生实现了德、智、体、美、劳的全面发展，学校历年高考成绩一直名列东城区前茅，为清华大学、北京大学等重点高校输送了大量优秀人才。

学科特长生培养取得优异成绩。2017年至今，有近十人次获北京市物理、化学、信息等学科奥林匹克竞赛一等奖。2018年9月在第35届全国中学生物理竞赛理论复赛与实验复赛中，张凯风和黄天行以总分全市第十一名和第十四名的优异成绩获得北京市一等奖并光荣入选北京队，代表北京队参赛并获得两枚银牌。2019年11月在第33届中国化学奥林匹克决赛中，姜广源、黄何两位同学双双收获金牌，并以非常优异的成绩入选国家集训队。

学生在艺术、科技和体育方面取得了突出的发展。学生广泛而积极地参与学

校的各类艺术课程及活动，汇文金帆合唱团曾多次赴西班牙、美国、丹麦、瑞典、澳大利亚等国家参加国际比赛和音乐文化交流演出。汇文金帆常年在北京市学生艺术节合唱展演金帆团组比赛中荣获金奖。学生在装饰艺术、服装设计、电脑绘画等方面也取得了优异的成绩，多次获得市区一等奖。学生在科技教育方面取得了优异成绩，十年来先后有六位同学获得青少年科技创新大赛"市长奖"。学生在各级各类多项体育赛事中取得优异成绩。数位运动员获得北京市中学生银帆奖，数名运动员考入985、211全国重点院校就读深造。足球队、田径队和游泳队在历次北京市和全国比赛中都取得了优异的成绩。

五、对学校培养模式的未来展望

（一）学校的课程建设应进一步加强长远和整体规划

通过学习国内外新的教育教学研究成果，并结合汇文中学的育人目标、教师和学生的发展实际，深入思考初高中课程改革的方向，聚焦课程建设的深层次和根本性问题，通过顶层设计，打通不同学段、学科的壁垒，形成有学校特色的整体解决方案。

（二）在教学方式上开展问题化、情境化学习

创设以学习为中心的课堂，积极开展"问题化学习"。教学以学生的学习为主线展开设计，在真实的生活情境中，创设问题串，让学生在对问题的追寻中，形成系统的知识结构。

（三）设计跨学科课程，开展项目学习

跨学科课程是学生获得直接经验的过程，关注的是学生面对真实世界时的真实体验和直接经验，利于培养学生的创新精神和解决实际问题的能力。在课程设计过程中，要通过跨学科的项目学习活动，让学习者的亲身经历与学科知识建立联系，让学生的学科能力和学科素养在相应的学科活动中形成和发展。

（四）探索拔尖人才的选拔和培养模式

努力探索拔尖人才的选拔和培养模式，根据拔尖创新人才成长规律，形成初中、高中和大学相互衔接的拔尖创新学生选拔培养制度，形成有汇文中学特色的拔尖人才培养课程体系，以培养学生的创新精神和实践能力。

以课程建设为载体 撬动学校育人方式的转型

北京市第十二中学 侯爱琴

一、学校基本概况

北京市第十二中学创建于 1934 年，是北京市重点中学和首批高中示范校。我校创办了全国第一所校办工厂；建立了全国第一个中学心理教研室，在全国率先开设了形体课、心理课和综合实验课……北京市第十二中学是国家传统国学文化基地校，也是世界名中学联盟成员校；是北京市"金鹏科技团"成员校和"翱翔计划"双科基地校；是国家级体育传统项目学校；在"求真、崇善、唯美"教育理念引领下，创建了全国唯一一所以"钱学森"冠名的中学，在全国率先成立了"家校社共育咨询室"和全国"推进教育信息化应用名校联盟"。

学校在继承八十余年校史文化的基础上，逐步形成了以"求真、崇善、唯美"为核心的价值体系，鼓励师生做真的追求者、善的传播者和美的创造者。在科技教育、艺术教育、体育教育、心理教育、实践教育方面形成五大教育特色。北京市第十二中学目前已经发展成为跨越幼小中高多个学段、一校多址的北京市第十二中学联合总校，现有 170 多个教学班、7000 多名在校学生和 500 余名教职工。

学校着力构建"真善美交融"的课程文化体系。开发出学科综合课程、科技创新课程、社会适应课程、国际理解课程四个系列 200 余门校本课程。形成了"创新算法与发明专利""形体艺术""少年智慧学"、中国大学先修课（CAP）等一大批精品课程。学生在"求真育智慧"的过程中探索真知、创新实践，在"崇善育精神"的过程中提升素养、养成善行，最终形成唯美品质、博大胸怀。北京市第十二中学的育人目标是促进学生发展"成为最好的自己"。

二、问题和举措

2017 年北京市启动高考综合改革，实施普通高中学业水平考试，2020 年北京市将依据新高考改革政策完成高考招生。高考招生制度改革催生了有选择的学习和考试，普通高中原有"齐步走"的教育教学模式面临巨大挑战，学生的选考指导、生涯规划指导、学校课程建设与教学安排、学生班级形式的重建等问题的解决则将撬动整个学校育人方式的改革和创新。改什么？留什么？怎么改？是所有普通高中面临的新问题。北京市第十二中学抓住了高考综合改革中的核心关键要素——课程建设，紧紧围绕课程建设的各个环节，推动了育人方式的转型。在北京市第十二中学制定的"十三五"规划中，以"优势组合课程群"创建工程、"创新创客课程"提升工程、"立德树人课程"系统化工程、"国际云课程"开发工程为学校发展建立途径，撬动学校育人模式的深度改革，以完成"穿越学科边界"的多元育人模式建构工程、"穿越学习深度"的育人模式优化工程、"穿越学校的无边界"育人模式探索工程，最终实现学校办学的优质化、特色化和现代化。

从2017年开始，北京市全面实施普通高中新课程改革。北京市第十二中学根据自身特点和发展方向进行了学校课程的顶层设计，建立了"真善美交融"的课程体系，如图1所示。

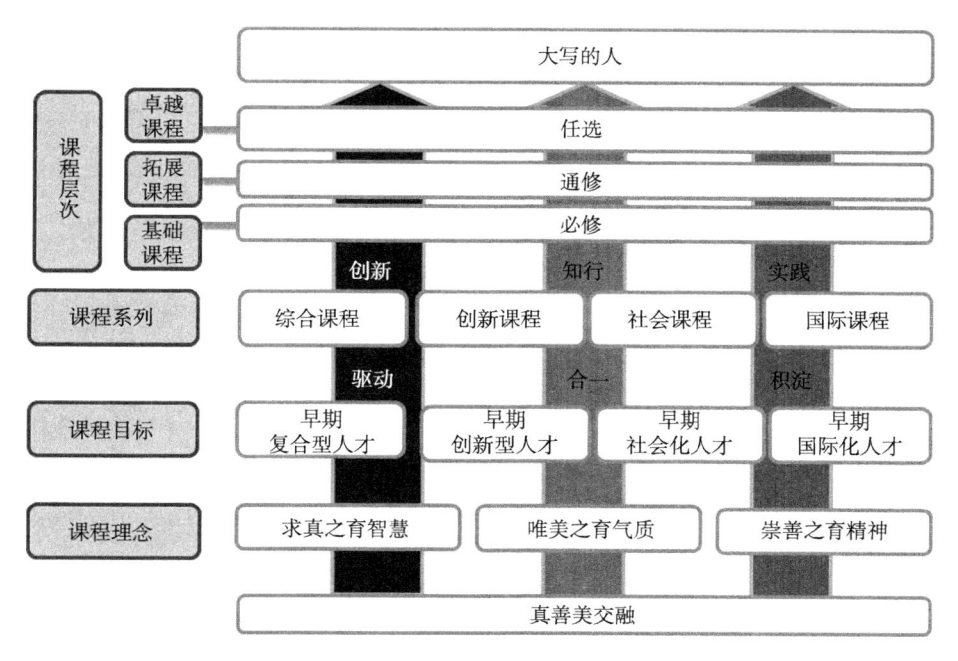

图1 北京市第十二中学"真善美交融"的课程体系

各类课程实施的方式和针对学生群体如图2所示。

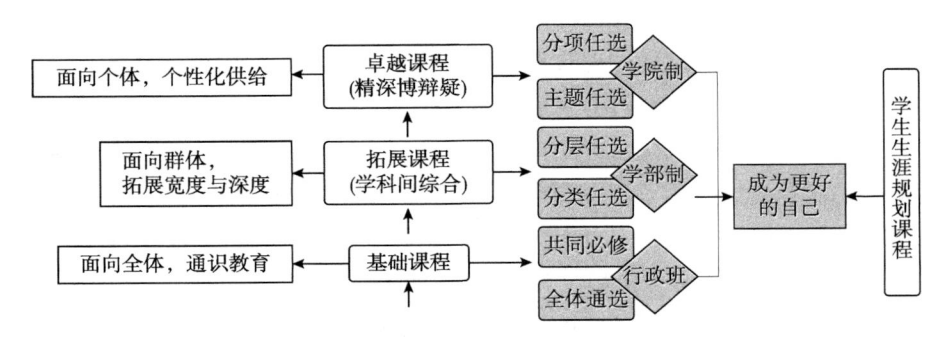

图 2 北京市第十二中学课程实施方式及学生群体

（一）全面实行必修课程分层、选修课程分类走班，创建"优势组合课程群"

抓住课程评价、课程资源建设、课程实施等环节，着力解决教学过程中的困难，基于学校历史文化创设"优势组合课程群"，包括学科课程群、体育课程群、艺术课程群、心理课程群、劳动课程群，体现了新时代背景下北京市第十二中学立足于"立德树人"的教育任务，为祖国培养优秀的建设者、为社会培养优秀的公民、为科技发展培养卓越的后备人才的目标。在此基础上，学校还开设了三类必修课程和三类选修课程。

三类必修课程为：

1. **基础必修课程**

全员参与的合格考类别的必修必选课程，主要内容为北京市规定的必修必选课程。课程开设方式为三阶分层：①按初中选择科目不同划分不同层次的行政班；②部分学科按学科层次划分不同层次的教学班；③行政班和教学班相结合，形成课时、进度略有不同的课程实施体系。

2. **校本必选课程**

全员参与的依据校内外资源开设的校本必修课程，主要为"五大系列"课程：形体艺术课程、生涯规划课程、劳动教育课程、创新实验课程、社会实践课程。课程开设形式为共同必选，全体学生在高一、高二年级两个学年完成相关课程，获得相关学分。

3. **必修可选课程**

全员参与的不同类别的选择性必修课程，每位学生参加的学习项目和任务不同，但完成了相关学习任务就可以取得相关学分。课程内容包含：拓展类课程（社团课程、人文讲堂、国际课程）、钱学森科技课程、学生讲堂课程、体育健康类课程、社会公益课程。

三类选修课程为：

1. 选择性必修课程

部分学生根据自己的特长、学业规划、生涯规划选择的国家课程中选考科目课程，主要为物理、化学、生物、地理、历史、政治六学科中任选三科组合的学科课程内容。本部分内容按照分类组合推进走班教学，课程教学实施 40 分钟的课堂模式。

2. 全员任选课程

全员参与的学校自主开发及借助校外资源开发的课程。所有学生在高一、高二年级自主任选，且每位学生至少选择一门科技创新类课程和阅读类课程。课程内容包含：阅读类课程、博物馆课程、法治与社会课程、民族与世界类课程、国际云课程。课程的教学时长分 50 分钟和 70 分钟两种。

3. 选择性选修课程

部分学生参与的学校自主开发及借助校外资源开发的各类高端课程，面向有爱好、有特长、有志向、有一定基础的学生开设。课程内容包含：竞赛类课程、大学先修课程、App 课程、高端实验室课程。此类课程时长基本为 3 个小时或 6 个小时，采用项目管理方式进行。

以上三类选修课程实施分类走班，课程形式为：大小课结合、长短课结合。

（二）课程资源向内涵发展倾斜，为学生终身发展奠基

以"立足学生发展，促进学生成为最好的自己"的课程理念为指导，北京市第十二中学做好课程的顶层设计，明确提出"多元性、递进性、发展性"的课程目标，以"精进、开放、创新"为工作思路，撬动学校发展方式和育人模式转型，构建新高考背景下育人模式变革的办学格局。

1. 教学资源向课程改革倾斜

北京市 2017 年进入新课程改革后，在 2017 年、2018 年、2020 年三个学年内，学校呈现三种态势的年级：旧教材旧课标、旧教材新课标、新教材新课标三种组合。在此背景下，学校教师跨年级任课。在熟悉旧教材旧课标的前提下进入新教材新课标状态是教师实际所需。教师通过切身感受新旧不同、践行新旧不

同，从而更好地完成过渡，并更深刻地理解和感悟"新高考新在何处""新课标新在何处""新教材新在何处"，通过对比，在教学实践中更好地开发与创造教学资源，例如，课程素材的选择、教学资源的甄别等。

2. 科研增量向新课程改革倾斜

学校科研工作是教学得以保障的重要基础。自新课程改革以来，我校教研组、备课组的教科研活动紧紧围绕新课程展开，科研转型表现为：以"教"为主转变为以"学"为主、以研究教学为主转变为以研究课程为主、以研究经验教学为主转变为以研究实证教学为主、以基于教材研究为主的科研转变为以研究课程资源为主、以研究传统教学模式为主转变为开放的与现代化教学手段相结合的教学模式为主。

3. 学部管理多元立体

北京市第十二中学的高中三个年级中，每个年级的选科组合比例各不相同。按照学科组成，每个年级划分不同学部，分为拓展学部、创新学部、综合学部和人文学部，每个学部有1~3个行政班，学部内有自己的学部负责人，组织开展学部的相关活动，并设计学部特色课程。例如，拓展学部开设大学先修课程、科技创新课程；创新学部开设综合实践课程、拓展课程；综合学部开设学生讲堂、实验创新课程；人文学部开设博物馆课程、大阅读课程等。

"拓展学部"以选择"必修课程"+"选修系列一"+"选修系列二"为主的学生，他们将参加合格考、高考和高校自主招生及各类竞赛的选拔。他们的上课形式是：定3走6。

"创新学部"以选择"必修课程"+"选修系列一"为主的学生，他们中绝大多数将参加合格考、高考和部分偏理类院校的自主招生。他们的上课形式是：（高一）定6走3、（高二）全部固定。本学部重点开设"创新创客课程群"的提升与发展类课程。

"综合学部"以选择"必修课程"+"选修系列一"且两理一文为主的学生，他们中绝大多数将参加合格考、高考。他们的上课形式是：（高一）定3走6、（高二）定3走3。

"人文学部"以选择"必修课程"+"选修系列一"且两文一理为主的学生，他们中绝大多数将参加合格考、高考和偏文类高校的自主招生。他们的上课形式是：（高一）定3走6、（高二）定3走3。本学部重点开设"贯通培养课程"。贯通培养课程包含"数学与科技课程""人文与社会课程""国民与生活课程"。

4. 学校行政班组合和而不同

学生选科组合的不同，决定了学生选择性必修课程的不同。学校打破原来大文大理组班模式，以学生选择为依据，在不同年级按照本年级教师师资情况选择班主任、确定班级组合，不同年级班级组合更加多元，以尊重学生选择为原则，结合师资特点确定班级组合，班级序号相同，但班级组合和属性各有不同，如表1所示。表1体现了"新课程新高考"改革状态下，化"齐步走"为"分类走班"的和而不同的教学模式。

表1 北京市第十二中学高中三个年级行政班级组合、属性一览表

年级	高一		高二		高三	
班级	班级属性	选科情况	班级属性	选科情况	班级属性	选科情况
1班	拓展学部	全科	拓展学部	全科	拓展学部	全科
2班	创新学部	物理化学生物	创新学部	物理化学生物	创新学部	物理化学生物
3班	创新学部	物理化学生物	创新学部	物理化学	创新学部	物理化学
4班	创新学部	生物化学	创新学部	生物化学	创新学部	生物化学
5班	人文学部	全科	人文学部	全科	综合学部	全科
6班	人文学部	历史政治	创新学部	物理	人文学部	历史政治
7班	人文学部	全科	人文学部	政治历史	综合学部	化学
8班	综合学部	化学	创新学部	物理化学生物	综合学部	全科
9班	综合学部	物理	创新学部	生物地理	创新学部	生物
10班	综合学部	物理化学生物	人文学部	地理政治	人文学部	全科

（三）优化课程实施各个环节，以生为本

走班上课的课程实施方式直接引发课程实施过程的考勤管理、学习方式、考试组织、作业辅导等诸多问题的显化。为配合选科走班，学校坚持以生为本的理念，优化课程组织实施各环节，减少因走班带来的生源性、师源性不稳定因素，最大限度地降低或消除对学习本身的干扰因素。

1. 个性化"教室课表"

为减少走班课堂的学生考勤问题，北京市第十二中学在校园内使用电子通行证。在每个走班教室的门口安装了电子打卡系统，系统中安装了以学期为单位的"教室课表"，包含上课时间、上课学生、学生行政班级等相关信息，学生来此教室上课，刷一下电子卡，即能显示到教室上课的时间信息、出勤情况等，每个

教室的"教室课表"各不相同，同一时段有的教室有课，有的没课，解决了教师和学生报考勤的问题。

2. 学习方式体现选择性

新一轮课改最显著的特点是增加了学生的选择性。在学生的学习环节中，我校教师开发一切可利用的资源，为学生的学习提供时间和空间的自由度和开放度。在学科学习中，利用软件的"班级空间"功能，展示学生课前、课中和课后的学习成果，教师针对不同的课程内容设计学习任务单，一方面方便教师掌握学生的当前学习水平，另一方面教师可以根据学生的当前认知进行备课和课后辅导，以提高课堂教学的实效。

"学生何时学（课前、课间、课后）、在哪学（在家、在学校、在路上）、怎么学（跟磁带学、用电脑学、用手机学、自己读、同学对话）、学到何种程度（最后自己选择到底达到什么程度）"均由学生根据实际学习水平、学习兴趣、学习时间和空间自行把握，增加了学生学习的自由度。整个校园里，如果学生想学习，就处在"处处能学习""时时可学习""总有人陪着你学习"的状态。

3. 慎重对待"考试"成绩，优化考试事务的组织流程

选课背景下的考试组织表现为"同级不同科、同科不同卷"的特点，从试题编制、考试组织到最后成绩分析及使用与以往考试均存在非常明显的差异。需在试题研究上下功夫，即标准化考试（合格考）试题的难度、考点双项细目与选拔性考试（等级考）的难度、双项细目均需反复确定，不减少内容和降低标准，更不人为增加考试难度和增加考试频次；同时在成绩使用上严格区分标准化达标考试和选拔性考试的作用。按"语数外 + 选科 + 自习"的形式组织考试，在变化特别多的情况下，尽量减少学生考试中的时间、考场、场次波动。

4. 以生涯规划课程为基础，引导学生结合自身特点选科

学校通过"入学初的初高中学法衔接指导（学长课程）""学期中的学科生涯指导（教师指导）""选科生涯发展规划培训（专家指导）"及"期中前预选科""期中后以大数据为依托的再选科尝试""期末后确定选科"等校本培训课程，帮助学生做出选择，即使有些组合仅有4个人，学校依然安排相应的课表，充分尊重学生对自己的未来做出的选择，让学生在选科中学会选择。

在新高考背景下，学生选哪一科取决于他如何有效地学习该学科，这就需要让学生了解自己的学科兴趣和爱好、了解学科特点、在学习中摸索体会自己的学科学习潜力和耐力、明确自己为该学科的学习能付出的努力是多少，能投入的时

间精力和持续的学习能力如何。上述问题，我们概括为让学生"认识自己"。怎么"认识自己"，让学生的学习选择不盲目、不受到其他因素的干扰，这就需要对学生的学习予以生涯规划的指导。我校的生涯规划指导课程共包含三个梯度，即学科规划课程、职业规划课程和人生规划课程。

经过对2017级、2018级和2019级学生的追踪，我校三年来只有两人次在选完学科之后，再次更改选科的情况，说明我校生涯规划与学生预期学习很匹配，前期工作比较到位。

（四）主动适应变化，探索评价转型

随着北京市新课程改革的启动，新课程标准也于2017年颁布，这标志着中学教学进入核心素养时代，而学校原有的评价都是基于"三维目标"的评价。因此，我校结合课程实施的评价环节，更新了部分评价指标和方案，以评价促进课程实施，进而促进学生的发展。

1. **校本化等级赋分**

我校2017级、2018级两个年级在20种组合中只有"物理化学生物"的组合在2017级中超过1/3，其余组合均低于20%，这就给学生的学业评价尤其是高考科目的评价带来了一定困难。为有效跟踪并关注选科走班的教学质量及学生在本学科内的收获，学校研制了校本化赋分方案，并结合学校的实际做动态改进。校本化等级赋分有效地帮助学生进行学习定位，分析学习中的进步或退步情况，反思学习得失。

2. **分析诊断机制**

我校充分开发、利用考试分析系统的大数据和"智学网"产品对教师的教学及学生的学习情况进行"三级"分析诊断。在每次考试前，系统自动生成学生个性化考前资料包：含错题、错题所对应的知识点及能力点、针对自己错题推荐的强化习题；对教师而言，除了看每个学生的错题，还可以看到班级共性错题以及由此生成的错题复练卷。

3. **实行增值性评价**

为了跟踪关注行政班及选课走班的教学质量，选考科目在实行校本等级赋分制基础上，对于选拔性考试则将按照教学班和行政班分别进行增值评价，对标准性考试科目以原始分为基础进行增值评价。不仅关注学生现有状态，还关注学生未来的发展状态。

4. 综合素质评价

学校建立了由学生、任课教师、导师和家长为一体的综合素质评价机制，同时有效发挥了综合素质评价的育人作用，关注评价在教师"教"与学生"学"的过程中评价的引领作用，以记录成长为手段、以总结收获反思学习为目的，记录学生在高中阶段的学习兴趣、特长发展、时间投入、效果输出等方面的成长。

5. 关注课程评价的反思与研讨功能

对教师开设的课程的评价应从教育的目标出发，使被评价者最大化地接受评价结果，然后全身心地改进——这就是评价的最大效益。我校课程评价的核心不在于给出准确的结论，而是强调价值观的协调，增设了新的评价环节、协调环节。在评价标准基础上，协调与被评价者在行为和认识上的分歧，从而使其转变对评价结果的看法，最后形成基本一致的评价结果，即以评价协调为手段，引导课程的开发。

三、成效分析

1. 学校教学班因需开设，数量增加，最大限度满足学生的多元化发展需求

因学生选课组合不同、学科学生的层次不同，为满足各层次的学生需求、有效促进各层次学生的发展，我校尽可能有针对性地进行个性化教学，增加教学班数量，教学班增长率达33%。

2. 新课改之后的课程建设，加强了学校各项工作的系统性

新课改以来，学校对课程体系进行了顶层设计，改革了选科走班的教学模式，同时引发了学校育人方式的转变，学校多项工作在市区获得了赞誉。

学校劳动教育走在全市的前列，被《中国教育报》、人民日报论坛等多家媒体报道。课程成果在北京市基础教育教学成果中获得奖项；学校幼小初高德育一体化建设成系列、成主题，在尊重学生自身发展规律的前提下，纵向研究幼小初高德育的主题、内容、目标及途径，在全市做大型的德育一体化建设现场会，引发了参会教育同人的深刻思考和思维碰撞。

3. 中高考成绩输出提升效果显著

2018年、2019年、2020年三年，学校中高考成绩稳定，相对入口成绩提升显著，新课程改革各项举措辐射效果明显。2018年高考均分居北京市前列，体现了我校普及性教育的高水平发展；2019年我校学生黄子晴获得北京市高考理

科状元，吴宇轩获得北京市理科高考第 8 名，体现了我校尖子生培养的高度；据不完全统计，2020 年我校高考成绩的高分段居北京市前列。

四、反思和建议

1. 高一阶段选课学生基础差异过大

2018 级学生从初中时期已经经历了选科，对于已选学科的学生，经过中考打下了牢固的基础；而对于没选学科的学生，学习基础相对薄弱，进入高中后因为有合格考要求且学生没有进行高中的选科，所以编班时无法按初中选科编班，势必造成相同教学班中初中选该科和没选该科的学生都有，学科学习基础差异非常明显，两极分化矛盾比以往更加突出，给教师的教学带来很大难度，课堂针对性及课堂效率大打折扣，尤其是许多学科到高中后难度加大，对初中没选科的学生而言，客观上存在认知难度。我校对此采取的策略是：在高一第一学期结束、第二学期开始进行选（课）走班，可以降低学生基础差异引起的两极分化，增加课堂实效。

2. 标准化合格考试时间不同，造成教师、学生教与学任务的潮汐现象严重

按北京市新课程改革要求，物理、化学、生物、地理、历史、政治六个选课学科中，化学、生物、地理、历史是学满两个学期，在高一第二学期期末进行合格考；而物理、政治学科则需要学满三个学期，即高二第一学期期末进行合格考，此时物理教师和政治教师任课班级数量较大，高二第二学期物理、政治两个选课学科合格考结束只有等级考班级，任课教师课时减少，像政治学科还会导致第二学期有的教师没有任课班级。而学校的任课基本是以学年为单位进行安排，所以教师人数及课时潮汐现象严重，部分学生在高二第一学期比其他组合学生每周至少多上 6 课时，这部分学生学业负担特别重。

对此，我们的建议是：在保证高中三年完成高中学生毕业所需的学科课程前提下，对部分办学水平较高的学校下放合格考的考试自主权，由学校决定何时参加合格考，由学校统筹安排高一、高二基础课程的课时，按学校师资的实际情况决定怎样完成合格考课程。

学校特色教育品牌建设的探索与实践

北京市育英学校　张　适　朱　峰　赵　佳

一、育英学校的办学理念

北京市育英学校为九年一贯、十二年一体制学校，是一所具有悠久红色历史传统的学校，红色基因渗透进了每一位育英师生的日常生活和学习工作中，红色文化已经成为推动学校不断前行的精神之钙。学校以"培养行为规范、热爱学习、阳光大气、关心社稷、勇于担当的国家栋梁"为育人目标。注重学生人文素养的提升，即具备理想信念、家国情怀、责任担当和文化自信；注重提升学生的科技素养，在科技教育中侧重科学理论层面的引领，更鼓励学有所长的学生投身于技术实践，充分利用自己的学科知识"研发"具体"产品"，实现多学科知识的融合和迁移，收获"学以致用"的学习成就感；注重学生艺术审美的浸润和质疑思维的养成，让学生形成正确的世界观、人生观和价值观，打好人生底色。并把"让十二年一体化的教育为学生撑起更广阔的发展空间，让学生毕业十年或十五年后走得更远"成为学校的办学使命。

育英学校的校园既是为师生提供学校整体的形象设计、为师生提供生活的物质环境，也是师生的精神家园，让校园因为充盈高品质的文化内涵而更美。"桃园"是学校景点的一角，也是全校师生活动的场所和浸润式育人的阵地之一。学校把"静静地挂在枝头的桃子"作为学校的校风，对学生来说要做到懂规矩、有爱心、守礼仪；对教师来说要做到以身示范、为人师表；对校长来说要做到心无旁骛、静心办学。学校的育人品质是：在关注学校教育社会化功能的同时，进一步尊重学生的丰富性、多样性，更加注重发现、发挥学生的潜能，帮助每一位学生追寻属于自己的未来！

育英学校的历史说明，这里没有潜规则、没有权术，但有工作、教学和学习的规则，有教育的信仰，有育英人的风骨。规则、信仰、风骨是铸就育英学校教育品牌的价值标尺，是育英学校文化最重要的三个维度；每一位教职工都要经常用这"三把标尺"量度自己、反思自己，做一个名副其实的育英人，做一个值得尊敬的人。

二、学校特色品牌建设的设计与实践

借力区教委"新品牌学校建设"的东风,从 2016 年开始,我校启动了"三大战略":做强高中、做优航天、做精特质学生培养。

(一)学校特色品牌建设的目标

借力"新品牌学校建设"的东风,坚守学校的办学理念,持续推进学校教育质量的提升,办人民满意的学校。

(二)学校推进了"扁平化—矩阵式"管理

近年来,学校不断推进"扁平化—矩阵式"管理进程,尽可能压缩学校组织结构的层级,最大限度提高工作效率。目前,在职能部门成立"四中心""一院":教育服务中心、教学服务中心、行政后勤中心、人力资源中心及课程研究院;在业务部门设置小学低年级学部、小学中高年级学部、初中学部(含初中预备年级和七、八年级)、九年级学部、高中学部和国际部,各服务中心主任、学部主任直接对接校长,避免了学校管理的多层级现象。"四中心"依据自己的工作属性做好中心的服务工作;各学部主任负责本学部的教育教学、人事聘任,享有调动学校各种资源的权利;课程研究院对各学部探索与之匹配的课程开发、课程管理及课程评价机制(见图 1)。

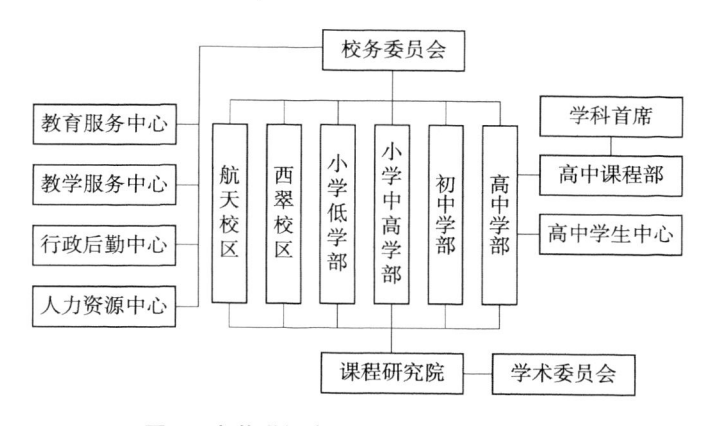

图 1 育英学校扁平化—矩阵式管理模型

"扁平化—矩阵式"管理的指导思想是民主决策、民主管理,通俗地讲,就是"哪个层级获得的信息最充分",就在哪个层级做出决策,或者由哪个层级的人员参与决策,"让乘客坐到驾驶员的位置上来"。在具体实施过程中,形成了每一个人都要对学校整个事业负责,而不是仅对某一位领导负责,为了做好本职工作,每一位教职工都有权调动、安排学校的所有资源,全方位和全过程参与、组织、管理学校的所有教育教学活动,不断提升各方面的能力。学校有责任满足学生提出的个性化课程设置需求。每一个学生都可以参与学校生活,学校是学生的学校。

学校近年来的发展变化证明了"扁平化—矩阵式"管理在压缩组织结构层级的基础上,确实减少了无效劳动,让师生的需求以最快的速度得以回应。在"扁平化—矩阵式"管理结构下,学校构建了学部与学科共同对教育教学质量负责、各有侧重、协同作战的机制,使学校的组织结构更有利于各学部资源的整合,更有利于十二年一贯制课程建设的需求。

(三)优化师资结构

能当教师的人才需要有相当的专业水准,优化师资结构是实现做强高中的重点工作,师资队伍建设实质是对教师向人才的角度和高度的培养。目前,我校高中有专任教师82人,平均年龄41岁;35岁以下青年教师29人,占专任教师的35%;男性教师40人,占专任教师的49%;高中教师平均年龄41岁。高中具有博士研究生学历的教师15人,占专任教师的18%;硕士研究生以上学历(含研究生课程班)的教师51人,占专任教师的62%。优秀教师、骨干教师的结构:在高中任教的正高级教师2人、特级教师12人。我校已经形成一支结构合理、可持续的高中教师队伍。

(四)构建了"育英·课程"体系,引领各学科课程建设稳步推进

学校于2014年开始了"小、初、高一体化课程体系的变革研究",国家基础课程进行校本化建构、人文素养与品格修养形成修身课程、注重学生的自主发展的发展力课程,三大支柱课程有机结合,实现学校的育人目标,形成育校的特色课程,构建了以"基础课程""修身课程"和"发展力课程"为支柱的"育英课程"架构(见图2),并通过自上而下和自下而上良性互动的创设路径,统领各学科、各学段的课程建设,依托课程育人模式,取得了丰硕的成果。

2016年进行育英高中课程建构(见图3),形成了以国家规定的高中学科课程、生涯规划教育课程为基础的八大领域课程系统,校本课程主要设置了面向全体学生选学的兴趣选修和文化选修课程、小学段课程,面向部分群体学生选择的

高端学术实验课程、竞赛课程和科技创新课程，还有少数学生自发组织、教师参与指导的游学课程和社团活动等。

图 2　育英课程架构

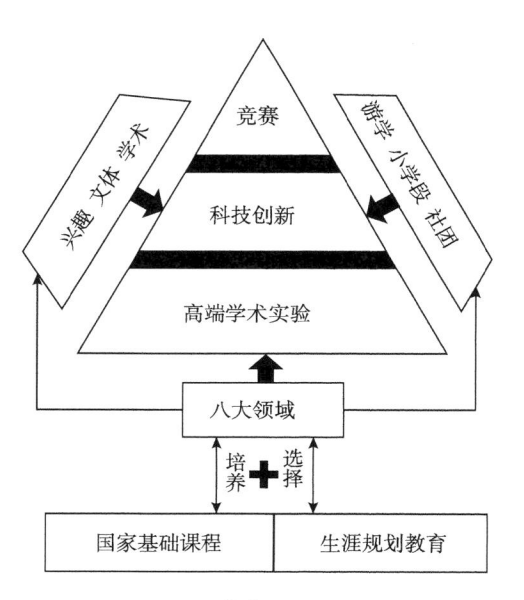

图 3　育英高中课程建构

2018年随着新课标和新课程的实施，我校又重构了高中课程体系，形成了"一主线、三层次、五领域"高中课程体系。

"一条主线"是指所有课程的开发应围绕发展学生的核心素养，核心素养是学校课程的"DNA"，与我校的育人目标是一致的，培养学生成为"行为规范、热爱学习、阳光大气、关心社稷、勇于担当的国家栋梁"。

"三个层次"课程是指国家课程的必修、选择性必修和选修，校本课程的校本必修、校本必选和校本任选课程。其中，国家必修课程和校本必修课程是国家根据学生全面发展的需要和学校培养目标的需要设置，所有学生必须全部修习。国家选择性必修课程和校本必选课程是由国家根据学生个性发展和升学考试的需要而设置，要求学生必须在本类课程规定范围内选择相关科目修习；其他学生结合兴趣爱好，也必须选择部分科目内容修习，以满足毕业学分的要求。校本任选课程是由学校根据学生的多样化需求和学校办学特色等开发设置，学生自主选择修习，是面对学有余力的部分学生，注重发挥学生专长，注重专长拔尖，具有考试升学导向；或面对热爱科技创新的部分学生，注重提升学生的创新品格和创新能力，着眼未来社会对创新人才的需求。

"五领域"课程是为了使学生德、智、体、美、劳全面发展而开设的，分别是"人文滋养"课程、"科学素养"课程、"身心健康"课程、"艺术修养"课程和"综合实践"课程。近年来，在构建一体化课程体系的过程中，根据我校的实际，充分利用学校资源和社会资源，对五领域的校本课程中的一些课程进行系统规划，形成我校四年制高中的贯通式课程，先后在一些课程"点"和"线"上进行了有效的探索，逐渐形成了我校的贯通课程。例如，小学段研学课程、德育主题教育课程、科技创新课程、生涯规划课程、红色传承课程、信息技术与人工智能课程、育英大讲堂与育英时评等。

随着"新课程新高考"的实施，我校的课程建设逐渐细化和下沉，构建了各学科、各层次、各类型课程方案和实施方案。

（五）聚焦课堂，立足对学生的培养

课堂，是促进教学质量提升的主战场。关注课堂，聚焦课堂，研究课堂，始终是育英学校管理的一项核心工作。课堂教学是落实素质教育思想的主渠道，也是学校教育的主阵地。学习动机是学生长期主动、自觉学习的原动力；优良的学习品质主要在学习过程中构建。这就要求教师在平时的教学中，有智慧地把培养学生的学习动机、学习品质与课堂教学紧密结合起来，让二者相互融汇、渗透，从而达到"互惠互利"。近年来，我校主要从以下几方面进行课堂教学研究。

1. 重构学校教学管理制度，引领教师教育教学观念的变化

新课程的有效实施，应是教学观念的变化，课堂教学必须坚守"四条基本理念"：一是高度关注"学生"，二是高度关注"目标"，三是高度关注"情感"，四是高度关注"方法"。

2. 加强课堂教学的研究，实现为培养学生的思维而教

我校尊重教师个人的教学特点，鼓励教师形成自己的教学风格，鼓励教师从教学设计的有效性、可行性着手，实现教学价值的最大化。通过教学方式的灵活应用，改变学生课堂的学习方式。"立足学生思维能力提高的角度设计问题，在问题解决的过程中理解知识、掌握知识"。做到以"教材"和"可视化的教学资源"为载体，让学生充分地自主学习；以创设的"问题情境"和"应用情境"为抓手，引发学生的深度思考，进行建构性的探究性学习。

课程教学研究，我们大致经历了以下三个阶段。

第一阶段：课堂教学的基本问题研究。

在对大量课例分析的基础上，我校对影响学生学习品质的课堂现象进行了理性总结。针对发现的问题，学校对教学提出了明确的愿景要求，以引领教师回到教学的基本问题解读课堂、研究教学。

我校对教学基本问题的理解（教学诊断六要素）：

（1）学习目标

①把握阶段总体目标—章（单元目标）—课时目标的关系；②学习目标要明确具体、问题化，可测量；③目标不要多。

（2）教学环节

①每个环节的设计是否围绕教学目标展开；②还有没有更好的设计方法对目标达成效果更好；③环节的时间分配合理吗；④尽可能减少教学的环节。

（3）教学原则

①尽可能给学生提供充分的思考时间；②尽可能给学生提供学法指导；③尽可能给不同学生提供与学习内容匹配的学习方式；④教学的问题来源于学生，问题的解决依靠学生，评价还给学生。

（4）教师主导作用表现

①引导学生学会使用各种学习资源，并不断创造使用这些资源的平台和机会；②探索科学有效的、与学习内容相匹配的学习方式；③注意培养学生在规定

时间内完成规定任务的意识。

（5）教师课堂管理的新变化

两条"主线"知识的学习和方法的学习。

（6）注重教学价值的体现

对"知识点""考点"的过度关注，必定是以窄化教学视野、消解师生情感为代价的，这种代价的付出降低了教学质量。

这6个基本问题体现了课堂教学设计的6个关键要素，国家与学校的教育教学环境构成了教学活动最外围的"大环境"，也是最终要体现的"教学价值"；根据学生的反馈设计调整教学环节，环节的开展与实施构成了课堂"小环境"；在设计小环境的过程中，"教师的主导作用"得到了充分体现；而教师通过对学科课程和教学方法的把控实现了"课堂管理"；课堂管理过程中必然要遵循的"教学原则"以有效方式作用于学生，抵达学生，最终完成"教学目标"。

从育英学校这些年的实践来看，我们对课堂教学提出了6个基本问题的理解，有效地促进了学校课堂教学研究与实施，这也是我们未来课堂教学改革继续坚持与推进的核心内容。

第二阶段：开放性教学的研究与实践。

在对教学的6个基本问题理解的基础上，我们又进行了开放性教学的研究与尝试。2016—2019年，我们总结形成了对开放性教学的理解：依据学科课程标准，在深研教材的基础上，结合学情，充分调动和利用相关课程资源，组织教学为思维而教。

提出开放性教学理念后，学校通过学校办公的OA系统、学科教研活动、备课组课例研讨等进行了深入讨论，明确开放性教学的内涵。所谓开放，是指相对于封闭、教条而言的。首先，"开放性教学"要改变学生把教材知识作为唯一的知识内容，把教师作为知识的唯一源泉，把学校、课堂作为唯一的学习场所的学习方式，倡导学生在广泛的教育资源背景下进行自主学习、主动学习。其次，"开放性教学"提倡学生在自主参与学习的过程中，培养和提高信息的获取、分析、加工、发布能力。最后，"开放性教学"不仅要注重培养学生获取知识的能力，还要注重培养学生应用知识解决实际问题的能力。

教学实践表明：开放的教学活动设计，需要教师创设或提供开放的问题情境、开放的学习场景等，促进学生学习内容、学习途径、学习方式的开放；教学过程中，需要教师引导学生，主动参与，学会研究性学习，并能应用知识解决实际问题。开放性课堂教学设计的主要目的是为思维而教。

第三阶段：大单元教学。

在对开放性教学研究有了基本理解的基础上，我校高中部于2019年暑期开始了大单元教学的研讨与实践。

"课程单元"指的是以学科核心素养为目标，以"大任务、大观念、大问题、大项目"的名义来组织或结构化要学的知识、技能、问题、情境、活动、评价等，使之成为一个完整的学习故事或事件。单元教学设计依据课程标准，研究学生起点、整合教学内容、制定单元教学目标、选择教学策略和教学媒体、分析评价教学结果、实施反馈修改，以此提高学生学习和教师课堂教学的效率，从而落实课程目标的一种活动。

单元教学设计最主要有4个过程要素：教学目标形成、教学过程设计、形成性测评、反馈修改，其设计框架如图4所示。

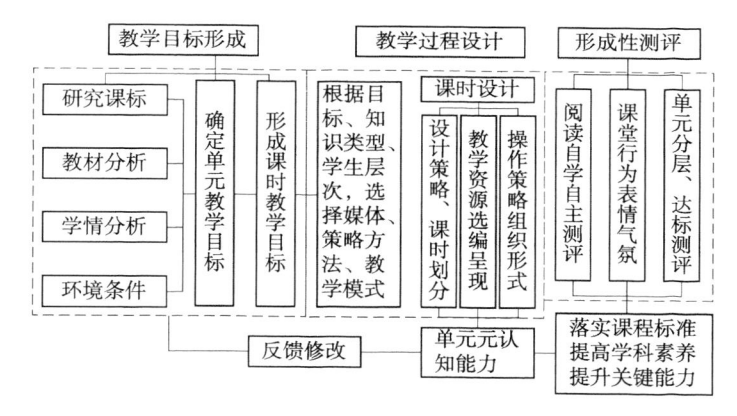

图4 单元教学设计框架

单元学习过程设计策略：基于单元教学目标设计学生学习过程，以学生为中心，关注学生的认知基础和学习路径，构建概念的理解层级，促进深层理解。

单元教学有利于学生整体把握知识，建立知识的横纵向联系，有利于落实课程标准、提高学科核心素养、提升关键能力。其教学内涵仍然是以培养学生的思维能力为目的的。

三、育英特色品牌建设的成效分析

随着我校办学质量的不断提高，我校越来越得到社会的认可，高中招生从2013年区7100名站位到2019年的2100名站位，平均以700多名的位次递进；高考成绩从2013年的66%的一本率到2016年的92%的一本率，2016—2019年的一本率基本维持在96%左右。特别值得一提的是，2019年，学校培养出北京市文科第一名。

对于普通学生的成长，学校坚持"普通学生优质发展"的理念，深化课堂教学改革，优化教学组织管理，加强各项数据分析，构建了完善的"教—学—评—研"机制，形成全过程、多角度、深层次的学生成长体系。学校建立了顶尖学生的超优培养机制，由专门培养团队负责这部分学生的学业、学术发展规划与实施。建立了适合育英学子的五大学科竞赛、科创比赛实施体系。近五年，五大学科竞赛、科创比赛取得优异成绩。例如，在历届中国化学奥林匹克及国际奥赛中，我校化学竞赛班共计53人获奖，其中获国际金牌1枚、全国金牌3枚、银牌1枚、铜牌2枚、一等奖20人次。物理学科领域，获得国家级奖项36人次，其中全国竞赛奖项6人次，省级二等奖6人次，还涉及生物、数学、信息学等学科领域。谢竞宁同学分别荣获第34届全国青少年科技创新大赛一等奖（同时获得"高士其科普基金奖"——全国青少年科技创新奖）、第18届明天小小科学家银奖，并代表北京市"物理与天文学"项目参加2019年丹麦青年科学家竞赛，获得国际赛入围奖、第17届北京青少年科技创新市长奖。也有学生荣获第33届全国青少年科技创新大赛一等奖，第19届明天小小科学家铜奖等荣誉。

在第19期北京市青少年科学探索专项资金资助项目中，北京市共38个项目入选，海淀区9所学校入围，我校参选的3个项目全部通过复赛，获得资金资助。在北京市科技后备人才和拔尖人才推选工作中，我校高一年级蔡润心同学入选北京市科协的拔尖人才项目，张博禹、白天、王邵嘉、胡若晨、杨青越五位同学入选北京市科协组织的2020年后备人才计划项目。

在中国青少年机器人竞赛中，我校学生周子奕、籍英桐的"新型宠物项圈"项目获得全国创意项目竞赛金牌和北京市一等奖。近三年来，我校建设的重点开始聚焦学校课程建设，加强了课程研发力度，并实行了首席负责制。高中部设置了基础课程、强基课程和竞赛课程三种类型的课程岗位，合理调配师资，实现课程资源优化配置，开足开齐了国家规定的各级各类课程，引导各学科教师在"高中课程方案"的框架下详细规划各学科课程实施方案，开发了近百种校本选修课程，能满足学生的各种需求。通过兴趣选修课程的实施，激发了学生的学习兴趣；通过文化选修课程的实施，拓展了学生的文化视野；通过强基课程、竞赛课程、科技创新课程的实施，让学有余力的学生根据自己的兴趣爱好自主选择课程，使这些学生的特长得到了培养，在基础课程和选修课程的学习中都取得了较好的成绩。

建"鼎新"课程 育"四有"人才

北京科技大学附属中学

王世东 宋 方 崔 丽

一、学校基本概况

北京科技大学附属中学（以下简称科大附中）前身是北京钢铁学院附属中学，创建于1960年，2013年更名为北京科技大学附属中学；如今，学校有36个教学班、1300余名在校生（含20余名外籍学生），是学院路学区一所环境设施一流、办学质量优质、具有唯一招收外籍学生资质的完全中学。

学校坚持"人本和谐、务实创新"的办学理念，铭记"明德至善、鼎新力行"的校训，秉承"百炼成钢、铸就梦想"的学校精神，倡导"业精于勤、行成于思"的学风和教风，以"健博慧雅、善思敏行"为课程目标，建设"鼎新"课程，让学生在课程体验中养成必备品格，练就关键能力，培育"有梦想、有修养、有才学、有担当"的"四有"青年，成就学生成才梦、教师职业梦、学校发展梦，努力建设一所爱润心灵的新品牌学校。

学校借力优质资源，发挥教师课程建设主体作用，深化课程改革，建构适合学生发展的三级五类"鼎新"课程体系，提高教育教学质量，凸显"文化引领人，科技塑造人，艺术陶冶人"的育人特色，2020年成为海淀区新品牌学校。

二、问题分析

（一）分析现状，找准问题

1. 社区背景

学院路地区是著名的"八大院校"所在地，随着时代的发展，八大院校已经由原来理工专业院校向综合性大学迈进，社区居民素质不断提升，对基础教育教学优质资源的需求越来越迫切。

2. 学校现状

随着国家课程改革的深入，面对社区居民对教育优质资源的迫切需求，学校深入分析学情，整合市、区供给学校的优质资源，以课程建设凸显办学特色，提高育人质量，办好社区百姓满意的新品牌学校，推动学校的跨越式发展。

(1) 综合分析学情

学情分析是课程建设的关键。学校基于 AAT（Academic Adaptation Test）学习适应性测试方法对学情进行分析（见图1），结合课堂观察、学生问卷调查等进行综合分析，我校约三分之二的学生在学习习惯上或多或少存有缺陷，可归结为"学习路上陪伴着走"。他们需要爱的呵护，需要温馨提醒和督促，需要陪伴成长。因此，在课程建设和实施过程中，要注重优化教学策略，学科融合要适切，贯通学习要合理衔接，在课堂教学中掌握适当速度，激发学生学习的动机，带动学生整体发展、全面发展。

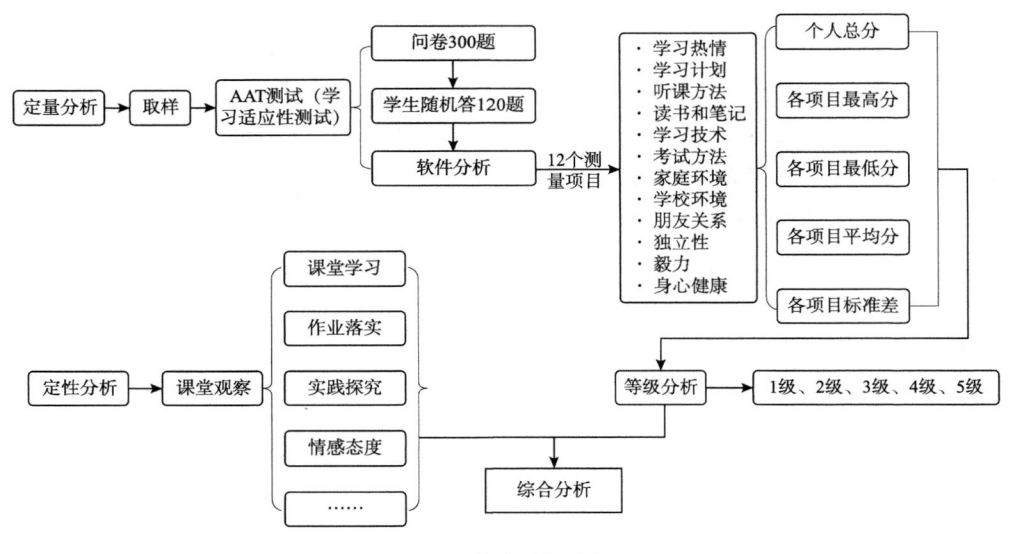

图1 学情分析路径

(2) 资源供给分析

学校根据学生发展需求，与时俱进，把握机遇，充分利用、整合和优化课程资源，不断优化课程的规划、建设和实施。

2014年，学校成为北京市海淀区教师进修学校和北京科技大学双重对口支持单位。2015年，学院路研修中心落户学校，学校借力海淀区教师进修学校专家的引领，引进北京科技大学科技工程资源，初步建立了"三级四类"课程架构。2016年，学校参加海淀区新品牌学校建设项目，成为北京市"1+3"项目成员校，学校课程核心组成员参加进修学校课程工作坊，课程专家走进"1+3"

项目班，研究四年贯通培养课程，将课程建设成为撬动学校跨越式发展的杠杆。2017年，面对新方案、新课标、新高考，学校基于学生发展的核心素养，进一步优化课程资源，构建"三级五类"课程体系，实现课程内容学段纵向进阶衔接，学科横向关联融合，使课程更好地对接育人目标。2018年，学校组织全体教师建立学科研究共同体，制订国家课程校本化实施的课程纲要，开展实践研究，课程育人成效显著。2019年，学校成为海淀教师进修学校教育集团成员校，专家引领、联合研讨、集团培训、共享课程等都成为助力学校发展的优质资源。2020年，学校把握线上教学的契机，挖掘信息技术融入教学的资源，以线上线下融合变革教与学的方式，优化课程实施研究。

（二）利用SWOT分析，找准应对策略

学校基于学情和课程发展历程，将课程建设作为"撬动"新品牌学校跨越式发展的强有力杠杆，基于课程改革要求、社区需求、育人特色、校外教育资源等，利用SWOT分析方法，发挥核心优势，突破发展"短板"，认清面临的挑战，把握发展机遇，把学生发展核心素养作为课程设计的依据和出发点，发挥教师在课程建设中的主体作用，确定课程建设路径，整合课程资源，优化课程建设策略，重构课程体系，深化教育教学实践研究，使学生在课程的学习和体验中全面实现核心素养的发展（见图2）。

三、主要举措

（一）建构适合学生发展的"鼎新"课程体系

"鼎新"出自校训"明德至善，鼎新力行"。"鼎"字本意为"礼器""重器"，延伸之意有"鼎立""鼎新""鼎力""鼎命"等，喻为守正鼎新，明德笃行，心怀天下，敢于担当。"鼎"字也是校徽——"两把椅子三本书"，意为学生勤奋读书，健康成长；又像双手和飞鸟，双手成"鼎"力之势，托起展翅飞翔的小鸟，翱翔蓝天，放飞梦想。

科大附中"鼎新"课程的建设与不断完善，旨在更好地陪伴学生成长，唤醒学生智慧，让他们遇见好老师、体验好课堂，成长为"四有"青年。

学校从国家课程标准、学校课程资源、学情现状等方面整体规划"鼎新"课程，从课程校本实施的角度研制学科课程纲要，从学生深度学习的角度设计教学活动，让学生的核心素养落地生根。

	优势（Strength）	劣势（Weakness）
内部条件 / 应对策略 / 外部因素	• 学校文化理念先进，育人目标清晰 • 科技艺术教育优势明显 • 教育教学环境优质，教育资源丰富 • 建设"书香校园"，落实传统文化教育 • 教师专业发展有机制，教师教育情怀浓，教科研热情高	• 学校中等生偏多，行为养成习惯还需加大教育引导 • 教师将新课改理念转换为教学行动的落实还需加强 • 学校课程实施主体意识需要激发
机会（Opportunities）	SO（利用机会，发挥优势）	WO（利用机会，化解劣势）
• 新一轮课程改革 • 创建新品牌学校 • 双重对口支持持续加强 • 北京市"1+3"试验项目 • 社会对学校的认可度 • 东部研修中心落户学校	• 贯彻国家教育政策，依据育人目标，制定学校课程目标，加强课程顶层设计 • 借助进修学校专家力量，整合资源，建构三级五类课程体系 • 借助大学工程科技资源，加强STEM课程建设，凸显科技育人特色 • 依托"1+3"项目，探索衔接贯通的育人模式 • 利用有次第的研修机制，加强学科本质研究，让学生学科素养落地	• 加强学情分析，依据学生需求，加强教育教学实践研究，引导学生积极向上，勤学善思 • 借力学科教研员的专业引领，诊断教学，开展专题研训活动，把握学科本质，内化学科素养
挑战（Threats）	ST（利用优势，面对挑战）	WT（扭转劣势，应对挑战）
• 实现中华民族伟大复兴"中国梦"对人人成才的需求 • 市、区教育地图的重新规划，生源的重新整合和布局 • 学院路东部地区学生、家长对优质教育的需求	• 建设适合学生发展的课程，努力促使每个学生都能健博慧雅全面发展，成人成才 • 整合学校资源，激发内部潜力，凸显办学特色，办好百姓身边的新品牌学校	• 加强课程管理和实施研究，落实全科育人、全员育人、全程育人，用优秀文化滋润学生，培养良好习惯，激发发展潜能 • 根据教师的专业发展需求，加强培训和专业引领，激发教师自我成长意识，提高教师专业发展自省能力 • 优化课程资源，落实课程实施，让学生学习真正发生，切实提升学生的学科核心素养

图 2　学校发展策略 SWOT 分析

1. 原则和路径

学校遵循三原则和三路径，落实学校课程的整体规划、建设和实施。

（1）校本情境下国家课程的有效落实——整体规划学校课程

严格执行国家课程标准，对接学校育人目标、办学特色，从必修、选择性必修、选修以及校本课程等方面，以"一致性"原则，打通学段，融合学科，对学校课程进行顶层设计和整体规划。

（2）教研共同体下学校课程的有效实施——研制校本学科课程纲要

立足学情，发挥学科教研共同体的作用，以"关联性"原则细化指向学科核心素养的知识和技能，研究课程实施的教学路径，制定学科课程纲要，并拓展学科内容，整合课程资源，建构校本课程。

（3）学生体验下优质课程的有效获得——开展教学实践研究

学校加强课程实施评价和管理，以"适应性"原则对接学情，研究学科本质，以学定教，设计教学活动，引导学生在课堂体验中发生深度学习。

2. "鼎新"课程体系

为了凸显科技和艺术办学特色，学校整合北京科技大学和学院路科研院所的资源供给，建构三级五类课程，使课程实现了从数量增加到质量提升的转变，课程理念先进，满足学生需求，适用性强；特色鲜明，对接学生个性发展，选择性强；与时俱进，激励学生探究创新，发展性强。

（1）"鼎新"课程目标

学校课程围绕"健博慧雅、善思敏行"的课程目标，力求让学生在课程体验中成就"三项爱好"、参与"四种体验"、具有"五种获得"（见图3）。引导学生成长为全面发展而有个性的"四有"青年。即有梦想，将美好愿景与生涯规划做融合；有修养，用人文修养和明德笃行来体现；有才学，将知识能力和实践创新做结合；有担当，以社会责任和天下已任育情怀。

图3 "鼎新"课程目标与育人目标

（2）"鼎新"课程内容

学校对各学段、各学科课程，纵向进阶衔接，横向关联融合，建设"鼎新"课程。

① 三级课程进阶

基础课程：面向全体学生开设国家必修课程和校本必修课程，落实学科核心素养，为学生全面发展打好共同的基础。

拓展课程：面向全体学生的不同群体、发展志向开设国家选择性必修课程、校本选修课程，为未来职业发展奠基。

发展课程：面对学生的个性发展和突出特长开设国家选修课程、项目课程、高端社团课程等，为学生终身学习和发展培养综合能力。

② 五类课程及素养指标

人文与社会课程——明德笃行，心系天下。包括语文、英语、历史、地理和政治等学科，加强人文学科的相互关联、渗透和整合，立德树人，培养家国情怀，培育和践行社会主义核心价值观。

科学与技术课程——乐知融合，鼎新力行。包含物理、化学、生物、技术、数学等学科，促使学生能用学到的学科知识融会贯通地解决实际问题，提升学生科技工程素养和探究创新能力。

身心与健康课程——身心和谐，健康成长。包括体育与健康、心理教育等课程，促进学生在身体、心理和社会适应能力等方面健康、和谐发展。

艺术课程——以美启智，以美育人。学校基于音乐、美术等国家艺术课程，推进"琴棋书画"工程建设，提升学生感受美、创造美、鉴赏美的能力。

综合实践课程——投身实践，敢于担当。根据考察探究活动、社会服务活动、职业体验活动及党团教育活动等国家必修课程要求，加强综合活动系列设计，延伸学生解决现实问题的能力和综合实践能力，培养学生积极投身实践、敢于担当的精神。

（二）建构互为策励的校本研修机制

学校建设"鼎新"课程，正是因为有"鼎新"气质的教师，才能确保课程的有效实施。学校以"师德"为核心，建设互相策励的校本研修机制，通过共同体教研和小专题研究，解决教学关键问题，提高教师专业素养。

1. 涵养仁德之心，领悟育人之道

2012年教育部《中学教师专业标准》提出学生为本，师德为先，学校以"四有"好老师为标准，每学年开展"爱师月"活动，通过学生讲述身边好老师的教育故事，营造尊师爱师的氛围；评选师德标兵，激励教师同伴，分享教育智慧；开展传统文化专题教育讲座，养仁德之心，悟育人之道。

2. 借力专业引领，促进深度研究

学校借力海淀教师进修学校和学院路研修中心的教研力量，加强学科的专业引领。各学科教研员定期走进课堂，诊断教学，指导教研和备课，开展基于深度学习的研讨活动。有些教研员常驻学校，带班上课，开放课堂，带领教研组、备课组开展校本研讨，及时化解教学问题。

3. 名师领跑带动，发挥示范作用

我校发挥"名师工作室"和"鼎新书院"名师的领跑作用，通过名师进班听课、研究课展示、专题讲座、指导教师等，带领学科组开展基于学科核心素养落实、学习方式变革的研究，以学科大概念为核心，使课程内容结构化，以主题为引领，使课程内容情境化。名师示范领跑作用激发教师专业内省力，能更好地回馈到课堂和学生，带动教师团队整体发展。

4. 建立教研一体，凝聚教研合力

学校建立教研组长和骨干教师的成长发展机制，落实三个"带动"责任：组织开展一个专题研究，展示一节公开课，带领一个青年教师，发挥教研引领作用；建立"青蓝"带动机制，以骨干教师作为成长导师，使青年教师达到"一年成长，三年成熟，五年挑大梁"。

开展基于单元整体设计的深度学习项目，教研组定时间、定地点、定专题组织教研、备课，根据核心内容的功能价值设计单元主题、确定学习目标、建立知识间关联、设计学习活动、确定教学策略、组织单元教学，形成教研合力。

5. 同伴互为助教，研究成为习惯

学校倡导"同头备课，互为助教"的教研模式，鼓励同一个备课组的教师互相听课，开展课堂观察，辅助授课教师对学习困难生进行指导，同备课组的教师互为助教，促进课堂的深度研讨，提高备课质量。

6. 依托课题研究，激发教师潜能

"十三五"期间，学校申请通过了 27 项市区级课题，其中 21 项是学科研究课题，实现了各学科组都有课题研究的局面，在深度研究中提升了老师的专业发展能力。课题研究在教研中充分发挥了聚焦教学问题、引领研究方向、探索研究深度和提高实效性的重要作用。学校还根据当下的"学与教"需求，设立校本研究课题。例如，学校开展小结式作业校本研究，已经推广到各年级，并升级为区级课题。

（三）建立课程建设与实施的保障机制

1. 发挥教师课程建设主体作用，研制校本学科纲要

学校发挥学科教师课程建设的主体作用，开展学科课程建设和研讨活动，研

究学科本质，明确学科育人目标，厘清国家课程内容，整合课程资源，规划课程内容，汇总五类课程，形成育人合力。具体流程如图4所示。

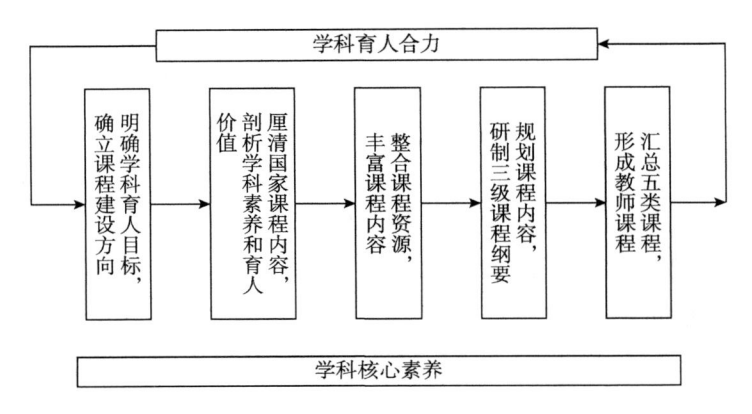

```
                    ←——— 学科育人合力 ———←
                    ↓                          │
┌─────────┐  ┌─────────┐  ┌─────────┐  ┌─────────┐  ┌─────────┐
│明确立学科│→│厘清国家 │→│整合课程 │→│规划课程 │→│汇总五类 │
│育人目标，│  │课程内容，│  │资源，   │  │内容，   │  │课程，   │
│确立课程 │  │剖析学科 │  │丰富课程 │  │研制三级 │  │形成教师 │
│建设方向 │  │素养和育人│  │内容     │  │课程纲要 │  │课程     │
│         │  │价值     │  │         │  │         │  │         │
└─────────┘  └─────────┘  └─────────┘  └─────────┘  └─────────┘
                    ↑                          │
                    ←——— 学科核心素养 ———←
```

图4 学科课程纲要制定路径

学校通过专家引领以学科组工作坊的方式举行专题研讨、案例分享等课程实施的研究活动，不断修正和丰富学科课程纲要，提升教师的课程建设能力和执行能力。

2. 凝聚课程建设合力，形成"三级两翼"组织保障

为保障课程改革的有效实施，学校设立了课程指导委员会，统一指导和策划学校课程建设和实施的所有工作，提升课程的领导力。学校成立课程管理中心，中心设立课程研究组、专家指导组、课程资源调配组、教学管理组、选课指导组和课程评价组，借力进修学校课程中心的专家指导和北京科技大学的课程资源供给，协同加强学校课程建设机制保障，凝聚课程建设合力。

四、成效分析

近年来，学校把握发展的每一次机遇，充分利用和整合课程资源，建设适合学生发展的"鼎新"课程体系，课程整体育人效果成效显著。

（一）学校发展成为海淀区新品牌学校

2016年学校进入海淀区新品牌学校建设行列之时，将规划和建设"鼎新"课程作为撬动新品牌学校的杠杆。如今，科大附中已经成为海淀区新品牌学校，赢得了政府、社会和家长的肯定，教育教学质量日渐提升，教育教学资源不断优化，社区美誉度日渐提升，学校社会满意度调查连续四年位居海淀区前十名，2018年科大附中成为"北京市课程建设先进单位"。作为北京市首批科技示范校，科大附中至今已经走过 23 年的发展历程。

（二）拥有了一支教育情怀浓、业务水准高的教师团队

"当有情怀的教师，做有温度的教育"成为全体老师的共同教育理想。目前，学校建有一个拥有 4 名特级教师的"鼎新书院"和 5 个"名师工作室"。拥有 1 名正高级教师，3 名市级骨干教师，区级骨干教师 28 人，兼职教研员 15 人，硕士以上教师 47 人，高级教师 57 人。学校已经拥有了一支乐于奉献、主动发展、专业水准高、教育情怀浓、能够实现自我价值的教师团队。

教师的专业发展取得了可喜的成就。我校在 2016—2019 年连续被评为全国基础教育化学新课程实施先进单位。6 位老师基于学科素养的教学案例发表在 2017 年《中国现代教育装备》杂志上，近三年共录播市级研究课 15 节，区级公开课 97 节，有 131 篇论文、案例在市区级评选中获奖。

（三）成就了一批健博慧雅、善思敏行的"四有"人才

学校以"鼎新"课程铸就学校品牌，成就具有"鼎新"特质的"四有"人才，课程育人成果突出。

1. 从"阅读"开始，唤醒学生智慧

学校从"阅读"开始，唤醒学生的智慧，设立晨读课程和经典阅读课程，落实跨学科发展课程设计，同时，以图书馆为中心建立学生身边的"书屋""书吧"和"书台"，使学生随手拿书，触目看书。学校自行举办全体学生参与的"朗读"竞赛，组织学生参加北京市的竞赛和作文比赛，在北京市阅读和作文比赛中，共有 213 人获奖，其中有 39 人获一等奖。

2. 基于"三级进阶"课程，提升学生科技工程素养

学校引进北京科技大学的科技工程资源，建设融入 STEM 理念的工程课程群，基于"三级进阶"学习过程，使每位学生能擅长一种技能，以"工程见长"来凸显科技塑造人的育人特色。

第一进阶课程普惠每位学生，在物理、化学、生物、技术、数学等基础课程中，设计情境活动、项目活动和实验探究活动，提高学生遵循自然规律，运用科学原理解决问题的能力。第二进阶课程发展每位学生，通过校本课程、社团活动和大学实验课程等，根据学生兴趣以任务驱动和项目带动方式，培养学生基于科学原理，运用技术手段，初步学会用工程思维，融合学科知识解决实

际问题的能力。第三进阶课程面向特长学生，通过开展高端社团活动、少年科学院项目、大学项目课程等，引导学生基于科学原理，利用工程思维模式，建构统筹计划、流程规范、探究创新等科技工程素养。学校连续5次获得北京市金鹏科技奖，先后有8人获得北京市中小学银帆奖，学生在各项科技教育比赛中，取得了丰硕的成果。

3. 依托"1+3"项目，加强创新人才培养

学校设立"1+3"项目试验班，以培养工程见长的拔尖创新人才为目标，引进大学资源和教研资源，对学生四年学习的课程内容进行整体规划，做好贯通培养。聘请北科大优秀本科生和研究生作为学生成长导师，开设四年贯通的人生规划课程；建立跨年级、学段的教研机制，设计初三至高中四年贯通培养课程；利用北科大实验室资源，开设实验探究项目课程和工程项目课程；引进专业指导教师，结合名著阅读，开设戏剧课程；建立跨学科的教研组，设计系列化、专题化的研学旅行课程。

近年来，学校课程育人成果每年都有新突破，学生在世界、国家、市区各级科技、艺术、竞技体育等比赛中，获奖1300余项，高考成绩连年攀升，有50余人考上了985、211大学。

五、反思与建议

近年来，学校发展一年一台阶，一步一脚印，脚踏实地，取得令人瞩目的成绩，赢得了社区百姓的口碑。然而，社会的快速发展，对人才供给的不断需求，使教育改革步伐永不停歇。对于地处海淀区学院路学区的科大附中，要保持可持续发展也面临着新的挑战和机遇。

随着海淀区教育改革的不断深入，教育资源供给和布局不断优化，学校生源也面临更多的挑战，同时，还要面对学院路学区百姓对基础教育的需求与优质教育资源的供给之间的差距。为此，学校不仅要借力校外资源，更要从学校内部挖掘和提升优质教育资源的供给能力。优化校本研修机制需要进一步激发教师自我发展的内驱力，提高教师专业发展的整体水平。学情研究要深入细致，基于课程标准，为学生提供有深度的课堂体验，引导学生的学习能真正发生，切实发展学科核心素养。课程结构要随着学校发展、学生需求、教学成果的积累不断优化和完善，成为唤醒学生智慧、助推学生健康成长的平台。

新高考背景下高中学校选科走班实践与探索

清华大学附属中学　谭　晨　尹粉玉　徐文兵

一、学校简介

清华大学附属中学（以下简称"清华附中"）隶属于清华大学，是教育部直属高校附中、北京市重点中学、北京市首批示范性普通高中、全国德育先进校、全国科学教育实验基地、全国体育传统项目学校、北京市中小学科技教育示范学校，享有诸多荣誉称号。

清华附中的校训"自强不息，厚德载物"是梁启超（字任公）先生1914年冬来清华大学讲演的中心思想。这八字来源于《周易》"乾""坤"二卦的卦辞："天行健、君子以自强不息；地势坤、君子以厚德载物。"大师的教育托起了清华大学，也托起了清华附中。

"育人为中心，学生为主体，为了每一位学生的个性自由而全面的发展。"[1]这是清华附中老校长赵庆刚1997年提出的办学理念，该办学理念的提出传承清华附中近百年的办学实践与理念梳理，沿用至今。在此办学理念的指导下，清华附中为每一位学生提供了广阔、多样的发展空间，形成鲜明的办学特色，助力每一位学生的个性、全面、自由发展。

培养杰出人才、引领教育改革、承担社会责任。清华附中作为一所百年名校，以立德树人为培养理念。为中华民族培养杰出人才为办学目标之一，并且勇担责任，守正创新，引领基础教育改革，发挥名校优势资源辐射作用，促进基础教育均衡化。它秉承世世代代传承的教育责任感，锐意进取，为中国基础教育做出贡献。

清华附中时刻将社会主义核心价值观融入学校文化建设之中，结合时代发展的需求，提出了"为领袖人才奠基"这一育人目标。"为领袖人才奠基"的提

---

[1] 赵庆刚. 以育人为中心　以学生为主体 [EB/OL]. (2003–02–27) [2020–03–18]. https://www.ruiwen/news/11752.htm.

出，是对清华附中百年育人目标的传承、纳新。它表现了清华附中"注重培养学生全面发展—注重培养学生个性发展—注重培养拔尖创新人才"的育人理念。"领袖人才"指的是各行各业中热爱自己工作，卓有成就并引领行业发展的人，目的是让学生基于自己的优势、选择兴趣方向，尊重学生的选择，并最终取得成功。

二、问题和举措

（一）之前的探索

为了能够更好地满足学生的差异化需求，激发学生的兴趣，通过层次化教学提升课堂的有效性，清华附中早在 2012 年便针对数学、英语等学科开展了小范围的走班制探索，并在以下几方面进行了基于调研的、科学扎实的实践探索。

一是尝试在教学进度统一的前提下，分析不同层次学生知识掌握的情况，区分出各阶段的教学目标。二是改进教学方法，针对典型章节设置不同层次教学的课例，从概念讲解方式、例题选择、总结复习到作业布置，全面分析各层次的共性和差异性。三是教师根据学生特点合理安排作业内容和作业形式，并根据学生完成情况进行题量、题目顺序的调整，帮助学生在完成作业的过程中，巩固知识、锻炼思维，明确每一阶段的学习目标，领会教师对自己的期望与评价。四是探究不同层次之间学生流动的评价方式。

（二）2017 级的实践

2017 年，北京市正式实施新高考改革方案。为了能够更好地切合新高考改革的需要，满足学生的个性化需求，同时探索学校选科走班的具体操作方案，学校将学生按照不同类别进行了群组的划分，然后让学生在所在群组内进行"大走班"。

1. 基本原则

（1）按需分类

学校按照不同类别对学生进行了群组的划分，马约翰体育特长生和美术特长生单独成班。组织学生在所在群组内进行"大走班"。以学生需求（选科）作为走班的依据。学生根据自己的兴趣选择上课内容，发展学生的兴趣爱好，开拓学生的思维。

（2）按适分层

在走班过程中，以学期为单位，根据学生自身的学习能力及对应需求，先将其分层组成行政班，语、数、外三科以行政班为单位上课。根据学生选科情况组成教学班，除语、数、外三科外的其他课程以教学班为单位上课。学校在综合考虑学生本学期的学习情况后，适当进行层级的调整。

（3）大小结合

顺应学生需求，实行大小班上课的多种教学形式，即讲座式的短线课程、常态化学科的教学大班制课程及探索式的研究型小班制课程。通过不同行政班级学生的组合教学，增强学生的互助合作。

2. 实施办法

（1）学生选科

在高二年级开学前，学生将根据自己的兴趣、特长进行选科（即六选三）——学生从政治、历史、地理、物理、化学、生物6个科目中自主选择3个科目作为自己学业水平考试（等级性考试）的暂选科目。

即2017级高中学生在高一学年统一按照行政班上课，不选科、不走班。从高二上学期开始实行行政班和教学班相结合的走班模式，语、数、外固定行政班上课，6门选考科目则进行大走班。高二下学期，根据学生填报的选考志愿进行微调。此外，为了缓解大走班带来的压力，学校基本上做到一个教学班内只涵盖两个行政班学生。

（2）行政班划分

根据学生自身的学习能力划分行政班级，马约翰体育特长生和美术特长生单独成班。语、数、外三科的教学以行政班为单位进行，由各班配备的固定教师在固定教室授课。

（3）走班管理

学生从政治、历史、地理、物理、化学、生物6个学科中，选择3个学科作为等级性考试科目，未被选择的3个学科作为合格性考试科目。学校根据学生的自主选择，将其编入对应的等级考班级或合格考班级。

3. 教学管理安排

（1）班级事务

每个行政班设置班主任一名，全面负责行政班的各项日常事务和德育工作的管理。相对于行政班而言，分层走班的班级称为教学班，每个教学班内设一位班长，负责教学班的班务；每个教学班各科均设多个科代表且分别来自不同的行政班，负责收发原行政班同一层级学生的作业、加强与老师的信息交流等工作。

（2）教学班的动态管理

新教学班的学生实行动态管理，在每个学期结束后，根据学生的实际情况（是否适应本层级的学习、是否更改自己的选科选择），结合班主任和任课教师的意见，学校将进行"微调"，为部分学生安排新的层级进行学习。

（3）考勤安排

教学班的学生要在指定班级听课，每节课上课前均需在教学班进行签到，以便教师和教学管理与研究中心做好考勤工作。每个教学班内学生的出勤情况、听课状况由教学班教师负责，做好记录并及时向行政班的班主任反馈，使行政班班主任及时了解学生情况，更有效地开展工作。

（三）2018 级的实践

在 2017 级改革的基础上，学校通过前一年的实践经验，对原有的走班制度进行了进一步的改革，希望能够在尽量满足学生个性化需求的同时，解决 2017 级全走班制度引发的问题。

1. 基本原则

（1）精确调研

在 2017 级实践的基础上，学校进一步加大了调研的力度，对学生的选科需求进行了多次调研。一方面，通过多次调研能够更加精确地掌握学生的相关信息和数据；另一方面，通过调研还可以让学生更加重视自己的每一次选择。

（2）化繁为简

在 2017 级"六选三"群内全走班模式基础上，学校最终采取了"优先聚类化繁为简"的原则。经过多次调研发现，选择化学、生物、物理的学生人数最多，其次是化学、物理、地理组合，地理、历史、政治组合，物理、生物、地理组合。

首先，学校为了尊重每一位同学的选择，将选择人数排在前三组的同学进行了"组合内分班"，将这些有相同选择的同学按层次安排在同一行政班内；其次，为了便于管理，对于那些选择的组合人数较少的同学，进行混合排班，通过平衡课表的方式让每一位同学能够按照自己的选择结果上课，这些同学在语、数、外以及选择的相同科目上课时，就可以在同一个教室内了。

由于选择不同组合的人数不同，因此在组成行政班的时候，不同的班级可能会存在班级人数不同的情况，但是学校根据实际情况，尽量将班级人数控制在 30~50 人，以确保教学管理的有效性和教学的顺利实施。

2. 实施办法

（1）学生选科

在高一年级开始前，学校让学生先对自己的选考科目进行预选，然后按照语数外固定、选考科目大走班的形式完成高一学年的学习。在高二年级第二学期开始前，学校要求学生再次确认自己的选科结果，然后按照"化繁为简"的方式重新组合行政班。

（2）行政班划分

在高一年级，学生按照既定的行政班上课。在高二年级第二学期，学生将根据自己的选科组合结果进入相应的行政班。

根据2018级学生"六选三"的选科组合结果，选择人数排名前四的组合为：化学、生物、物理组合；化学、物理、地理组合；地理、历史、政治组合；物理、生物、地理组合。相同组合的学生被安排在同一行政班，以行政班为单位按照同一课表上课。

（3）走班管理

在走班过程中，"六选三"的六门科目被分为两个层级：等级考/合格考。选择某一科目作为等级考科目的同学将进入等级考层级的课程/班级，未选择该科目作为等级考科目的同学将进入合格考层级的课程/班级。

同样，若某学生选择物理、化学、历史作为自己的等级性考试科目，那么他将被编入这三个科目的等级考班；同时，他将进入生物、地理、政治这三个科目的合格考班。

3. 教学管理安排

（1）班级事务

经过2018级新的改革，相同选择的学生都被尽量安排在了一个行政班。这样，原有行政班的管理就可以照常进行。同时学校依然要求教学班的教师担负起管理学生的责任。改革之后，大部分学生都能够在同一个行政班上课，这就很好地解决了班级管理的问题。

（2）考勤安排

同样，因为新的改革措施规避了2017级教学班管理的种种不足，因此在考勤、德育管理等方面，可以按照以往行政班的管理模式进行，原有的问题都得到了很好的解决。

（四）2019 级

经过2017级、2018级的实践改革，学校基本确立了高中的选科走班方案，按照最终2018级的"优先聚类化繁为简"的方式，统一将"六选三"同一组合选择人数排在前三组的同学进行了"组合内分班"，将选择的组合人数较少的学生进行混合排班。并以此作为2020级选课走班方案继续沿用。

三、成效分析

（一）2017级的走班方案总结

1. 优点

2017级实行的"六选三"群内全走班管理模式，其优点是十分显著的。这种群内"六选三"全走班的模式能够最大限度地满足学生个性化的需求，有利于分层教学的实施，并给了学生充分的自主选择权，可以说充分体现了学生的主体地位，增加了学生的自主性。从这个方面来讲，学生的学习主动性、学生的学习动机以及学生的自信心都得到了非常好的提升。此外，由于学生在学习"六选三"不同科目时进入不同的班级，在一定程度上扩大了学生的交往圈，加大了同学间的相互影响。

2. 问题

"六选三"全走班模式的做法也出现了很多方面的问题。首先，由于学生除了语、数、外三科之外，其他科目都会频繁换教室，很难固定在一间教室长时间共处。这对学校的班级管理以及班主任的德育管理，都造成了非常大的影响。

其次，一个老师往往会兼任多个不同层级教学班的教学任务，对学生的了解和熟悉程度也大不如前。因此，给作业的收取以及个别答疑带来了一定程度的影响。

最后，教师考评的问题，由于教师在不同层次的班级教授不同的学生，很难对教师的教学质量进行横向的评估和比较，这就给教师的绩效考评带来了很大的麻烦。同时，"一人一课表"对学校教室数量、硬件、排课表等都提出了非常高的要求。

（二）2018级、2019级的走班方案总结

1. 优点

从学校管理的角度出发，这种类似于部分走班的实施模式相对而言更加经济，可以有效地缓解全走班模式下给教室、师资、学生管理、排课表等诸多方面带来的巨大压力。

此外，虽然是"化繁为简"的班级组织模式，但是实际上还是很大程度地尊重了学生的个性差异和个性化选择。每个学生都能够按照自己选择的结果享受到相应的教育教学服务。

2. 问题

相对而言，这种部分走班的模式也存在一定的不足。对于选择相对比较冷门的学生而言，可能课表就会相对比较分散，和班级其他同学相处的时间也相对有限。由于这些选择较为冷门的学生可能需要和其他行政班的同学混合在一个班级进行上课，教师对这部分学生的关注度和熟悉性可能就不会很强。

但是，考虑到大部分学生以及学校管理的层面，这种部分走班的确是更为经济有效的选择。因此，2020级将继续沿用此种走班方案。

四、反思和建议

（一）关于制度改革

经过新的高考改革，显然原有的教学制度已经不能适应新的结构性的变化，新的教学制度需要教育者关注学科必修、选修的新变化，同时要关注学生发展指导制度。学生发展指导制度，最根本的是要根据学生的兴趣爱好和发展方向，指导学生选学选考的科目，有条件的学校要建立导师制度、学长制度，通过多种途径指导学生选科选考，并跟踪指导学习过程，使学生完成个性化的课程选择。

此外，新的模式下，学校的班级管理制度势必要发生变化，行政班与教学班并存的情况将是大势所趋。因为行政班和教学班具有不同的功能和价值，如何做到让这两种班级组织模式发挥其应有的作用，如何在教学班实施育人，都需要我们在实践中不断探索和解决。

（二）关于师资

由于合格性考试的时间问题，在进行教学安排的时候势必会遇到教师的结构

性缺编和潮汐式满编的情况。

有些学科合格考结束以后，如果遇到该科目的等级考没有学生选择或是很少学生选择，该学科的老师就会出现以学期为单位的"赋闲"，如何安排好教师的工作量，如何在必修模块、选考模块、选修模块之间做好均衡统筹，这也是学校需要解决的问题。

（三）关于评价

原有的行政班级模式的评价在新高考改革之后就显得尤为不适用了，因为学生在不同学科的不同教学班进行流动，很难像之前一样通过行政班的横向比较来对教师进行评价，所以学校需要思考如何确定更加有效的、增量考核的办法，形成科学的、与时俱进的教师评价考核体系。

（四）关于教学

受到学校师资力量和软硬件设施的限制，实施走班制之后，教师可能会面临教授不同年级、不同层次的学生的现状。我们一般将教授不同年级的学生称为"跨头"，原本可能只有少部分教师是需要"跨头"的，而且即使"跨头"，所教授的班级水平差别也不大。但是随着走班制的实施，会有越来越多的教师不得不面临"跨头"的问题，而且在不同年级可能还需要面临不同层次的班级，这对教师来说，无论是备课量还是批改作业量等都将出现井喷式的增长，这是数量上的挑战。同时，还有质量上的挑战，因为面临的学生层次差异较大，这就意味着教师需要更多关注学生的不同需求，加强备课，提升课堂教学效果。

此外，还存在调代课、排课表、合理安排放学时间等一系列问题，都需要学校根据自己的实际情况进行调研并解决。

"停课不停学"背景下的教育教学管理创新模式研究

北京实验学校　崔启祥

一、基本概况

北京实验学校前身是平谷师范学校，1931年建校，1998年改制高中，更名为平谷区第六中学；2015年，北京实验学校教育集团成立，拥有海淀、平谷两个校区，成为十五年一贯制学校，学校更名为北京实验学校。学校占地面积35330.49平方米，建筑面积23143.37平方米。学校现有教学班30个，在校学生998人，590人住宿。学校2019年恢复初中招生，目前共有两个年级共5个初中班。2016年开始招收青海玉树藏族学生，已连续招生5年，目前共有3个年级6个班236名在校学生。学校在职教职工216人。其中，任课教师135人，硕士13人；特级教师2人，高级教师89人，市级骨干教师1人，区级骨干教师32人。

2015年集团化以来，学校秉持"构造'一方池塘'，服务孩子'自然成长'；点燃'一束火焰'，启迪孩子'自己成长'；敲打'一块燧石'，引领孩子'自由成长'；推开'一扇大门'，促进孩子'自觉成长'"的魅力教育理念，实施魅力管理，构建魅力课程体系，培育魅力课堂，打造魅力班级，培养多元发展和个性化发展的魅力学生。

二、问题和举措

2020年初，一场突如其来的新冠肺炎疫情肆虐，几乎让人们的生活、工作和学习"停摆"。为防止疫情在校园蔓延，教育部决定2020年春季学期延期开学。"停课不停学"，学生不能如期到校，只能居家学习，教师不得不采用线上教学，学校的教育教学组织管理面临严峻挑战。

（一）线上教学新问题

线上教学解决了新冠肺炎疫情防控前提下兼顾教学质量的问题，满足了基本的教学需要。我校线上教学起步早、教师入手快，效果明显。但对大多数老师来讲，线上教学毕竟是新生事物，在实践过程中也暴露出一些问题。

1. 平台难选与使用局限

学校和教师首先面临的是选择困难，什么样的网络教学平台最好用？采用什么样的线上教学形式更合适？什么样的工具录制视频简单易操作？

现有主流平台无论是"腾讯会议""腾讯课堂"，还是"阿里钉钉"，其本身是企业沟通、交流与会议软件，而非专门用于在线教学，这就导致一些课堂基本功能无法实现，如 PPT 无法做批注、作业批阅不便等。

开始线上教学后，又相继面临老教师信息技术基础薄弱、教师普遍经验缺失、学生台式电脑少影响效果、受网络环境和用户激增影响带来的直播卡顿延时、板书同步呈现、练习测试烦琐等问题的困扰。

2. 监管乏力与两极分化

线上教学面临的最大问题是监管困难。线上教学对学生的自控力要求较高，对学生的自主学习能力形成挑战。自主性强的学生可能会实现再一次的超车，自主性差的学生会更加依赖手机，甚至会形成许多坏习惯。如何减少手机的负面影响？如何确保学生身心真正投入课堂？如何确保学习任务（作业）和考试成绩的真实？如何落实教学的有效监管？这些都是学校管理面临的新挑战。

我校学生的实际情况是自控力不强，两极分化严重。部分自律能力低的学生易被外界环境干扰，再加上家长忙于工作，无人监督，甚至有些家长不愿意投入精力和时间进行有效监管，导致听课效率不高，挂线脱课、人在心不在、作业和考试抄袭等现象时有发生。而教师缺乏对学生学习状态的有效管控，教学效果大打折扣。

3. 互动降低与氛围不足

课堂应该是师生互动激情的情感舞台。线上教学和线下课堂最大的差异是它的互动性，线上教学教与学的场景是分离的，缺少了现场感，教师方法单一，语言枯燥，师生之间眼神、神情、语言、动作等及时交流和互动减少。在师生分离情况下，如何提升师生之间的互动与学生的参与度和专注度？如何营造学习氛围？这是保证课堂质量的关键。

由于多数教师是初次接触线上授课，一切都处于摸索之中，尽管也能实现简单的问答，但无法开展小组讨论，缺乏现场教学的情感交流和学习氛围；过了新鲜感的学生，疲惫地面对冷冰冰的屏幕。可以说，师生间缺乏有效的互动是线上教学的主要问题。

4. 照搬线下与简单呈现

线上直播教学与线下课堂教学有很多相似的地方，可以共享屏幕，实现 PPT 等多媒体文件同步呈现，线下教学的大部分经验也可以迁移到线上。然而，面对新事物，不少教师观念转变不及时，没有充分认识线上教学的规律和特点，只是简单把线下课堂教学内容原样照搬到线上，缺少任务驱动和活动设计，大概认为课堂教学就是教师简单的呈现内容。

线上直播教学是一种师生时空分离，基于媒介的教育教学实践。在线教学的关键难点在于如何保证教的行为像课堂教学那样对学的行为真正起到促进作用、在于教的行为和学的行为相互作用的程度和成效。教师不应执着于是否呈现清楚，而应将更多的精力放在设计教学情境、设计学习任务、提供课程资源、创新线上学习分享和丰富教学方式等方面。

5. 练考低效与评价滞后

线上教学背景下的作业和考试主要采取"拍照上传"的形式，造成教师工作量加大，不便于及时反馈；更为严重的是作业质量无法保证，有学生简单应付，或者直接用其他同学的答案图片上传，而教师干预手段有限。同时，练习测试操作烦琐，教师对学生学业的评价滞后且存在失真现象。

（二）线上教学新探索

新冠肺炎疫情逼出了线上教学新事物。主管校长先行先试，从调研摸底到平台选择，再到板书、测试等技术问题的解决，以及线上教学管理、线上教研、线上班会、线上家长会等的陆续建立和完善，北京实验学校且行且思，在实践中探索出一条线上教学新路径。

1. "云视讯"配合微信，线上直播答疑

线上教学面临的首要问题是选定教学平台的问题。通过师生家庭网络环境调研和在线学习平台的反复测试，最终确定使用移动"云视讯"视频会议功能配合微信使用实现在线课堂，教师利用移动"云视讯"视频会议功能发起会议，通过微信群发送会议号邀请学生加入课堂，采用"直播＋线上答疑"的形式实现师生互动。

该平台可实现线下课堂的主要环节，可以共享共写屏幕、白板，可以使用 PPT 和 Word 文档，可实现课件注释、互动答疑、学生签到和"举手"回答。在共享屏幕的情况下，教师也可打开 Word 格式的学案、练习，设置视图比例、字号，让学生自行准备纸张或提前打印作答。

开展任课教师授课系统使用培训。学校制定"云视讯"视频会议功能操作指南（教师端、学生端），制作操作视频，提前下发，供师生自学。教学副校长崔启祥通过视频会议对一线教师进行了移动"云视讯"视频会议系统使用的培训。培训结束后，各年级分时段分学科进行了实操测试。教师认真学习上课流程，积极尝试，互相交流分享操作经验，年级管理人员现场指导，及时总结提示。老教师也不甘示弱，认真使用，短时间内全都掌握。

班主任建立微信班群，请行政班上课的学科教师进入班群；选考学科教师建立微信选考科目群，确保每名学生都进群，所有任课教师都进群。学校要求所有学科都建立学科群，以免集中在班群导致信息过多不好查找。微信群用于发送每节课的会议号，发送、接收 Word 格式作业和辅导答疑。

2. 科学设置课程，促进学生全面发展

课程设置兼顾德智体美劳，促进学生全面发展。以高考学科为主，兼顾学生身心健康和素养提升。除适量安排高考学科答疑外，每天上下午各 30 分钟居家体育锻炼（垫上俯卧撑、仰卧起坐、平板支撑等），每天 1 小时阅读，坚持做眼保健操，每天推送一首抗疫公益歌曲，晚上推荐观看纪录类节目，推荐资源平台供学生自主选择。

教学过程中，教师要把握好教学时长的适当和教学内容的适量。科学合理地把握线上教学的作息时间，课时短，课间长，控制时长。高三每天 4 节大课，每节课 80 分钟；其他年级每天 6 节课，每节课 40 分钟，中间休息 20 分钟，每节课讲练结合，预习或练习最少 20 分钟，控制作业量，避免学生长时间盯着屏幕，全天在线不超过 4 小时，真正盯屏幕时间不超过 2 小时。线上教学容量比线下适当减少，进度适当放慢。

固定独立教室线上教学。实践中发现，台式电脑远比手机教学效果好，而有的教师家里已经不再配置台式电脑。为确保线上教学效果，学校确保每个教师在独立教室教学，有教学任务的教师和值班教师到校，其他教师弹性上班，网络在岗，完成分配任务。

3. 加强教学管理，推动创新发展

线上教学实践中，不断暴露一些新问题，无论是管理团队还是教学团队，都能不断研究摸索，及时总结、推广经验，勇于应对挑战，在问题解决中实现创新发展。

（1）推动互学互鉴，精益求精

在平台用起来的基础上，进入用好、确保实效的第二阶段。教学科研中心及时组织教师梳理问题，推广典型经验。

物理学科耿老师潜心研究、尝试，解决了板书投放问题；数学学科陈老师自带手机支架实现了理科板演步骤的同步呈现，学校也购买了摄像头支架，确保和课堂一样的实时板演效果；化学学科安老师研究利用问卷星进行测试，并对全体教师进行了培训。年轻教师发挥技术优势，不断探索新功能，解决实际问题，如由面对电脑改为面对黑板、一个账号集中一次登录避免掉线等。

（2）加强教学监控，力求实效

对于学生线上学习来说，影响学习效果最为关键的因素是学生的自我管理意识和能力。线上学习给自我管理意识和能力薄弱的学生提供了机会，由此，监控学生课堂学习状态，师生互动就变得尤为重要，这也是我们选择"云视讯"平台的因素之一。我们要求教师聚焦学生学业状态变化和发展、增强线上学习自律性的指导、激发学生学习动力、培养良好的学习习惯的同时，一方面要求学生打开摄像头，确保师生见面，同时要求教师多提问，变换教学方式，集中学生注意力；另一方面也要求班主任进群抽查，配合监控课堂状况，考试则要求所有学生打开摄像头，监考教师到独立教室监考。

在加强教师对课堂上学生学习状态监控的同时，教学干部包班进群线上听课，后来发展到进入独立教室听课，每天及时反馈，了解师生课堂状况。

通过加强对学生学习状态和教师课堂教学的监控，尽最大可能确保了线上教学质量。

（3）开展线上教研，提高教师适应力

线上教学与线下教学有着明显的不同，面对线上教学新事物，教师的适应和转变最为关键。怎样实现线上教学的主要环节、主要功能，如何避免单纯照搬线下课堂，如何落实线上教学与线下教学的衔接与过渡，如何实现真实的互动交流，如何让虚拟的网络变得真实、有温度，如何提升线上教学的有效性，教师面临巨大的挑战。实践中，学校通过线上教研引领，帮助教师转变观念，转变行动。

线上教学更要把好备课第一关。我们要求教师在线上教学背景下的集体备课，一是要研究、明确线上教学"教什么"和"怎么教"，规范线上教学组织行为，加强教学监控和反馈；二是探索线上学习的特点和手段，创新教与学的方式，创新线上学习分享、学习合作、学习反馈等方式；三是要关注课堂的学习

"量",调整"教"与"学"的时间分配,内容上力求少而精,尽量任务化、情境化,通过学习赋权,将指导学生开展自主学习放在重要位置;四是要重点准备好学习资源和推送资源,要结合学情精选和自创学习资源,集中研究"讲什么、练什么、怎么学",分类分层设计好学习内容,准备好教案、学案、检测练习、作业、学习任务单,倡导手机录制微课和自行命制练习,特别要认真研究新冠肺炎的学科体现与考试的结合点。

开展线上听评课。学校要求管理干部、学科组组长上线听课,为掌握学生课堂表现,进而要求进入教师授课教室听课,及时发现问题、发现典型。定期进行年级、学科、学校线上交流,指出存在问题,指明发展方向,推广优秀教师典型经验。新冠肺炎疫情期间,共举办6节线上公开课,5位教师介绍典型经验,通过磨课、听课、评课和学习交流,有效转变了教师观念,有力确保了线上教学质量。

组织线上联合教研。学校发挥集团办学优势,共享优质资源。学科组与海淀校区开展线上专题教研,海淀校区名师指导解读新教材。学科组还邀请清华附中名师团成员线上指导,邀请平谷区教研员参与线上集体备课和研修活动。

4. 实施线上德育,提升综合素养

教育的根本任务是立德树人,"停课不停学"最不能停下的是德育。新冠肺炎疫情提供了难得的德育契机。曾军良校长通过"钉钉"群直播开办了两场讲座,分别是《创建魅力教育,提升育人品质》和《给孩子提供最好的毕业班教育》,统一了思想,指明了德育方向,指导了德育方法。学科教师充分挖掘疫情中的德育因素进行德育渗透。学生发展中心及时推送防控知识和感人事迹,组织开展"新冠肺炎带给我的启示"交流会和"身边的感人故事"分享会。年级、班主任定期组织开展线上家长会、线上班会,开展生命、感恩、习惯、责任担当和心理健康教育。在新冠肺炎疫情面前,引导学生学会面对,理性面对灾难;学会适应,适应新的教学方式;学会自控,控制惰性;学会规划……帮助学生树立正确的人生观、价值观。心理教师为学生和家长推送了《北京实验学校疫情心理健康自我防护——积极调解情绪,照顾好自己和家人》的系列文章。学生通过创作歌曲、录制视频、抖音分享抗疫感悟。

三、成效分析

我校线上教学起步早,平台使用效果好,区域影响逐步扩大。线上教育教学稳步推进,总体效果显著。

移动"云视讯"相较于其他平台,几乎实现了线下课堂的主要功能,满足了基本互动交流的需要,为课堂教学、线上考试、线上研训、线上会议等提供了有效的技术支撑,确保了正常教学任务的完成。

线上教学的出现,加速了教师的转变。通过线上教学实践,教师的线上教学技能突飞猛进,陈晓革、耿存智老师利用支架解决了板书同步呈现问题,安金利、朱月波老师利用问卷星解决了练习测试问题,安金利、石韫韬老师解决了手机微课录制问题,教师多媒体信息技术的使用更加自觉。不仅如此,教师在观念上也得到了显著转变。越来越多的教师更加注重教学设计、教学组织和教学资源,更加注重教学方式的变换和教学情境的设计,更加注重培养学生的自主学习能力,更加注重信息技术与学科教学的融合。线上教学的特殊性也促使教师的语言越来越简洁明了,课堂教学手段越来越丰富,教学行为越来越规范。线上教学也倒逼教师思考"如何关注学生的自律""如何满足学生对内容的选择性""如何检测学生的学习效果""技术如何介入后疫情时代"等问题。

对于学生而言,线上学习的出现,给学生提供了难得的自主学习机会,促进了学生自主学习意识的转变,满足了学生个性化学习的需要。学生的课程资源更加丰富,可以选择适合的资源,可以通过课程回放强化薄弱环节;学习方式也更加灵活,独立思考、解决问题等方面的能力得到提高。

新冠肺炎疫情期间,学生居家体育锻炼、学炒菜、画画、欣赏抗疫歌曲成为常态,体育班、美术班学生线上继续专业练习,无论是体育班、美术班专业成绩还是总体高考成绩基本与去年持平。"停课不停学"的经历也促使学校思考在回归传统课堂教学的同时如何发挥线上教学的学习优势,实现线下与线上教育的有机融合。

四、反思和建议

"停课不停学"期间"线上教学"的实践经历拓宽了学校教育教学思路,增添了新的教育教学手段,积累的宝贵经验与教训都将对今后回归常态的教育教学产生深远影响。

反思一:线上教学对乡村学校、薄弱学校更为不利。

作为"停课不停学"期间主要教学形式的"线上教学",需要必要的硬件设备和网络环境,表现为家庭中是否有智能手机、家庭电脑、有线电视和网络接入等,而家庭数字条件和学习环境成了制约城乡学生能否参与线上学习、能否取得良好学习效果的关键性因素,薄弱地区、乡村学校显然还有一定差距。以我校为例，在开始线上教学前，学校对师生的网络环境进行了调查，调查结果显示：平谷区本地学生拥有有线电视的约占 75.28%，拥有家庭电脑的约占 85.96%，教师拥有家庭电脑的约占 87.16%；我校玉树学生拥有有线电视的约占 15.19%，拥有家庭电脑的约占 8.86%。两地学生都能手机上网，但玉树地区网络信号不畅，有的学生不得不到山顶空旷处才能接收到信号，而手机显然不如台式电脑更适合线上学习。

"线上教学"对学生的自律提出了更高的要求，而薄弱学校学生的自律意识明显不强，会加剧两极分化现象，学习效果也会远低于线下课堂。自律能力不强的学生更需要家长的支持与监督，家长的参与在一定程度上决定着孩子的学习效果。而乡村地区的家长往往参与意识不强，导致陪伴监督缺位，往往会出现开小差、机在人不在的情况。

反思二：凸显学校教育信息化建设的滞后。

教育信息化建设已经开展了多年，很多学校都建有数字校园，但在此次新冠肺炎疫情面前似乎不堪一击。缺少成熟的线上学习平台，信息化设备陈旧，信息化手段单一，信息化资源匮乏，网络环境差强人意，学校让位于线上培训机构，未能在关键时刻挑起大旗。

反思三：教师需要提升信息素养和转变教学观念。

"线上教学"不是线下教学的复制和照搬，教师要转变观念，调整教学方式，努力提升线上教学的设计能力，从过去强调"教"转为线上支持"学"，要更加关注设计任务和活动，要学会选择和开发线上课程资源，要学会利用各种评价工具对学生的学习过程和学习效果给予评价与反馈。

总之，国家还需加大教育信息化的投入，特别是向贫困地区、乡村学校倾斜，满足基本的信息化需要。学校信息化建设要充分征求学校的意见，满足学校的个性化需求。相关部门和学校要加强教师的信息化培训，特别是现代教育技术与学科融合的培训，提升教师信息化素养，丰富教师基于实际需要的信息化手段，让现代教育技术更好地服务于常态课堂。

创建一流科技高中的课程设计与实施

北京市八一学校　　原牡丹

一、学校基本概况

北京市八一学校（以下简称"八一学校"）始创于1947年，是由聂荣臻元帅亲手创办的荣臻子弟学校发展而来的一所现代化历史名校。目前，学校一校五址，共有173个教学班，6211余名学生，教职工707人，已成为较大规模的教育集团。八一学校在七十三年的办学过程中，经过几代师生的共同努力，保持并发扬了"思想领先、艰苦奋斗、高度负责、严格要求"的八一精神，形成了"军魂铸人、科技育人、生态立人"的办学特色。

科技创新的第一要素是科技人才，而人才的培养，根本要依靠教育。青年兴则国家兴，青年强则国家强，今天青少年的素质决定国家明天的竞争实力。八一学校注重学生全面发展和学有所长。连续多年开设科技实验班，成绩斐然；OM头脑风暴、航模、刺绣、无线电、天文观星、走近皇家园林等110多门校本选修课全面铺开；管乐、舞蹈、机器人、DIY头脑创新、武术、模拟联合国、根与芽、记者站等四十余个学生社团蓬勃开展；体育节、科技节、艺术节、五四表彰、老区寻根等更是丰富着学生的课余生活。

八一学校依托本校面向2035创建世界一流科技高中的发展规划和以新课程、新教材为切入点的新课改相关政策，坚持将"加强学生发展指导"放在学校工作的重要位置，重点落实"注重指导实效"和"健全指导机制"，以科技类课程建设为主要载体，通过课程落实素养达成育人的目的。学校积极主动地肩负起培养科技人才的重任，营造良好的、适合科技创新的环境和氛围，普及科学知识、传播科学思想、弘扬科学精神，为科技创新人才成长铺路搭桥，为实现"科技强国"做出更大贡献。

二、创建一流科技高中的定位及推进措施

（一）梳理形成了学校科技人才素养模型

基于学校将科技高中作为未来发展规划，管理团队及各学科组进行集中调研

与讨论，并在学生与家长中进行问卷调查，结合市、区级教育专家的指导意见，重新梳理及构建了八一学校科技人才素养模型（见表1）。

表1 科技人才素养模型

科技素养	品质标准	关键能力	
高度的责任意识	道德情感（品德好）	有责	守信、负责、至善
良好的协作精神		有爱	尊重、交流、合作
坚毅的意志品质	身心素质（品位高）	有恒	理想、激情、勇敢
高雅的审美情趣		有趣	鉴赏、想象、表达
宽厚的知识结构	专业素养（品行优）	会学	博览、贯通、建构
突出的思维水平		会问	巧问、深问、新问
卓越的创新潜质		会研	探究、创意、物化
出色的实践技能		会用	动手、实验、应用

（二）重新调整学校的育人模式为"TECH 立校，科技育人"

T：科技优势的学科目标设定

E：立志高远的生涯发展规划

C：文理兼容的学校特色课程群建设

H：校内外融通的、教育资源融合的项目开发

做好学生入学和升学的生涯发展规划，聚焦科技创新项目式课程群建设，围绕科技人才培养新模式开发整合优质资源，为国际科技人才培养铺筑个性化成长道路（见图1）。

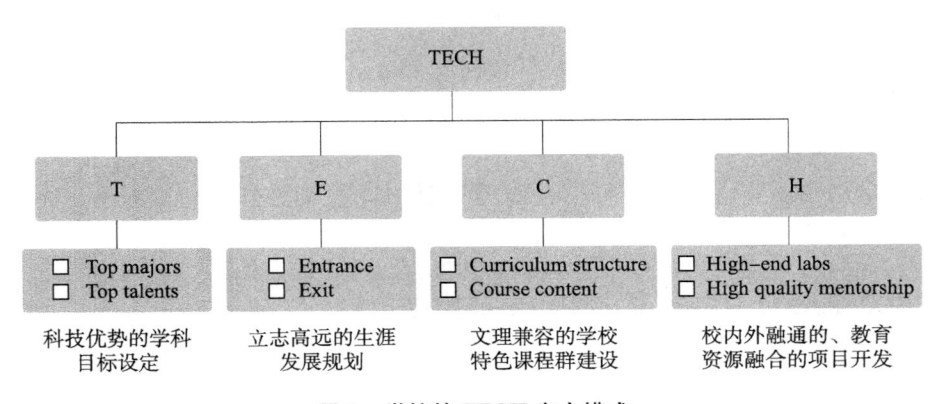

图1 学校的 TECH 育人模式

（三）学校重构新的课程模型

八一学校在原有高中课程4.0版本的基础上，建立了高中金字塔课程模型（5.0版本），如图2所示，通过一纵三类四层的课程结构设计，明确学科属性、培养重点与课程定位。

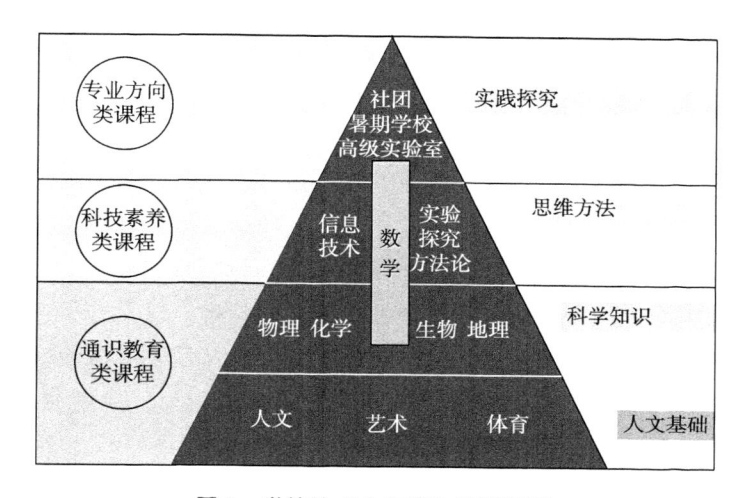

图2 学校的"金字塔"课程模型

1. 基础类课程：做厚人文基础

课程模型第一层指向"人文基础"，属于通识教育类课程，以丰厚学生的文学素养和人文底蕴、提高学生的审美情趣和国际理解、发展学生的身心气质为目标，涵盖人文（语文、英语、历史和政治）、艺术和体育三类学科。

该层课程在建设上将充分发挥语言、人文、艺术、体育和国际理解课程群在科技人才培养上的支撑作用，通过开放、多样、有序的基础性与选择性相结合的学科课程与课程组合，使学生在学习中养成新时代所需要的价值观、思想品质、精神面貌和行为方式，在学科素养的发展与提升方面实现知识、技能、品质、元认知等多方面与多层次的综合、平衡发展。

2. 通识类课程：做深科学素养

课程模型第二层指向"科学素养"，属于通识类课程，以使学生扎实掌握终身发展必备的科学知识、了解科学技术发展的重要成果和建构经典科学思维为目标，涵盖数学、物理、化学、生物和地理五大学科。

该层课程群在建设上将强调数学作为表达和交流的功能，注重数学文化的渗透，帮助学生掌握现代生活和进一步学习所需求的数学知识，学会用数学语言表达世界。物理、化学、生物和地理等课程则注重与生产生活、现代社会及科技发展的联系，精选学科内容，增强学生对于知识的系统建构与应用能力，使学生能在完成有挑战性的科学探究任务中奠定扎实基础。

3. 方法论课程：做优思维方法

课程模型第三层指向"思维方法"，属于方法论课程群，以发展与提升学生的研究思维品质，使学生能够掌握并灵活运用科学的研究方法为目标，包括数学、信息技术与实验方法论三类课程。

该层课程群在建设上将充分发挥数学学科在形成人的理性思维、科学精神和促进个人智力发展的过程中不可替代的作用，引导学生用数学眼光观察世界，用数学思维思考世界和解决问题。数学课程整体设计强调高起点、快进度与深程度；紧跟国家大力推广人工智能和加强编程教育的趋势，以具有层次性、多样性和选择性的信息技术课程群重点发展学生的计算思维，使学生体验信息技术行业真实的工作模式和思考方式；注重科技与人文的有机融合，构建融入科技/学术英语、科学、通用技术等学科内容的组合型方法论课程。

4. 专长类课程：做强项目式学习

课程模型第四层指向"项目式学习"，属于专长发展类课程，为具有科技特长和发展潜质的学生提供方向明确的个性化深造通道，包括数学课程群、高级实验室课程群、社团课程群与暑期学校课程群。

该层课程群在建设上进一步强调数学学科的独特育人优势，突出数学的"工具"作用，不断提高学生综合运用数学建模等应用数学的形式解决实际问题的能力。我校教师自主研发，与高校、高新技术企业和科研院所等机构共同开发与设计具有明确专业方向的高级实验室课程。作为体现八一学校科技特色定位的标志性课程，本课程主要面向具有更高学习要求和浓厚科研兴趣的学生。课程将加强数学与科学、技术等学科间的相互融合。

（四）学院制课程供给

人文学院、艺术学院和体育学院，提供并传授培养学生人文底蕴的基础类必修课，面向全体高中学生。组建数理学院，提供夯实知识基础的通识教育类课程和强化思维训练的方法论类课程，面向全体学生。八大实验室，面向具有更高学习要求和浓厚科研兴趣的学生提供凸显具有科技创新特色的课程群，这是提升学生科技素养的专长类课程。其中数理学院进行"实验方法论"课程建设与实施，八个实验室进行项目式学习课程建设与实施，学生发展指导中心进行八个"专业实践体验基地"项目式学习课程建设与实施。

（五）调整特色课程设置方式。

1. 特色课程设置，优化提升科技特长潜能的生源质量

通过开办特色课程，优化提升科技特长生的生源质量。例如，开办科技特长实验班，招收具有科技特长的优秀学生；通过举办特色活动营，在小初阶段培养具有科技兴趣的苗子；通过创办暑期学校，吸收选择科技方向发展的大众学生。

2. 特色课程设置，铺筑科技教育的长效发展绿色通道

在初中设置科学、创新和工程直升班，创设初中—高中一体直通课程。探索建立进入国际一流科技高中的修学机制，创设高中—大学的直通课程。将科技素养通识教育制度化，融入学生培养的全过程。贯通初高的科技素养通识课程设置；开设十二年一贯制的科技特色课程与项目式学习课程，激发学生的科技兴趣，培养学生的科技特长。以"十二人才品质基因"为核心的一贯制德育课程设置；以"科技后备人才通道"为路径的先修和直通课程体系。

3. 特色课程设置，建立科技见长的个性化发展路径

（1）学校八大实验室课程设置

包括"材料工程""计算机工程""环境工程""机械工程""通信工程""电子工程""生物医学工程""航空航天工程"八大特色课程群。针对每一个特色课程群制定详细的课程修习说明及相关课程介绍，包括进入实验室之前推荐修习的课程模块，使学生对每一实验室对应的专业发展通路具备整体规划的意识，进而能够更好地制订自己的学习计划。

（2）凸显科技创新的高中学科课程设置

加强数、理、化、生、地五大学科建设，构建学科发展图谱。对数、理、化、生、地学科的国家课程教材内容进行学科内、学科间、跨学科主题整合，将课程标准和教学目标具体化、项目化、梯度化，并根据学生的学习反馈灵活调整调适教学方法、手段以及评价方式。

建立各学科课程群，并按照学习次序，绘制各学科的课程修习图谱。通过图谱，展现出学科知识内容的阶梯性和阶段性，使学生能够清晰地知晓自己已经掌握了哪些内容，处于哪一个学习阶段，未来还需要修习哪些内容。通过数、理、化、生、地组教师联合开发具有工科特色的校本课程，形成跨学科或学科融合的课程，并整合到学科课程体系中，指导学生针对个性化发展需求进行选择修习。学校还设置了大学先修课程、高水准科技社团课程、小初高衔接课程、提高类艺体类课程、人工智能类课程等。

（六）特色课程实施模式，探索智能学习方式

八大实验室课程强调"做中学"和"学以致用"的核心理念，开展基于探究性实验的国家课程校本化实施模式，打造以创新实践能力培养为特色、以探究性学习任务为载体、以科技素养提升为目标的创新课堂；教师组成团队，从实验室的科技特色定位和学生实际需求出发，开发全新的辅助性的课程和课程单元，建立联合备课、展示、评课机制，发挥实验室课程群的先行、示范、带动作用，在具体实施过程中适时引进国内外课程改革元素，进行国家课程的校本研制。通过科学规划，期望形成实验室课程的课程说明，明确必修课程和（推荐）选修课程，便于学生主动做好学习规划；能够建立不同主题实验室的项目式学习课程，以及研究课题为主要课程内容的总体规划，并建立课题和项目数据库以便形成项目资源包。

除此之外，我校逐步探索利用智能技术和装备等实现智能教学，深化深度学习课堂模式。尝试使用智慧课堂、翻转课堂、慕课等"互联网+教育"的新形式，实现学生学习资源的精准推送，促进学生自主学习、深度学习，让基于互联网的学习活动真正撬动课堂变革。借助先进技术，探究和改进包含最佳教学内容和教学顺序的教学模型。通过实验室特色课程和项目式课程的学习，引导学生对自己感兴趣的点进行深入研究，并鼓励他们将课程的研习成果进行公开展示，有助于凸显学生个性化发展的综合素质评价亮点，为学生未来的科研经历和综合素养打下坚实的基础，凸显个性化特长。

三、成效分析

1. 形成了项目式学习课程群建设的策略

我校选择了语文、物理、化学、生物四个学科的教师尝试把"项目式学习"作为常规教学之外的一种教与学方式变革的研究。教师需要花时间在传统的教学实践中调整模式，不过比起使用"现成"的课程材料，能发挥创造力的设计项目是很有趣的。大多数教师喜欢与同事协作一起规划和实施项目，并且汲取来自其他资源及各行各业的知识，同时与学生紧密合作，应对现实世界的挑战或是深

入探索一个有意义的问题。包括设计&规划、符合标准、建立文化、管理项目、支持学生学习、评估学生学习、辅导学生学习。

2. 形成了项目式学习课程成果

在项目式课程开发实践的过程中，我校课程团队形成了一条有效的开发策略：首先，每门课程需要明确一个有挑战性的问题，使学生既认为是真实世界存在且需要面对的现实，也是自己经过努力可以达到的，他们有兴趣可以坚持持续性探究，这是课程得以开发并最终获得较好实施效果的前提；其次，在项目式课程实施过程中，需要给予学生决策权，"权衡"是时刻存在的；再次，教师与学生都要适时进行反思，并且评价的维度需要随着课程实施的过程进行及时调整；最后，学生需要对项目课程的成果"产品"进行展示，通过"答辩"等形式，达到学生思维进阶。在过去的几个教学实施周期中，教师团队自主研发的课程"航天器中基于传感器的物理学经典规律探究""神奇的日用化学品——我为宇航员助力""中药保健口罩——我为宇航员助力""星球移民——神奇的生命活动（再造生态系统）""批判性阅读与写作"受到学生好评，目前在进行新一轮的课程迭代。

3. 建立了项目式学习的核心

在设计项目式学习时，我校尽量确保其涵盖相关学科内的关键知识和关键能力，并确保主题范围内关键知识的传递与理解的途径、方式符合现代科学规律，项目式学习从主题设定后的驱动性问题的提出与优化、子项目与子问题的拆解、知识与能力的划分、学习支架的提供、过程性评价到项目管理等多个环节要在实践中进行规划、细化，形成相应的策略。第一，要明确一个结构不良的实际问题是一个怎样的问题。这个实际问题一般都融合多学科、多技术、综合思维，但解决问题的条件通常不够充分，结构层次不清晰，学科边界不明确。第二，要对实际问题做具体分析，结合问题解决过程，分析知识的逻辑顺序、了解学生的认知发展过程，由此逐渐演变成基于情境的学科问题。第三，通过结构良好的学科问题，运用学科模型推导解决过程，并得出结论，再将结果迁移回情境中做类推，并通过评价做调整和优化，最后从学科问题情境回到初始的结构不良的实际问题上来。

4. 建立了学校开发项目式学习课程的流程

在学生进行项目式学习的过程中，教师团队总结提炼了行之有效的开发策略：选题兼具特色和真实性（学校特色＋学科特色＋模拟实际问题）；基于课程标准要有明确的课程目标；需要对目标（产品）做逆向分析；形成项目式学习的课程环节；精细化每个环节中的知识、技能；将其分解为已有知识/能力和新知/新能力；对于新知/新能力，明确可自主学习、需要提供素材、需要提供学习工具/支架的不同类别，做不同的准备工作；进行项目式学习的课程实施设计（任务、问题、产品、评价、教师角色等）；课程实践、修订；过程性数据收集和成果展示。

项目式学习对于课程开发者自己的知识、能力、反思、多种思维能力的要求比较高，学校大部分教师都是师范专业，学科素养较高，但综合素养不一定能够适应项目式学习，所以人力资源是较大掣肘。另外，设计项目式学习的时候，已经把项目实施过程全盘考量了，包括任务拆解、知识拆解、能力分级、教学环节、教学中的挑战性问题、任务呈现形式、如何促使学生深度卷入学习过程等，这就需要教师对于教的科学和学习科学有专业认知。大量的培训学习以及课程开发组成员随时随地的分享是项目式学习建设中最值得注意的。

四、反思和建议

到目前为止，八一学校在高中课程建设、教师发展与学生发展方面都取得了阶段性进展，德智体美劳五育并举的学生培养体系进一步完善。为使立德树人根本任务落实机制进一步健全，我校学生全面而有个性发展的育人方式进一步优化，还需在以下几个方面进行探索。

一是紧密结合我校科技课程实际制订新课程实施规划，完善学校科技课程管理制度，积极开发科技课程和优化选修课程，完善科技课程学分认定管理办法。二是建立健全与优化我校科技课程教学组织管理、学生发展指导、学生综合素质评价和校本教研等制度，深化教学改革，进行科技特色拓展与深化，创新德智体美劳五育实施有效途径。三是紧抓我校科技特色校本教研，结合实际开展新课程、新教材实施重点、难点问题研究，努力创新，探索并形成可借鉴、可推广的科技特色新课程，总结校本教材的经验做法，形成典型案例。四是强化我校科技特色课程的自主课程建设能力，进一步拓展在人文、数理、艺体、语言等方面的整体建设与实施，创办鲜明的"科技高中"。五是积极探索帮扶机制，将我校优秀科技特色课程资源及优秀师资与集团校、薄弱校进行有效对接，共研共建，并发挥好示范引领作用。

多样化发展理念下的普通高中艺体特色实践研究

北京市顺义区第九中学　王长存　童晓君

一、基本情况

北京市顺义区第九中学（以下简称"顺义九中"），前身是具有百年校史的地方名校——顺义师范学校。顺义师范学校始建于1905年，1999年转制举办高中教育，更名为北京市顺义区第六中学，2003年迁入现址并更名为北京市顺义区第九中学。学校传承了师范学校光荣的办学传统，积淀了丰厚的文化底蕴，高水平的教育质量赢得了良好的社会声誉。

学校以培养"文明健康、积极向上、自信自豪"的九中人为育人目标，在追求学生全面发展的基础上，致力于培养学生艺术、体育特长，艺体特色教育已初步成为学校的办学亮点和学校特色，考入艺术、体育类院校深造的学生数量和录取院校层次不断提升，大批学生走入清华大学美术学院、中央戏剧学院、上海戏剧学院、中国传媒大学、中央民族大学、中国音乐学院、北京师范大学等全国知名学府深造，学校本科升学率达到90%以上，为顺义区教育事业发展做出了突出贡献。

学校以先进的办学理念、良好的育人环境，为莘莘学子搭建起了打造亮丽人生的广阔舞台，多年来形成了"自强不息、崇尚完美、追求极致"的学校精神，目前正朝着"学生成长、教师成功，学生快乐、教师幸福"的办学目标不断前进。

二、问题和举措

（一）当前教育形势

《国家中长期教育改革和发展规划纲要（2010—2020年)》《北京市中长期教育改革和发展规划纲要（2010—2020年)》提出，要推动普通高中多样化发展，鼓励普通高中办出特色。进入21世纪以来，普通高中教育取得长足发展，办学条件明显改善，教育质量稳步提升。但当前普通高中办学模式趋同，学校缺乏活力等问题依然存在。所以，国家大力推进普通高中优质特色多样化发展显得尤为重要。

北京市是全国政治文化中心，顺义作为北京市重点建设的新城，形成了以电子通信、汽车制造、食品饮料、现代物流、航空运输、会展经济、文化创意多点支撑的产业格局，这意味着顺义区对多样化人才有着极大的需求。作为国家教育改革实验区，顺义区正积极探索学生艺体教育 12 年一贯制培养模式，以满足区域艺体潜能学生的发展需求，努力培养有文化、有品位、身心健康的人，带动城市的发展、社会的进步。

（二）学校面临的问题

作为顺义区的一所普通高中，一直以来，我校学生入学成绩在全区中考中垫底，在全区 6 所高中学校中排在末尾。靠拼文化课，我们的学生高中毕业都很困难，考大学更是奢望。

生源不理想导致高考成绩不理想，高考成绩不理想，又导致生源质量不理想，如何走出这一怪圈？有人说，我校必须通过几年的努力提高高考成绩，改变顺义九中生源现状才是出路。如果按照这个思路办学，那顺义区成绩差的孩子由谁来教？他们的培养任务又由谁来完成？作为教育者，我们的使命是什么？我们的情怀又在哪里？而真正的教育不仅是要"择天下英才而教"，更应该是"有教无类"。在当前多样化办学的高中教育发展需求面前，基于学生基础和学生的发展要求，选择适合学生的办学途径，体现教育的"有教无类"，是我校急需解决的问题。

（三）问题解决与举措

美国杰出教师雷夫说："我认为每个学生每天都要花几个小时参与艺术活动，有的孩子很可能在数学上不是很擅长，但是在艺术方面，每一个学生都有自己闪光的地方。如果所有的学生都参加艺术活动的话，这个世界会变得更美好。"[1]

艺体特色的意义是以更广阔的视野、更豁达的胸襟、更和谐的文化去发现并涵养有差异的学生。在调研过程中，我们发现学生在艺术、体育方面有着不同层次的

---

[1] 雷夫·艾斯奎斯. 第 56 号教室的奇迹：让孩子变成爱学习的天使 [M]. 卞娜娜, 译. 北京：中国城市出版社, 2009.

发展潜质。而艺体教育是当今素质教育的重要组成部分，是发展学生个性，提高学生素养和品位的重要途径。而且面对我校文化课基础薄弱的学生现状，仅靠文化课学习很难考入大学。所以，学校以艺体专业的提升补足文化课基础的薄弱，让学生"文化课学习"和"艺体专业特长"两条腿走路，引导、培养更多的学生通过艺术、体育特长圆梦大学，继续深造学习。

所以，我们要发展艺体特色教育，以此拓宽学生的发展空间，调动学生发展的主动性，促进学生个性发展，实现学校的多样化发展。

1. 艺体特色办学从转变理念开始

苏霍姆林斯基曾说过，领导学校，首先是教育思想上的领导，其次才是行政上的领导。办学思想是学校发展的"魂"，面对新时期学校的艺体特色发展，学校进一步梳理完善了办学理念体系，对办学理念、育人目标、办学目标、三风一训和学校精神以及学校logo，进行了重新表述和内涵解读。

办学理念：以人为本、以美育德、以美益智、多元发展

育人目标：文明健康、积极向上、自信自豪

办学目标：学生成长、教师成功、学生快乐、教师幸福

教　　风：尊重、欣赏、博学、善教

学　　风：自强、笃志、自主、乐学

校　　风：民主、和谐、活力、创新

校　　训：自尊、自强、自信、自豪

学校精神：自强不息、崇尚完美、追求极致

学校logo：

从蝴蝶图案的轮廓结构上看好似"美"字。意在表达"以美育德、以美益智"的办学理念和九中人"崇真、向善、求美"的自觉追求。意在希望九中学子把三年的高中学习生活看作自己"化蛹为蝶"的过程。用"自强不息、崇尚完美、追求极致"的九中精神鼓舞激励自己，完成"化蛹为蝶"的美丽蜕变，自信自豪地追求成功，做最好的自己。

2. 艺体特色办学以构建课程体系为核心

艺体特色办学的核心是课程。我们的特色课程建设本着"高质量、多样化、可选择"的思想，按照不同学段（高一、高二、高三），不同群体（全体学生、艺体兴趣生、艺体特长生），建立起落实国家艺体课程计划基础上的符合我校学生实际的校本艺体课程体系（见图1）。

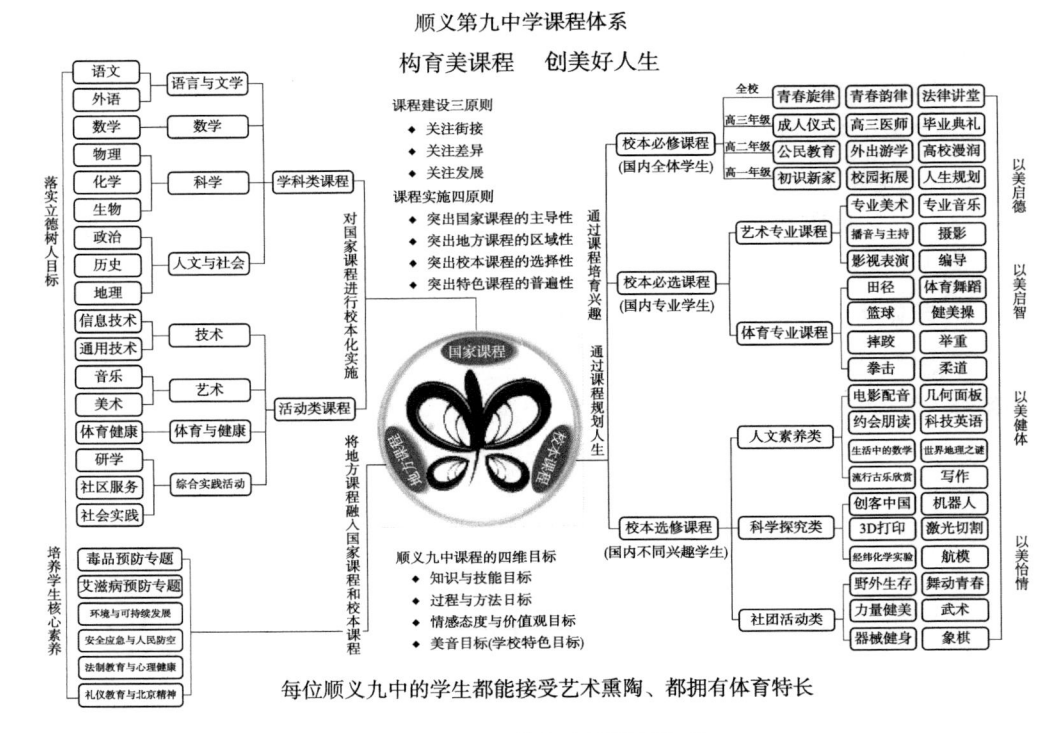

图 1　顺义区第九中学课程体系

3. 艺体特色办学以构建四大机制为保障

（1）办学条件与环境改善提升机制

为了满足艺体特色办学的硬件需求，学校启动了办学条件与环境改善提升工程，经过近三年的时间，校园面貌焕然一新，教师在教育教学设备一流，环境温馨优雅的校园工作、学习、生活。无论是楼面装饰，还是内部设置，各项教育教学设备设施、生活设施，我们都是按一流的标准加以实施，学习环境、办公环境、食堂环境、住宿环境，都发生了明显的变化。新建的蝶砚书画院，具有强大的硬件设备，有专业美术院校标准的三间动漫工作室、四间美术专业教室、一间书法专业教室；成立了唐卡、版画、国画、油画、水彩粉画专业教师工作室；设立了专业的美术展厅，定期举办区级、校级的师生书画展览；建造了高水准的篮球馆。设有专业的舞蹈室、音乐室、电视台演播室、录课室等功能教室。这些设备为学生艺体特长的培养提供了优越条件和充足保障。

（2）学校管理架构改革机制

学校实施管理架构改革，以改革管理架构，成立"一室八中心"（即办公室、学生生活指导中心、课程与教学管理研发中心、教师发展中心、后勤服务保障中心、信息网络中心、科学与创新实验中心、计划财务中心、宣传中心），完成转变管理职能、淡化管理、体现服务研究的建设目标。八中心的成立，转变了过去学校管理重在行政，形成了中心重在指导的职能，适应了教育形势发展变化对学校的新要求，中心工作开展得有声有色，职能不断完善。目前，根据学校特色发展现状，学校正在筹备增设传媒中心、艺术中心。

（3）艺体特长生培养机制

学校艺体特长生的培养采取"年级阶段式培训机制"。即高一阶段，广泛涉猎，激发兴趣。在高一学生中开齐开足美术、音乐课程，组织高一学生全员参加校本选修课程，支持学生参加各种学生社团。开设艺术类校本选修课程，成立美术、播音、主持、音乐、舞蹈、剧社等专业学生社团，激发培养学生艺术特长学习兴趣；开设体育类校本选修课程，成立田径队、篮球队、足球队、橄榄球队、轮滑队等专业队伍，激发培养学生体育特长学习兴趣。确定每周二、周四固定时间进行选修课程学习、开展社团活动，举办体育节、艺术节、新年联欢会演等为学生提供展示舞台。

高二阶段，专业分班，明确方向。学生升入高二时，根据学生选学情况，设置体育班、美术班、传媒班等艺体特长专业班。对专业班的管理采取双导师制，文化课和专业课分开由专人负责管理，为他们量身制订教学计划、教学目标和教学要求的个性化学习方案，给予学生更加专业的指导，不断形成专业班管理的经验和做法。

（4）艺体师资保障机制

为了确保艺体特色全面开展，学校建立多元化艺体师资结构，既有学校专业艺术、体育教师，还有外聘的艺术、体育高校专家，社区艺术精英。针对本校的艺体教师进行多途径培养，提高专业素养，培养了一批敬业爱生、师德高尚、善于学习、一专多能的优秀艺体教师。

三、成效分析

经过多年的实践和努力，我校艺体特色教育多面开花，已经形成激发学生勤奋努力、追求向上，助力学生实现成长的良好态势，取得喜人成效。实践证明：艺体特长培养是点燃学生的火种，是唤醒学生的媒介，同时是培养学生的载体，成就学生的路径。学生借艺体之功，启动内驱、确立目标、努力拼搏，成就大学梦想。学生在丰富多彩的学校活动中，绽放风采，满怀信心，光彩夺目，找回了自尊、自信。帮学生圆梦大学令我们骄傲，感受到学生每一步生命成长，让我们更加欣慰和幸福。

（一）学校办学的社会影响力不断扩大

社会、家长对学校特色建设认可度较高。学校不比生源，比教育加工力，被评为京城最具加工能力的领军中学、北京市金帆书画院、北京市体育传统校、北京市艺术特色学校、全国青少年校园篮球特色学校等。2018 年起在区内享有艺术特长生的招生权。

（二）学生圆梦高考，开启更加美好的人生

学校高考升学人数不断增加，高考升学率逐年提升。目前，本科升学率达到 91.71%。回顾学校近五年来的高考情况，本科录取率整体上升（见表1），尤其 2020 年本科上线率和本科录取率均超过了 90%，达到历史最好水平。艺体生本科录取占比一直稳定在 80% 上下，这是我校坚持艺体特色发展的最好诠释。更可喜的是，近几年，学生升入高校的层次不断提升，多人考入清华大学美术学院、中央戏剧学院、中国传媒大学、中央民族大学、中国音乐学院、北京师范大学、北京工业大学、北京科技大学、北京体育大学、首都师范大学、天津工业大学、四川大学、山东大学、兰州大学等大学。这充分说明学校艺体特色教育给学生带来了巨大的进步，实现了大学梦想。

表1 顺义九中五年高考录取率

学生届别	本科上线率	本科录取率	艺体生本科录取占比
2016	88.49%	67.52%	79.17%
2017	88.80%	83.70%	84.08%
2018	79.17%	74.13%	89.04%
2019	80.40%	74.69%	96.72%
2020	94.63%	91.71%	88.83%

（三）学生展现专业水平，展示才华风采

学校艺体特色教育成效除了体现在高考升学成绩上，更体现在学生平时活跃

在市、区各类体育、文艺、科技等竞赛活动中。参加橄榄球全国青少年锦标赛、北京市青少年锦标赛、北京市全运会多次获得亚军；参加京津冀校园足球赛获季军，参加北京市校园足球精英赛与全运会强队比拼获第六名、第四名；参加两届全民健身"北京纪录"挑战赛蝉联总冠军；参加京津冀定向越野赛获团体冠军；参加北京市中学生街舞比赛获冠军；参加北京市学生艺术节获个人项目一等奖；啦啦队作为唯一受邀在五棵松体育馆举行的北京市中小学生篮球冠军赛决赛中进行现场表演；参加全国青年科普创新大赛北京赛区中学组细菌画比赛，在来自北京、天津、内蒙古的700余支队伍中，我校四支队伍位列前五名，其中一支队伍夺得该项该组唯一一等奖，代表北京赛区参加全国总决赛。区内竞赛更是获奖连连。

（四）艺体教育正行、正心、正德，学生获得内在成长

我们欣喜地看到，更多的毕业生怀着对老师、对母校的感恩之心，尽自己所能回馈学校，节假日里，很多美术、体育优秀毕业生回校做助教，带着师弟师妹们进行训练。更加令我们欣慰的是成绩背后学生内在心灵的成长成熟。艺体专业的学习，让学生有了发展的目标，激发了学生学习的内驱力。走进书画院美术教室，您会被学生的专注感动，每次至少3小时的课程，很少有人走动，学生有耐心了，肯吃苦了，有追求了，迁移到文化课上，表现出文化课学习的勤奋努力。对于大部分顺义九中的孩子来说，这是他们十几年的学习生活中从未有过的专注与勤奋。为一件事专注与拼搏，也就渐渐成就了人生中的专注与拼搏。这也是我校艺体教育的初衷，为学生终身发展奠定基石。

艺体特色教育具有强烈的育人功能，对学生起到了"正行、正心、正德"的作用。学生在艺体特长学习训练中，不仅学到了专业技术、技能特长，同时习得了艺术涵养、体育精神；严格艰苦的学习训练，使学生的行为得到规束，心性得到磨炼，思想不断感悟、品德不断提升，内驱力得到启动，潜力得到发掘，优势得到发展，进而成为举止文明，身心健康，人格健全，审美高雅，气质卓越，自觉、认真、勤奋，努力拼搏的人，这是我们教育的更大成功。

四、反思和建议

九中人的艺体特色发展办学的成功绝非偶然，不问生源底色，多想出路和方法，从末路中找出路，变不可能为可能，圆更多家庭的大学梦，让更多的孩子成长、成才，是九中人不变的追求，也是我们作为普通高中的教育使命。

实践中，我们深刻地认识到，通过三年的学习帮助学生升入大学固然重要，但更重要的是通过三年的高中教育帮助学生真正地成长。对于我校学生而言，要成长，先要培养自尊自强、自信自豪的情感，然后在学校的培养锻炼甚至磨炼下，成为有积极的人生态度、向上的志趣追求、言行文明、身心健康的社会人。所以，我校确定的校训是："自尊自强、自信自豪"，育人目标是：把学生培养成为"文明健康、积极向上、自信自豪"的九中人，以此焕发学生内心、激发学生潜力。

顺义九中每一届的学生都在经历这样一个化蛹为蝶的过程，摆脱渺小、自卑、胆怯、退缩甚至无望，蜕变成一个满怀自信、拥抱梦想、成长成熟的自己，用每一步的成长诠释"自强不息、崇尚完美、追求极致"的九中精神。

变亦有道：人文特色课程的育人之路

北京市房山区房山中学　　杜林峰

北京市房山区房山中学（以下简称"房山中学"）是房山区建校历史最悠久的一所中学，其前身是始建于清朝雍正年间的云峰书院，1905 年改书院为小学，1944 年开设初中课程，1958 年设立高中，20 世纪 80 年代初被确定为区属重点中学，2005 年改制为纯高中学校，现为房山区优质高中学校。学校现有教学班 28 个，在校生 900 多人；教职工 149 人，其中高级教师 54 人，市、区级骨干教师 30 人。

房山中学在七十六年的发展过程中秉承"以人为本，重在发展"的办学理念，弘扬"共同成长、共同成就、共同分享"的人际理念，形成了尊重人、鼓舞人、相信人、成就人的集体文化品格。努力建设以"和美"为核心的学校文化。依据"和美文化"的内涵，明确了"勤思于学、正和于心、雅美于行"的育人目标，确定了以人文教育见长的优质高中学校的发展目标。近年来，学校获得"全国精神文明建设先进单位""全国现代教育技术实验校""首都文明单位标兵""北京市德育先进校""北京市绿色学校""房山区人民满意标兵学校"，赢得了社会的肯定和赞誉。

一、人文特色发展的学校文化基础

房山中学自建校伊始就以其浓郁的人文环境和学术氛围为优势，《房山教育志》记载，房山中学，从 1944 年迄今，一直以开设政治课等人文课程为强势之优，并根据各历史时期的课程要求，在内容安排上也与时俱进。

1995 年，学校提出了"全面贯彻党的教育方针，面向全体学生，全面提高教育质量，使学生学会做人，学会做事，学会求知，学会生活，学会健体"的"三全、五会"的办学宗旨，为学校的课程改革指明了方向。这一办学方针在我校后续的课程改革中得到更加深刻的理解和落实。2002 年，学校提出"以人为本，重在发展"的办学理念，倡导"民主规范"的管理文化，"和衷共济"的干部文化、"和而不同"的教师文化、"和谐发展"的学生文化、"整合科学"的环境文化，共同构成了学校"和谐人文"的氛围与"人文完美"的精神追求。21

世纪以来,"共同成长、共同成就、共同分享"的人文价值理念,把师生的思想和行动引向合作和共赢,和谐完美的人文内涵更加丰富,"和美"文化特质更加凸显,"勤思于学、正和于心、雅美于行"的育人目标和办人文教育见长的优质高中学校的办学目标逐步确立。

二、应对变化:坚持"人文见长"的特色办学

《国家中长期教育改革和发展规划纲要(2010—2021年)》指出,要推动普通高中多样化发展。促进办学体制多样化,扩大优质资源。推进培养模式多样化,满足不同潜质学生的发展需要。探索发现和培养创新人才的途径。鼓励普通高中办出特色,为高中教育的发展指明了方向。这就要求普通高中学校不仅要全面提高学生的综合素质,还要满足学生个性化、多样化的发展需求,满足学生自主发展的需要,为学生提供更加优质、可选择的教育。

《中国高考评价体系》提出了"一核四层四翼"的高考评价体系,回答了"为什么考""考什么""怎么考"的问题。明确了"四层"考查内容和"四翼"考查要求,是通过情境与情境活动两类载体来实现的,即通过选取适宜的素材,再现学科理论产生的场景或是呈现现实中的问题情境,让学生在真实的背景下发挥核心价值的引领作用,运用必备知识和关键能力去解决实际问题,从而使"立德树人"真正在高考评价实践中落地。这些就让提升学生的阅读能力、思辨能力、综合能力、核心价值、传统文化等越来越成为日常教学的重中之重,凸显人文教育的重要性。

2017年北京进入新课程改革,新课程标准、新课程方案、新高考方案、新教材等相继落地。选科走班、等级赋分、学科核心素养等新的名词成为社会关注的焦点,"促进学生全面而有个性的发展"成为广大教师的共识。随着课程改革的深化,学校立足人文教育见长的文化基础,在选修课和校本课程的开发上突出学生人文素养的培养和人文课程的开发,形成了一批校本选修课程和活动类课程。面对新课改、新高考,为克服多年来学校之间"同质化"现象严重的问题,学校立足实际和文化基础,明确了"错位发展"的发展思路,积极探索,力争做到人无我有,人有我强;坚定了办好人文特长班,以特色项目带动学校特色发展,办成特色学校的发展路径。

三、实践创新：提升"人文特色课程"品质

（一）以人文特色课程推进学校人文教育

要实现学校的特色发展，关键在于课程建设。通过完善学校课程体系，校本化落实国家课程和突出特色课程来推动学校人文特色的发展。

我校课程主要分为三类：共同发展类课程、个性发展类课程和特色成长类课程。

共同发展类课程主要是国家课程中的必修、选择性必修课程和国家课程中的综合实践活动课，这部分课程是面向全员全面发展，为学生高中后续课程的学习打下坚实的基础，主要在高一开设，是高中三年学习的重要基础。

个性发展类课程主要是国家课程中的选择性必修课程和学科拓展类选修课，这部分课程满足学生全面发展基础上的个性需求，是共同发展类课程的后续学习课程，主要在高二、高三开设。

特色成长类课程主要是体现学校人文教育见长的办学特色的校本课程，作为国家课程的拓展和有益补充，包括云峰课程群（人文课程群）和宏志课程群，主要在高一、高二开设（见图1、图2）。

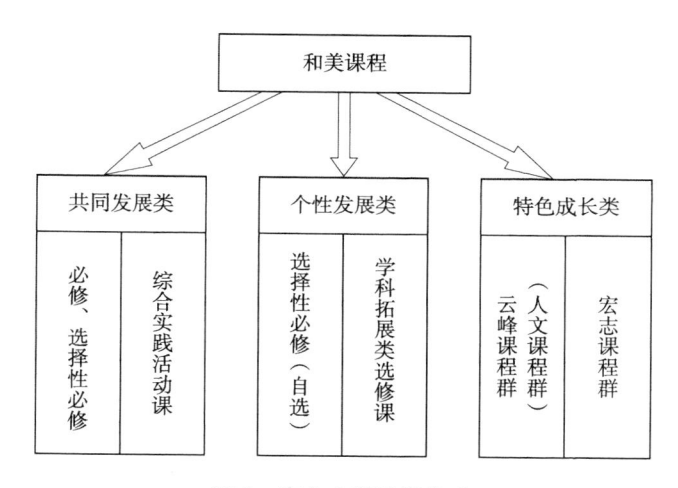

图1 房山中学课程体系

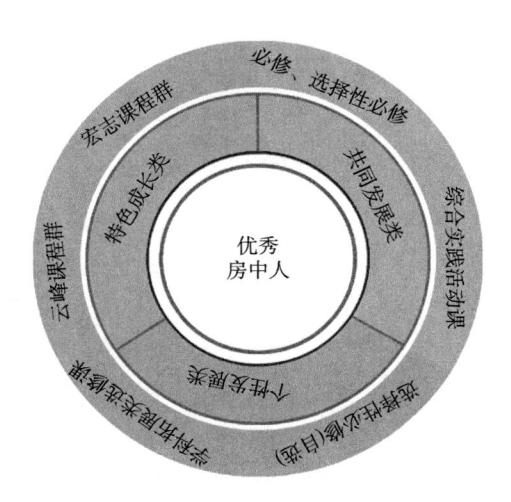

图 2　房山中学课程图谱

学校深化课程资源的优化整合，校本化地落实国家课程，加大自主选修课程、研究性学习课程和综合实践课程的建设力度，创造条件增加课程的多样性和选择性。一是围绕人文知识传授，加强全面共同发展的基础类课程中的人文知识挖掘。二是开发培养人文素质的校本课程，开办人文特长班，开设 30 多门选修课，突出人文类、艺术类课程影响力。三是围绕人文精神激发和人文实践打造品牌师生活动，开发"云峰讲堂"、云峰秀、"和美论坛"等云峰课程群。四是围绕人文情怀的培育推动教师专业发展。提升教师文化修养，培养"四有"好教师，做好四个引路人。五是创设人文环境，设立"云峰书苑"自助书屋，与房山图书馆共建，将教学楼与房山图书馆联通，并参与管理，丰富了读书、志愿服务、职业体验等活动的资源，以人文知识传授、人文精神激发、人文情怀培育和人文实践体验为主，逐渐形成办学特色。

（二）学科课程人文素养和核心价值的挖掘和渗透

人文课程的实施重点在于课堂，在于国家课程的有效实施，在于"立德树人"在课堂中的落地。

（1）学科课程建设——落实课程育人

依据学校课程建设三年行动计划，确立了未来三年的研究目标：立足学校学科课程建设的历史发展及现状，建构人文课程群课程体系，研制学科课程实施纲要，重构人文特色管理机制，创新特色高中育人模式。通过"历史梳理、现状调查、模型构建、纲要研制、实施改进"的方式推进行动研究。

为了更好地推进学科课程实施纲要研制，学校制定了《房山中学学科课程实施纲要研制工作计划》，明确了项目负责人及学科课程实施方案研制推进时间表。同时，建立了学科课程纲要基本模型——《房山中学学科课程实施纲要基础项目指导版》。主要包括课程建设背景、课程目标、课程内容、实施策略、评价方式及内容、资源的选择和利用等方面。课程纲要的编写紧紧围绕"立德树人"这一根本任务，突出实现学科素养在教学中的培养。明确把核心价值引领、学科素养的培养、生活实际的结合、社会热点的关注、情境素材的积累和情境问题、情境活动的设计等作为重点内容来设计，这既是高考的导向要求，也是学校人文教育的要求。

（2）做好人文、艺术等相关学科的课程建设

以"学科课程实施纲要"的编写为载体，通过大单元教学设计、学科核心素养在课堂的有效落实、传统文化的渗透、阅读能力的培养、学习和练习中问题情境的丰富和积累、素养专题活动的设计、情境活动课程的开设等方式，实现高考"价值引领、素养导向、能力为重、知识为基"的综合考查方向在课堂上开花结果。

（三）组建人文特长班

人文特长班是人文教育、人文课程实施的"育种基地"。2017年招收第一届人文特长班，开设人文必修课。经过报名、人文素养测试、面试等环节，40名高一新生组成了以"以文修身、厚德笃学"为班训的人文特长班。

积极开展人文活动。包括人文游学、人文社团、人文讲座、人文阅读、演讲比赛、辩论会、诗歌朗诵会等，促进了人文班课程的设计和实施。2018年开始，学校依托《中学生时事报社》，为人文班量身定制了人文课程方案。

人文班的课程作为人文特长班的必修课，普通班级的选修课，力求通过三年的系统规划、精心辅导与科学训练，使房山中学的学生能够树立家国情怀、主动开阔视野，提升人文底蕴和思辨能力，在培养学生人文学科学习能力的同时，培养适合每位学生的人文特长，提升学生自身的人文社科素养，树立正确的价值观。

人文班的课程设置依照教育部制定的核心素养体系，分为测试分级、能力训练、讲座课程和实践活动四个版块。同时，依据不同年级的特点，各版块的教学内容有不同的侧重。高一年级以培养学生的人文社科的思维能力、学习方法论和树立正确的价值观为主，引导学生在学科素养的基础上构建全面的社会认知。培

养学生良好的阅读习惯，学习传统文化知识，认知社会，了解国情。高二年级以培养学生的人文素养为主，着重培养学生的思辨能力、写作能力和表达能力。

首届人文特长班经过三年的人文熏染，学生的综合素养得到了全面提升，学生会、社团、辩论赛、云峰 SHOW、青春诗会、志愿服务等活动到处可以看到人文特长班学生的身影。人文特长班学生的学习成绩也遥遥领先于其他班级，2020年高考结束，他们取得了优异的成绩，学校高考状元出自人文特长班，92%的同学考上了本科院校，三分之一以上的同学考上了一本院校，相信全面发展的他们未来的路会越走越好。

（四）人文课程群（云峰课程群）

在实施人文教育的过程中，学校开设了人文学科拓展课程，人文学科活动课程、阅读课程等选修课程，但随着人文特长班的建立和人文课程实施的深化，原有人文课程的"碎片化""平面化"问题日益凸显，直接影响了学校的特色发展，人文课程的系统化和结构化提上了日程。经过一年的实践和调整，逐步建构形成了房山中学人文课程群。

基础型课程：人文学科（语文、英语、政治、历史、地理、音乐、美术等）。

拓展型课程：云峰讲堂、云峰 SHOW、阅读课程、学生发展指导课程、志愿服务课程、人文社团课程等。

研究型课程：人文实践项目 + 文创实践课题。研究性学习、主题研学课程等。

四、人文教育的成效与展望

经过几年人文课程的建设，特别是人文特长班的成功实践，使学校的人文教育有了长足的发展。学生的人文素养，教师的人文课程开发能力，都有了大幅的提升，学校的人文特色进一步凸显。

（一）学生对人文教育的认识进一步提升，人文素养不断增强

1. 人文特长班的素养测评

为了对人文特长班的学生进行有针对性的培养，我们对他们进行了追踪式的测评，测评主要由"文科素养测评"和"语文素养水平测试"（见表1）两大部分组成。文科素养测评，涵盖经济、政治、文化、历史、地理五个方面；语文素养水平测评，包括词语理解、词语积累、语句理解、语文常识、语段概括五个方面。

表1 人文特长班素养测试对比表

项目	前测	中测
历史	56.67%	59.74%
地理	59.72%	66.05%
政治	47.50%	44.87%
文化	58.61%	58.82%
经济	60.28%	63.29%
词语理解	63.89%	67.76%
词语积累	56.11%	62.37%
语句理解	28.61%	31.58%
语文常识	47.50%	43.82%
语段概括	31.94%	34.08%

从两次数据分析可以得出，学生经过一年的培养，无论是文科素养还是语文素养，都得到了提升。特别是文科素养中的地理和经济素养；语文素养中的词语理解和词语积累方面都得到了明显的进步。

2. 学生对人文学科和人文班的认可度逐步加强

近四年来，我校文科选科人数比例在逐年增加，特别是地理学科表现最为明显；2019级在本学期的选科中，文科选科人数比例大幅度增加，地理学科高达92.3%，是5科选科中选择最多的学科。人文特长班的招生也经历了一个逐步认可的过程，2020年的人文特长班招生出现了井喷式的增长，100多人报名参加面试，最终录取74人，组建了2个人文特长班。人文学科的认可度和人文特长班的成功实践，进一步坚定了我校打造人文特色学校的步伐。

2017级第一届人文特长班在2020年高考中取得了优异的成绩，本科上线率创新高，学校的高考状元出自人文班，有多名同学被中央民族大学、河海大学、首都师范大学等院校艺术类专业录取。

（二）教师的人文课程建设进一步增强

在人文讲堂的开设、人文研学的设计、人文课程的建设、人文活动的策划和组织等人文教育过程中，很多教师积极参与，协作攻关，主动承担课题，一批优秀教师脱颖而出。语文、历史学科成功申报了市级课题，英语教师全员参与了新冠肺炎疫情期间北京市空中课堂的录课工作，语文组在"国家课程校本化实施方案"征集中代表房山区参加评比等。

(三) 人文课程的未来畅想

1. 进一步完善课程体系

树立人文课程整体育人理念，促进每个学生全面而有个性的发展。合理安排高中三年各学科课程，均衡设置必修、选择性必修和选修课程，保障选修课程落实。根据办学基础、特色优势和发展方向，在国家政策方针指导下合理设计学校具体的育人目标，构建结构完整、层次清晰、特色鲜明的人文课程体系，丰富人文课程选择，合理满足学生选课选考和个性化发展需求。

2. 进一步优化课程实施

尊重差异，尊重选择，关注实践，合理、有序、持续地推进人文课程的实施。在规范实施学校课程的基础上，适度采取必修课程分层、选修课程分类、人文艺体课程分项的方式，科学安排综合实践课程，高品质开发与设置人文选修课程，更加凸显房山中学的人文特色品牌课程。

3. 进一步创新课程管理

基于学校课程自主权的发挥，参与市、区"新课程新教材"示范校、特色品牌课程建设样板校、基地校的申请和遴选，在全区人文课程建设中发挥引领作用。加强校本课程实施监管，定期组织课程方案执行、课程标准落实和教材使用情况校内督导检查。严格学分管理，落实学业质量标准。创设新型人文教育环境，改进人文课程实施方式，推动人文育人、以文化人的模式转型。

艺术类特色课程的探索与实践

北京建筑大学附属中学　王建国

一、基本情况

北京建筑大学附属中学（以下简称建大附中）始建于1985年，原名大兴区第五中学，是大兴区首批中学示范校，2016年9月更现名。2018年，北京建筑大学附属中学分两址办学，分别为南校区、北校区，两个校区总占地面积54247.92平方米、建筑面积35755平方米，运动场馆面积22250平方米。图书馆（室）藏书87009册，订阅杂志、报纸130种。普通教室47个、专用教室21个、实验室15个。教职工197人，其中，高级职称66人、中级职称78人。专任教师148人，包括特级教师1人、北京市骨干教师2人、区级学科带头人13人、区级骨干教师14人、区级班主任带头人3人、区级骨干班主任4人；本科及以上学历188人。"三石""三然""三箴""三源"等文化景观成为学校一道亮丽的风景线。

学校坚持"依法办学、规范办学、民主办学、按规律办学"的办学原则，确立"关注每一个学生的幸福成长"的办学理念，以"崇德·尚学·明志·笃行"为校训，以"做文明五中人　做学习的主人"为育人目标，30年来形成了优良的办学传统和鲜明的办学特色。

学校坚持文化育人功能，将精雅文化作为核心价值观。"精"体现在过程中，是指教师精心的设计、精细的安排、精致的过程、精品的效果；"雅"体现在目标及效果上，是指师生淡雅的心态、文雅的言行、优雅的品质、博雅的文化。如今"精雅"已成为师生的行为标准和精神坚守。

我校深化"学校变革"，提升"学校品质"，依据学情提出"初中出精品、高中出特色"的办学方向。学校的办学目标是全面完成学科知识传授、社会知识建构和情感文明培养等教育任务，努力发展成为设施先进、环境优雅、家长满意、师生发展、社会认可的优质学校。

二、问题和举措

（一）学校发展中遇到的一系列问题

1. 生源变化

我校虽是大兴区的一所区直属中学，但高中招生排位靠后，报考我校的学生多来自乡镇。由于2016年大兴区撤销3所农村高中，两所示范高中扩招等原因，在全区中考毕业生约2500人的情况下，我校2016年招生在1500名以后，2017年招生在1700名以后，高考升学压力巨大。

2. 学生和家长的期望

随着大兴人民生活水平的逐年提高，整个社会对教育的关注度也逐年提高，能让自己的孩子得到更好的教育，最终考上一所好的大学成为每位高中生家长的共同愿望。

3. 现有办学方式需要改变

近几年，我校每年都有数十人在高招中报考艺体类院校，学生因在学校得不到专业课的训练而在校外报各种美术班、艺术班，造成虽然专业考试成绩通过但文化课成绩大幅下滑的后果，高考前集中突击文化课备战高考，成绩不理想。

（二）2017年学校办学思路的转变

2017年9月，我校正式更名为北京建筑大学附属中学，学校也提出了"初中出精品，高中创特色"的办学方向。全校师生认为随着生源的变化和高考改革的变化，高中办特色是我校唯一可行的方向。

学校领导班子认真分析学校形式，广泛调查研究，听取教师、家长、学生的意见后达成以下共识：北京要建设成为"政治中心、文化中心、国际交往中心、科技创新中心"需要各种各样的人才，我们的教育要跟上形势，我们的教育不应是单一的、一成不变的。市区两级部门提出的"多样发展"的办学方向给了我们启示，办特色高中是一条可行的道路。

我校最终确立以"明确目标，多样发展，多样成才"为发展方向，明确我校的特色是：以美术班为龙头，美术、文化、传媒、体育、高职多样发展，尽可能为学生提供平台，圆他们的大学梦，真正让学生有获得感、有幸福感。

（三）精心谋划，大胆尝试

2016级学生（2019届高三毕业）为我校尝试特色发展的首批学生，为了完成预期目标，我们做了大量的准备工作，考虑每个细节，并付诸实施。

1. 美术班准备阶段

我校准备在2016级学生（2019届高三毕业）的高二下学期开设美术班，高二上学期为准备阶段主要完成以下工作。

学校制订计划，论证可行性，申请资金。在开全开足基本课程的前提下，学校承担聘请专业教师、学习用品和书籍的全部费用。

完成教师团队思想上的转变。开始，经调查了解，我校部分任课教师仍心存疑虑，如"要上大学，一定要学好文化课知识去血拼高考""学习美术不是正路""学美术以后能干什么？都去当画家吗？""我要教文化科班，美术班没教过，教不了"等声音不绝于耳。学校领导意识到：完成教师团队思想上的转变是首要问题，教师是完成教学改革的主力军，全体教师不能达成思想上的一致，学校工作无法推进，一切设想也将变成空中楼阁。

学校通过全校教师会、高中教师会、班主任会、教研组组长会等形式向教师宣讲学校的多样化发展理念，用数据说明学校学生的现状，使大家真正明确学校改革的可行性和迫切性。最终全校教师达成一致，支持学校决定，并做好学生和家长的宣讲工作。

着手联系北京印刷学院设计学院专业教师，组建教师团队。我校党总支与北京印刷学院设计学院党委开展结对共建活动。决定由北京印刷学院设计学院选派优秀的美术教师到我校辅导学生专业课学习，由我校美术教师辅助教学和管理。学校通过搭建沟通桥梁，加强互动对接，实现资源共享，进一步推动了学校特色发展。

向学生和家长宣讲学校特色办学的理念。先后通过班会、年级会、家长会、邀请设计学院教授做讲座等方式向本年级学生和家长宣讲学校多样化办学的理念，并回答了学生和家长最关心的问题，如"学习美术为什么分数线低？""学美术以后只能当画家吗？""没有基础能学吗？""花钱多不多？""学美术是捷径吗""是否影响文化课学习？""学了美术还能参加高考吗？"学生和家长关心的问题得到了解答，表示支持学校的做法并会结合学生自身的情况和爱好，认真为自己的前途考虑，抓住这个机会。

学生报名参加美术班。第一学年末，学校召开家长会，学生经认真考虑自愿选择是否参加美术班，并与家长协商、现场确认意向。

开展分班、配备教师、编排课表、准备教室、购买美术用具等工作，选择学习美术的学生人数约为年级总数的36%，分为3个班（1文科2理科），每班配备一名专业美术教师。

2. 美术班学习阶段

2018年3月开始上课。在保证文化课课时不缩减的前提下，保证每周10课时集中在每周三天内完成，上课时间是下午3：30至6：00。

美术课由3位外聘高校专业美术教师指导，本校1位美术教师辅助完成，班主任负责纪律、统计考勤、学生心理疏导等工作。

高三上学期为冲刺阶段。9月上课时间由每周三天改为四天，上课时间是下午3：30至6：00；10月上课时间由下午3：30至6：00，调整为下午3：30至9：20；11月后两周的周五全天进行联考模拟。

3. 美术、文化、传媒、体育、高职自主招生多样发展

2018年9月末，在美术班、文化课班平稳发展的基础上，我们又开设了传媒班和体育训练队。

传媒班专业课由外聘专业教师负责教学，分为台前、幕后两个班，为有表演天赋和有需求的学生提供平台，每周约6课时的专业培训集中在两天完成，培训至12月结束。体育训练队由本校两位体育教师负责指导，每天保证两个小时的训练时间，直至2019年3月结束。

高职自主招生为美术联考未通过本科线、没有明显表演和体育特长、文化课知识基础较差的学生提供了另一条路。学校安排近几年担任高三年级班主任的教师成立咨询团队，为有高职自主招生意向的学生提供帮助，解释政策、提供信息、联系往届毕业生等，尽可能帮助学生选择到自己喜欢的高职院校和专业（以订单班为主）。

三、成效分析

在2016年招收生源位于全区倒数、学生文化课基础较差的情况下，学校本着"关心每一位学生的幸福成长"的办学理念，全心全意关注学生的生活和学习，千方百计帮助学生树立信心，从多元角度为学生寻找出路，最终取得了预期的成绩和效果。

（一）学生成绩的变化

2016级学生刚入学时，部分学生的学习习惯尚未养成、上进心不足、缺乏自信、没有明确的目标和动力。经过一年的学习后，部分学生会考没有完全通过，对上大学失去了希望，学习失去了动力，对待学习、作业、考试态度不端正，常规违纪现象时有发生，教师和家长心里也非常着急。

1. 找准方向，重拾信心

美术班的成立，让原本认为上大学无望的学生和家长又重新看到了希望，开始有一部分学生选择了美术班。专业教师和班主任对学生进行心理辅导，帮助他们树立信心，要为实现自己的"大学梦"不怕吃苦、放手一搏。学生也表示之前因为自己学习不努力，自我约束力差，怕吃苦造成了现在被动的局面，希望得到学校和老师的帮助，通过努力，顺利完成高中的学习考上大学，圆自己的"大学梦"。

至高二下学期，原来没有美术基础的学生通过几个月的美术班学习，逐渐掌握了素描、速写的基本技巧，原来有些基础的同学成为班里的尖子生，并开始和同学们分享自己的经验。学校每个月会对学生的作品进行展出和评比，召开表彰大会表扬优秀、进步大的学生，鼓励进步不明显的学生并找出不足、提出改进措施，以促进全体学生的进步。学生在美术课堂上重新找回自信心、找到了学习的乐趣、找到了自己愿意做也能做好的事情。如吴同学，在班里学习成绩中等，自己感觉如果选择普通高考考上本科院校希望不大，决心参加美术班，开始家长不支持，经过学生自己与家长多次沟通，获得家长同意后选择了美术班，在之后的美术联考中专业课成绩名列前茅。

学生找准了自己的方向，重拾了自信心，学习主动性增强，他们不再认为自己是差生，也不愿意再做回差生，通过不知疲倦的学习、不断的努力最终在美术联考中取得了优异的成绩。

2. 多样化培养初见成效

2018年12月，我校共有87人参加北京美术联考，最终有64人达到本科线180分，73.6%的通过率再次激发了师生的斗志。2019年3月止，我校取得艺术类合格证共计20人。2019年4月，我校体育专业考试合格共计6人，通过高职自主招生考试60人，取得良好成绩。美术联考的优异成绩对学习艺术、练习体育的学生也是一个激励，对自己的专业训练更加努力。

2019 年高考，我校学生上线人数 120 人，在艺术类录取门类中，文化、传媒、美术、体育、声乐都取得骄人成绩，效果明显。

（二）教师观念变化

1. 文化课教师观念的变化

教师最初对学校多样化发展有些信心不足，甚至有些担忧。担心学生文化课课时被挤占，学生文化课学习时间缩短，为学生考试成绩不理想而着急。

后来渐渐感觉到学生的自主性越来越好，专注程度越来越高，学生时刻都有自己的事干。特别是美术联考之后，学生马上放下画笔回归课堂，把学习美术的热情转移到文化课上来，学生明确地知道：我的专业课已经通过，相当于已经有一条腿迈入高校了，我要继续努力。教师看到学生的热情和干劲也受到鼓舞，努力工作，认真准备习题，为学生查漏补缺，希望通过自己的多付出帮助这些学生，不让他们前面的努力白费，学校逐渐形成了师生拧成一股绳朝着共同目标奋斗的良好势头。

2. 美术教师的思想变化

本校美术教师在一年多的时间里时刻陪伴在学生左右，指导学生学习的同时自己也得到了提高。

经常和外聘美术教师交流沟通，自身业务水平得到发展，通过交流学习，对美术联考研究更加深入，对学生的素描、速写、色彩等专业知识的指导更加专业系统。

敬业精神、职业素养得到提升，对学生的关心更细致、指导更全面，不论是对学生生活上的陪伴、学习上的指导，还是学生心理上的疏导都做得认真、及时、专业，得到了学生和家长的一致认可。

（三）乘势而上，再创佳绩

2018 年底，学校在 2016 级高三美术生联考即将结束的时候乘势而上，一边总结 2016 级的办班经验，一边开始筹备 2017 级美术班的工作，最终在 2020 年高考再创佳绩。

1. 学生和家长的认可度提高

学生和家长通过一年的了解和关注，特别是看到高考成绩，对学校多样化发展非常认可。第二届美术班的学生来源已经不是以学困生为主了，有了更多文化课成绩非常优秀的学生选择美术方向，他们的目标已不是以上本科为最终目的，而是要上名校、上重点院校、选好专业。

2. 学校总结经验，改进教学方式

有了前面成功的经验，各项工作更加自信和从容了。首届美术班的成功得益于学校的大力支持、教师的大量付出和学生的刻苦努力，是热情和干劲在引领我们。第二届美术班我们开始注重总结经验少走弯路，研究教育规律合理布局，选择最有效的教学方式，合理安排课时提高效率。争取以最少的投入，取得最好的效果。

3. 专业考试成绩稳步提产

学生的进取心被大大激发，建大附中帮助了他们，他们也给了建大附中欣慰。

2019年12月，我校91人参加美术联考，过本科线共计78人，美术专业课本科通过率85.71%，最高分237分，200分以上53人。高考前，我校取得艺术类合格证共计15人，体育专业考试合格共计9人，通过高职自主招生考试61人。2020年高考情况，上线人数占80.7%，文化、传媒、体育类上线率达78%~92.3%，美术上线率100%。

四、反思和建议

回顾建大附中近几年的办学历程，我们从适应时势及时改革，到积极探索，逐步开创出一条学校特色发展、学生多元成材之路，取得了令人满意的成绩，办学路子越走越宽，也正在逐步获得更多学生和家长的认可。

但是，这点成绩离学科知识传授、社会知识建构和情感文明培养等教育任务的全面完成还有一定距离，特别是和我们把学校办成"家长满意、师生发展、社会认可的优质学校"的预期办学目标还差得很远，因此还需要我们继续发扬建大附中教职员工的龙舟精神、亮剑精神、奉献精神，需要我们继续埋头苦干、拼命硬干，需要我们进一步在探索"出精品、创特色"的办学之路上下功夫，在构建学生行为规范、铸造学生民族魂、厚植学生的爱国情上下功夫。同时，我们会加大对学校的宣传力度，力争使更多的学生及家长了解我校的相关政策。为了能让更多的学生及家长受益，为了建大附中多样化办学的可持续发展，我们希望在学校的师资力量和资金准备等方面，得到上级部门的大力支持。

天工科技教育课程的建设与实施

北京师范大学第二附属中学　相红英　符永兰

一、学校概况

北京师范大学第二附属中学（以下简称"北京师大二附中"）始建于1953年，是北京市首批重点中学、北京市首批重点建设的普通高中示范校之一。学校秉承"三兼优一发展"的育人目标，在"构建学生的健全人格　打好学生的发展基础"教育理念的引领下，坚持"尊重学生自主　倡导人文教育　重视环境熏陶　强调道德实践"的教育主张，形成了"人文教育　自主发展"的鲜明特色。目前，学校已形成"一校三部"（高中部、初中部、国际部）的发展格局，并承办了北京师大二附中未来科技城学校、北京师大二附中西城实验学校、北京师大二附中海淀学校、北京师范大学昌平附属学校，成为在国际上具有一定影响力的示范中学。

二、问题和举措

（一）研究背景

1. 科技教育现状

国务院办公厅关于《新时代推进普通高中育人方式改革的指导意见》（国办发〔2019〕29号）中提出：改进科学文化教育，统筹课堂学习和课外实践，培养学生的创新思维和实践能力，提升人文素养和科学素养。面对21世纪的机遇和挑战，高质量开展科技教育是一项紧迫而艰巨的任务，但是存在"内涵，在习惯中迷失；目标，在实践中偏离；实施，在操作中被忽略；反馈，在不经意中滞后"的现象；科技教育出现被"应试化""与人文教育脱节"，教育方法"原地踏步"等问题。

2. 中华科学技术文化的传承

近年来，我国青少年价值冲突、文化认同危机问题被人们广泛关注。培养青少年健康的现代文化认同，一定要从本民族文化中"复兴"而不是直接学习西方。明朝科学家宋应星所著的《天工开物》是我国古代一部综合性的科学技术著作，也是世界上第一部关于农业和手工业生产的综合性著作，它主要根植于中国的固有文化传统，书名取自"天工人其代之"及"开物成务"之义，体现了朴素唯物主义自然观及道法自然、天人合一的世界观，可以为人们认识和改造世界提供有益启迪，其核心思想"人类和自然相协调、人力与自然力相配合"是学生形成科学素养的优秀基因。

3. 唤醒青少年肩负的责任与使命

人类在历史中遭遇了数不清的疾病灾难，如黑死病、天花、流感、非典，解决这些问题主要依靠科学技术，而现代的青少年就要成为掌握这些科学技术的人，所以唤醒青少年热爱和掌握科学技术是基础教育阶段科学技术教育肩负的责任与使命。

（二）解决问题的过程与方法

1. 如何使科学素养教育从边缘走向前沿

囿于我国多年的分学科教学模式和考试评价政策，科技教育一直处于边缘化地带，在系统设计、课程安排上都重视不够，缺乏专业的教师队伍，缺乏新理念和新模式，缺乏对科学精神、科学思维、科学能力正确的引导的价值定位。

本文聚焦结构化的科技教育组织，力图使科技教育从边缘走向前沿，成为学校发展学生综合素养的强大支撑。组织结构中包括管理、课程和教师三个方面（见图1）。

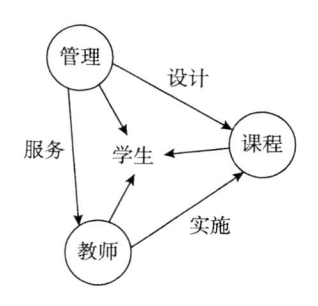

图1 天工科技教育的组织结构

在管理层面，从顶层设计出发，注重"天工科技教育"理念的引导，突出扁平化管理的新模式，倡导共赢与共生，整合与拓宽。在课程层面，设计"四级科技教育"课程，宽度与深度并行，构建不同方向的综合性主题、不同层级的课程体系，在实施中采用项目式教学方式，培养学生解决综合情境下的实际问题的能力。在教师层面，教师是课程开发和实施的主体，其教育理念与教学行为是影响效益的主要方面。而教育最本质的特征是"自觉"，激发科技教师自觉地尊重个人规划、提供资源助力、给予奖励激励等措施是实现具有活力与效率的教师专业成长的路径。

2. 如何使科技教育课程成为学生的发展支架

科技课程实施中借鉴林崇德先生提出的"T"型人才培养模式（见图2），以适应21世纪社会发展。横"—"突出了西方培养适应性人才特点，竖"｜"强调东方教育在培养逻辑思维方面的优势，这一培养模式融东西方教育模式为一体，扬长避短，实际上就是培养创造性人才。

科技课程，既考虑宽度，提供各类实践课程，培养学生的适应性；又考虑深度，倡导"知其然还要知其所以然"，培养专业性人才。着力具备广度和深度的课程体系建设，包括基础素养课程、兴趣激发类课程、特色发展类课程、拔尖创新类课程。

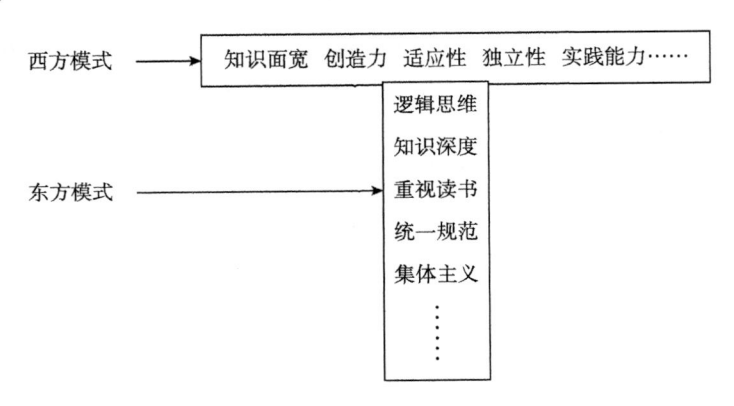

西方模式 ——→ 知识面宽　创造力　适应性　独立性　实践能力……

东方模式 ——→ 逻辑思维／知识深度／重视读书／统一规范／集体主义……

图2　林崇德先生修订后的"T"型人才培养模式

（1）基础素养类课程

面对全体学生，以国家课程、校本科技课程（如科技节、艺术节、讲座课程、社会实践课程等）为主要载体，培养学生的基本科学素养。

（2）兴趣激发类课程

面向部分有兴趣的学生，以科技俱乐部社团形式开展课程，主要包括航空航天模型社、机器人社、创意设计与交互社、天文社等。课程以激发学生兴趣为目标。

(3) 特色发展类课程

面向有志向的学生，分为四个方向：工程与技术方向、物质与材料方向、生命科学与生物工程、几何智能机器人。以培养科学技术领域预备人才为目标。

(4) 拔尖创新类课程

拔尖创新类课程面向有能力的学生，课程包括数理竞赛、高端社团、科研课题研究等。以培养专业预备人才为目标。

三、成效分析

(一) 成果的主要内容

1. 界定天工科技教育内涵

基于学校"人文""自主"的文化积淀，以《天工开物》的核心思想"人类和自然相协调、人力与自然力相配合"为指导，界定"天工科技教育"的内涵，即发展学生认识人、自然和科学技术的关系的正确态度和能力，运用科学技术从自然界中开发出有用之物，创造出所需之物，实现人与人、人与自然和谐共生。

根据《国家中长期教育改革和发展纲要（2010—2020年）》和《国家中长期科学和技术发展规划纲要（2006—2020年）》，学校明确科技教育是人的培养，是培养学生的一种素养。根据中学生发展核心素养理论，我校把培养具有"2+2+1"特质的学生作为天工科技教育的工作目标，"2+2+1"即2种能力、2种品格和1种状态。具体目标阐述如表1所示。

表1 天工科技教育工作目标

天工科技教育目标		具体目标阐述	与核心素养关系
2种能力	学会学习能力	引导学生选择适合的方法，培养学习过程的调控能力，激发学生乐学、反思等方面的品质和能力	自主发展维度
	实践创新能力	通过"高挑战低威胁"的教育环境，培养学生创新意识和利用技术进行问题解决的能力	社会参与维度

续表

天工科技教育目标		具体目标阐述	与核心素养关系
2种品格	科学精神	学习、理解、运用科学知识和技能的同时，形成价值标准、思维方式和行为表现。如理性思维、批判质疑、勇于探究等基本要点	文化基础维度
	责任担当	学生在处理与社会、国家、国际等关系方面所形成的情感态度、价值取向和行为方式。具体包括社会责任、国家认同、国际理解等基本要点	社会参与维度
1种状态	健康生活	引导学生认识自我潜能，激发学生兴趣，规划自我未来发展，培养团队合作意识，形成积极健康的生活状态	自主发展维度

2. 探索出实现天工科技教育的途径

（1）"学习型"管理模式

扁平管理模式，提高工作实效。"学习—研究—实施"一体化是扁平化管理的特征。团队围绕工作推进中的实际问题，以任务驱动方式，本着研究的态度工作，以工作的方式研究，辅之以专家支持、同伴的配合，争鸣的氛围，开创性地解决问题。以"几何机器人"课程为例，从以机械为主，逐步到调控机械与控制比例，开发出《智能几何机器人》方向的课程，再次迭代优化，积累教学资源，实现了从基础素养课程到精尖课程的完美建设，扩展了从项目课程到兴趣课程、高端社团的组织形态转化。学生从开始10人左右，逐渐发展到40多人，最终形成了在高中部的影响下，课程辐射到初中部和国际部，形成了一校三部的机器人协同课程。

筹建校际联盟，实现共赢与共生。科技课程除了必要的专业知识和技能外，非常重要的一点是协作与沟通基础上的创新，校际联盟建设一方面搭建平台，提升团队的整体水平，促进学生的创新能力；另一方面以学生为主体的联盟校活动可以提升学生的人际交往与沟通能力。截至2020年，已有10所中学参与FTC（First Tech Challenge）校际联盟。FTC校际联盟定期组织活动，每次活动不少于50名学生参加。联动活动促使资源共享，实现最大限度的共赢。

建设咨询指导，整合与拓宽资源。学校不是一个孤岛，争取外部力量的最大支持可以实现课程效益的最大化，科技教育校外力量主要包括校外专家、家长和学长。学校积极建设创新人才培养专家资源库，目前共有专家120余人。专家资源对于科技课程具有指导作用，而学校也为专家对基础教育研究提供案例支持；学校有义务有责任向家长阐述学校科技教育的宗旨、目标与实施策略，争取家长的支持；发挥学长的榜样力量，借助学长，学生可以勾勒出自己的未来，从而激发内在动力，而学校也为学长提供教育实习和应得的工作报酬。

（2）"创新型"科技课程体系与实施

文化建设是课程建设的首要任务。倡导中华优秀传统文化指导下的制度文化与团队文化建设并行，旨在文化育人。体系构建以培养"T"型人才为目标，构建与之相对应的"T"型课程，以培养创新型科学技术预备人才。

团队文化先于制度文化。团队文化是团队成员认可的一种集体意识，是团队成员共同的价值观和理想信念。"智子工程"团队将自己团队的文化凝练成DEFY，DEFY代表坚强无畏二附年轻人！这样的团队文化影响了一代又一代的社团成员，逐步拥有了徽章和队旗，以及系列文化产品，传播DEFY的理念。文化的存在只有被认同和学习时才是有意义的，而这必须依靠一套相关的制度规则，由此看出以"章程"为代表的制度文化是在团队文化影响下产生的，是全体成员共同制定、共同认可的，保障团队的高效运转。

四级课程为学生提供发展支架。按照学生已有的基础、兴趣方向和发展方向，搭建四级科技领域人才培养的课程体系：基础素养课程面对全体学生，培养学生的基本科学素养；兴趣激发类课程面向部分有兴趣的学生，以激发学生兴趣为目标；特色发展类课程面向有志向的学生，以培养科学技术领域预备人才为目标；拔尖创新类课程面向有能力的学生，以培养专业预备人才为目标。通过构建多层次性科技课程，培养科技领域创新人才。

（3）"高素质"科技教师队伍

"高素质"既是教师队伍的标准，也是建设教师队伍的方向，需要学校给予每一位教师自主发展的空间和参与改革的权利，唤醒教师职业的尊严。

尊重教师个人规划。"T"型课程的方向和内容既可以作为科技教师的工作内容，也是发展方向，教师可根据自己的兴趣和专长选择方向和课程开展工作。另外，"T"型的横纵均不封闭，无论宽度还是深度，教师都可以自由延伸，享有充分的自主发展权。

多样资源保障发展质量。首先，聚焦教师培训资源对教师成长的作用，将资源按照功能分类，从教育教学理念到教学实践，倡导教师参加聚焦学生学习行为有效性、跨领域和专业的培训活动；其次，资源开发以国家科技发展方向为指导，培养国家未来科研领域需要的人才，这是教师研修培训、学术交流、项目资助的主要内容。

重视物质奖励和精神激励。一方面，学校以物质奖励方式充分认可科技教师的工作；另一方面，重视精神激励，在师德修养系列活动中，邀请科技教师从幕后走到台前，讲述他们的成长故事，让更多的学科教师了解和理解科技教师的工作态度和精神世界，使科技教师从边缘走向学校发展的前沿。

（二）成果创新点

1. 根植中华科学技术文化开展科技教育

《天工开物》强调人与天（自然界）相协调，人工（人力）与天工（自然力）相配合，通过技术从自然界中开发出有用之物。强调人的主观能动性的同时，表达人与自然"和谐相处"的理念。

其核心思想是学生形成科学素养的优秀基因。《天工开物》为北京师大二附中学生必读书目，在课程实施中营造学习这部科技著作的氛围。引导学生利用科学技术来践行《天工开物》中提到的人与自然和谐相处这样的观念。

2. "T"型课程设计与实施

借鉴林崇德先生的"T"型人才培养理论，一横一纵，为学生提供发展和成长的支架。

（三）成果应用及效果

1. 课程实践促进学生科学素养全面提升

通过课程实施，一批优秀的科技预备人才崭露头角。在"明天小小科学家"的角逐中，2017—2019年我校先后有2名同学获得"明天小小科学家"称号。DEFY机器人队参加FTC（First Tech Challenge Challenge）世界锦标赛，获得全球29名；航模队作为最年轻的队伍受邀参加"2050大会"，获得全国青少年航空比赛第四名……2015年至今，我校学生获得国家级奖项50多项，北京市级奖项130多项。

这些成绩的背后，是孩子们的奋斗与成长的故事：3位学生利用高二的所有业余时间，设计并制作完成一台大尺寸的3D打印机，实现大尺寸航模零件的打印功能；3位女生用近300小时，经过8代产品迭代，完成"基于榫卯结构的四旋翼飞行器"产品，将"笼中取球"巧妙运用在飞行器中；为呼唤"2050 大会"年轻人的梦想，航模队在 15 个月飞行实验近 3000 圈，最终实现零失误……正如"智子工程"团队队长刘涵在国旗下发言中所说：作为参与者，我们真正体会到奖牌背后付出的艰辛，真正体会过失败的苦涩和内心的不甘。如果你没有连续工作的执着与热爱，没有凌晨起来写作业的毅力，没有在别人质疑自己时对自己的信任，没有勇往直前不服输的勇气，那么你赢不了比赛，赢不了自己……

2. 课程建设促进科技与艺术学科教师的快速成长

我校专业科技教师多是合同制教师，在天工科技教育的引导下，从边缘逐步成为学校教育教学的中坚力量。2015 年至今，石林老师获得了中国青少年机器人竞赛骨干裁判员资格、青少年科技辅导员专业水平认证中级证书；芦雅男老师连续 4 年获得北京市航模比赛优秀指导教师奖；石林老师 7 次分获北京市智能机器人竞赛优秀教练员和北京市青少年机器人竞赛优秀教练员；张北一老师 3 次获得北京市学生机器人智能大赛优秀辅导员；钱昊老师连续 4 年获得北京市学生机器人智能大赛优秀辅导员，并获得北京市中小学生天文知识竞赛优秀辅导员……学校连年获得西城区学生科技节优秀组织奖，2019 年应邀在西城区科技节闭幕式上介绍《天工科技教育的建设与思考》。

科技项目的跨学科性带动了科技教师与艺术教师的深度融合，开发出很多科学与艺术深度融合的作品，"舞动四旋翼"引发了人类与科技关系的思考，在北京市艺术比赛中获得金奖，从而带动了艺术教师探讨学科融合的研究，产生了"高中诗乐舞跨学科教学的行动研究""武舞立德课程的构建与实施"等市级科研课题。

3. 辐射影响，交流互促，实现共赢

以我校为龙头的校际联盟吸引了 10 多所学校和校外机构，通过定期组织形式多样的活动，开阔了师生的视野，促进机器人项目的发展，实现多校共赢。2018 年，我校教师在京师科学教育高峰论坛上作主题发言，与会者包括国内外多位著名科学教育专家。北京科教频道开放式综合实践活动节目、北京电视台青少频道都有专题节目先后对我校科技教育进行报道。

我校的航空航天教育受到社会各界的关注。中国商飞北研中心是我校航模社建设训练基地。北京航天五院与我校共同启动"全国青少年太空实验搭载项目"。2018 年 5 月，我校航模队作为最年轻的队伍受邀参加在杭州举办的"2050

大会",浙江卫视对此进行了连续报道。

四、反思和建议

我校"天工科技教育"根植中华科学技术文化进行建构与实施,引导学生关注我国古代科学技术,树立文化自信。"天工科技教育"探索出了有效的实施途径,取得了丰富的成果,使科技教育从边缘走向前沿,成为学校发展学生综合素养的强大支撑。但是随着新课改引发的教育生态变化,以及选课、走班等新的教育教学方式,如何建立起一个更具发展性、激励性、过程性和多样性的评价体系,将是我们面临的一个重要问题。今后,"天工科技教育"课程建设将更加突出学校文化"人文·自主"的引领作用,坚守教育目标的完整性,以切实落实学科核心素养,以培养学生综合素养为目标,优化"T"型课程体系,开展基于大数据的过程性与个性化评价方案。

故宫课程群建设的实践研究

北京市第六十五中学　占德杰

北京市第六十五中学（以下简称"六十五中"）前身是1864年由美国基督教公理会在灯市口地区创办的一所私立教会学校。学校现有教学班36个，学生近1000人；教职工190人，专任教师160人。作为百年老校，六十五中有着深厚的文化积淀。本校的办学理念是"致知力行，和美共进"。"致知力行"是本校在育英时期的校训，代表学校的历史底蕴，强调知行合一，学以致用。"和美共进"是学校在改革开放后团结奋进、追求卓越的真实写照，体现和而不同、美美与共。"和美教育"坚持以学生发展为本，把学生放在学校正中央，用和美课程滋润生命成长，让每一个生命绽放光彩，把六十五中的每一位学生培养成为具有致知力行、知行合一的和美少年。

一、故宫课程群开发背景

（一）落实培养中学生文化自信的政策要求

中学生正处于价值观形成的关键期，容易在当前多元文化浪潮中迷失方向，盲目推崇外来文化。部分影视和文化作品对中国历史、文化传统，包括故宫有关的内容进行的"戏说"，无形中向青少年传递了一些错误的历史文化知识，严重扰乱了中学生对历史和文化的正确认知和理解。文化自信教育不到位，以及学生自身对文化自信认识不充分，导致学生文化自信缺失。因此，文化自信教育刻不容缓。

（二）深化基础教育课程改革的价值追求

六十五中把深化课程改革作为一项系统工程来抓，在组织、管理、师资、评价等多方面进行综合推进，通过课程改革实现育人模式改革，推动学校教育改革。学校既注重课程的一体化设计，又注重特色课程建设和课程结构创新，将多年来开设的故宫系列课程进行优化整合，形成课程开发与实施的新样态——故宫课程群。故宫课程群是以培养学生文化自信为目标、以课程的逻辑联系为纽带、以教师团队合作为支撑、以深化教学改革为动力的新型课程建设模式，是我校深化课程教学改革、优化课程设计的一种有效举措。

（三）推动学校多样化特色发展的内在诉求

普通高中多样化特色化发展是我国高中教育从精英教育走向普及教育和大众教育的必然选择。六十五中作为国家级教育体制改革试点项目中开展高中特色发展试验项目的学校，一直在努力探索通过特色课程建设形成学校的课程特色，进而实现学校特色发展。但在发展的同时，还存在试验推进的周期目标和具体规划尚需明确、重点难点有待聚焦等问题。学校在特色发展上瞄准首都北京"四个中心"战略定位这一目标，以故宫课程群为代表的人文特色课程目标之一就是培养具有文化自信的北京人。

（四）促进馆校教育共同发展的合作需求

育人方式改革还需要拓宽综合实践渠道，博物馆教育就是其中之一。为了把"家门口"的资源用好，学校和故宫精诚合作、携手并进，共同开发了适合当前中学生学习的故宫课程群，不仅为学生的文化自信培养提供了依托，促进了学校的课程改革和特色发展，还探索了馆校携手、深度合作的新路径，形成了具有双方特点的合作模式。

二、故宫课程群的目标、结构与内容

（一）目标

通过故宫课程群的学习，学生在了解故宫博物院的基础上，知道并理解一些中华优秀传统文化的思想观念、传统美德、人文精神，了解中华优秀传统文化的历史渊源、发展脉络、基本走向，理解中华优秀文化的价值理念与文化内涵。能够利用故宫博物院的文物资源开展自主、探究、合作学习，提升人文底蕴和责任担当等核心素养，不断增强文化自信和价值认同，成为有文化自信的中国人。

（二）结构

六十五中构建的故宫课程群结构为"三层次、四领域"，具体如图 1 所示。

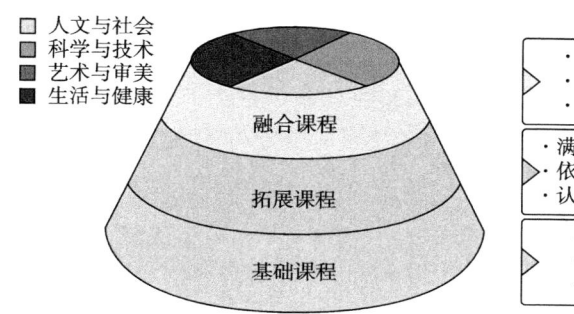

图1 故宫课程群立体结构

第一层次是基础课程，主要是有关故宫博物院的基础知识和其中体现的中华优秀传统文化知识的一类课程，这类课程面向全体学生开设，是必修课程。例如，"走进故宫""故宫历史"等。课程目标是学生能够对故宫有一个立体的感知。

第二层次是拓展课程，主要是以各学科为生长点，以故宫博物院的文物资源为载体，将学科内容进行拓展的一类课程，这既是对学科内容的一种应用，又将故宫资源融入学科之中。例如，"故宫双语导游""故宫中的数学""故宫中的物理"等。拓展课程满足多元选择需要，适合不同学段、不同兴趣爱好学生的发展需求。课程目标是站在学科的角度理解认识故宫文化，认识学科知识与实际生活的紧密联系，增强对中华优秀传统文化的自豪感和归属感（见图2）。

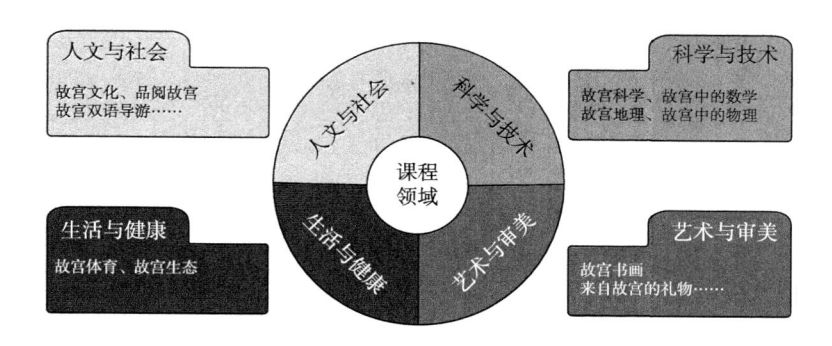

图2 故宫课程群平面结构

第三层次是融合课程，主要是各类专题，与多个学科融合、运用多个学科思想方法的一类课程。例如，"故宫文化"等。融合课程满足学生个性化发展需求，适合学生开展研究性学习、项目式学习等。课程目标是学生进一步认识理解学科思想方法，提升综合运用所学知识研究解决问题的思想、方法、能力，认识理解中华优秀传统文化的精神内涵、文化价值，树立文化自信和价值认同。四领域是指当前学习内容的知识领域，分为人文与社会、科学与技术、艺术与审美、生活与健康四个领域，这四个领域涵盖了学校课程的各部分知识领域。

（三）内容

故宫课程群在内容与资源构建上，以故宫博物院的资源为依托，以学科课程内容为生长点，对已有的国家课程中涉及故宫的内容进行优化整合，提升质量水平；对故宫中的文物资源进行了系统梳理，结合学科课程内容进行增量补充，形成相关联、完整的故宫课程群内容体系。

我们根据课程目标，制定《课程开发指南》提出故宫课程纲要的编写要求。在培训基础上，学校教师以集体的形式进行协作式开发，按照课程开发的程序进行课程纲要设计。教师在开发故宫课程的过程中，注重故宫博物院资源与学科课程之间的联系，如"故宫珍宝"课程中的内容就是来自故宫珍宝馆等资源与历史学科课程内容的优化组合。学校教师将故宫博物院资源与人教版初中历史教材的内容充分结合起来，根据这些联系点将历史课程内容与故宫内容进行优化整合，形成课程体系，如表1所示。

表1 "故宫珍宝"课程内容与历史教材联系

故宫博物院	教材内容	知识联系点
青铜器馆	中国古代政治制度、古代手工业的进步	青铜器所体现的分封制与等级制；青铜器的制作工艺与鉴赏
军机处	清朝君主专制的强化	军机处的设立与清朝君主专制、文化专制的强化的时代背景
珍宝馆	清朝对西藏地区的有效管辖	涉藏文物金胎绿琺琅高足盖碗体现清朝入关后历代皇帝对达赖喇嘛、班禅额尔德尼的册封及乾隆时期驻藏大臣进行金瓶掣签选定转世灵童
珍宝馆	清朝巩固西北边疆	涉疆文物银累丝瓜棱式瓶体现清代时期回部与康乾贵族的战与和
颐和轩	清朝巩固西北边疆	乾隆帝西师诗体现乾隆时期在维吾尔族人民的支持下平定回部大小和卓叛乱并设立伊犁将军，加强对西北地区管辖的史实

目前，故宫课程群有23门故宫系列课程。每门课程都有经学校课程委员审

议通过的课程纲要。学校在开设故宫课程的基础上组织教师编写了《品阅故宫》《我们的世界遗产》《故宫双语导游》《故宫文化》《故宫科学》《皇城根》共六本故宫系列课程实验读本。

三、故宫课程群的实施与效果

（一）故宫课程群的整体落实

在课程群的实施过程中，按照分段式、递进式的原则进行有效落实。例如，基础性的课程如"品阅故宫""我们的世界遗产"，由教师单独承担该门课；拓展性课程如"用数学眼光看故宫""故宫瓷器"等，由该课程的教师在授课过程中根据需要加入故宫的内容、元素；融合性的课程包括"故宫文化"和"故宫典藏与化学材料"等，由多科教师集体开设，每人负责不同的章节。

在课程实施过程中，根据课程的特点，我们充分利用"家门口的故宫"优势，综合运用"走进去"方式、"请进来"方式，以及"混合式"的方式。例如，学校在故宫博物院组织的"画蝶成寿"综合实践活动，就需要走进现场。学生在真实情景中进行创作，充分发挥了他们的美术想象力，同时也提高了他们的美术实践能力，在情境中体会故宫的美。"故宫文化"课程邀请故宫专家来校就故宫文物保护、古代帝王生活等方面的内容开设讲座。

（二）课程群实施中的教学方式创新

转变教学方式不仅是对学科教学的要求，对于具有活动特性的实践性教学同样重要。学校故宫课程群在实施过程中，既注重教的方式变革，注重学的方式变革，又注重教学方式的多样综合，例如，启发式教学、情景式教学、自主式教学、合作式教学、项目式教学等。根据课程特点和具体的章节内容，采取一种教学方式或者多种教学方式，实现最佳的教学效果。我校在故宫课程的实施中进行学习方式创新，主要采取的有场馆学习、项目学习、在线学习、主题学习、沉浸学习（见表2）。

表2 故宫课程群学习方式创新一览表

学习方式	具体内容及案例
场馆学习	场馆学习的特点主要体现在场馆学习的情境性、自主选择性、主动探究性以及结果输出的多元性。如"御花园的石子画""八旗娃娃""故宫藏品阅读""我在故宫洗石头"等课程都是在故宫内完成的

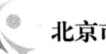

续表

学习方式	具体内容及案例
项目学习	项目学习是学生在真实问题情境中通过问题解决，最终形成"作品"的综合性学习。如故宫课程群中的"来自故宫的礼物""故宫经典结构赏析"等课程就包含了"故宫神兽""故宫窗灯""故宫斗拱"等项目制学习方式内容
在线学习	在线学习是在一个网络虚拟教室或网络平台进行学习的一种方式。学校开设"我爱故宫"微信公众号，将故宫课程信息化、模块化，以在线方式发布，学生在线学习并交流心得体会和展示学习成果
主题学习	学生围绕节庆主题开展故宫学习是六十五中学生学习故宫文化的方式之一。六十五中从2008年开始，每年6月第三个星期一为六十五中学生文化遗产日，在遗产日举行故宫双语演讲比赛、文化遗产研究成果展示交流等活动
沉浸学习	沉浸学习是指为学习者提供一个真实或接近真实的学习环境，学习者通过深度参与、高度互动而获得知识、提升技能、陶冶情感的学习方式。例如，"故宫虚拟现实与导游"课程，学生就可以在学校虚拟现实实验室进行学习

（三）"故宫课堂"中的教学与评价

"学问思辨行"是儒家提倡的一种认识和修养的方法，它是一个学习、寻问、思考、辨析及最后付诸行动的过程。文化自信的培养过程必然包含对民族文化认识和对文化价值认同的一个过程。"故宫课堂"建立在文化自信培养的实践逻辑基础之上，一般要经过"故宫之学、故宫之问、故宫之思、故宫之辨、故宫之行"等教学环节。

故宫课程学习效果采取多元评价，包括学生评价、教师评价和家长评价。学生评价在于了解学生的学习基础和需求，学校开展诊断性评价、过程性评价和终结性评价。例如，开设基础课程"走进故宫"之前，设计了学生调查问卷，以此来了解和分析学生对故宫的了解情况；学生每次考察故宫，教师都要设计学习任务单，指导学生进行任务式学习，课程结束对每学期开设的故宫课程进行教师总结、学生学习总结、学生学习成果汇总等。

教师评价包括学生出勤情况、学习任务单完成情况、学习探究过程的参与和表现情况等。上课出勤情况（10%）、课堂表现情况（10%）、参与实践情况和团结协作情况（20%）；作业完成情况（60%）。最终综合评定。在对学生学习效果的评价方面，我们也请家长参与其中，召开期末学习成果汇报会，邀请家长参与认定，家长对学生的学习效果、学生在文化理解上进行评价，学生在学习课程中对故宫和中华优秀传统文化的认识变化等。

(四) 故宫课程群的实施效果

1. **增进了学生对故宫文化的理解，培养了学生的综合能力**

在故宫课程群的开发实践过程中，学生既是参与者也是受益者。通过对故宫系列课程的学习，学生对故宫文化有了更加深入的了解，对中华优秀传统文化有了更深刻的认识。例如，学习"故宫珍宝"课程的学生在自己的课后总结中写道：以前去故宫仅仅是游玩，欣赏一些表面的景观，而在学习后，再次去故宫，能够细致观察、深入思考、联系历史，探索故宫珍宝背后的"匠人精神"，身临其境地体味它的美、它的沧桑、它深厚的文化底蕴，并为之赞叹和感到自豪。故宫课程群在潜移默化中增强了学生的民族文化自信。

2. **拓宽了教师的研究视野，提升了教师的课程领导力**

从2002年至今，我校共有86位教师参加故宫课程开发与实施。这期间，我校培养了一大批在故宫课程开发与实施上有想法、有做法的优秀教师。他们在课程建设的过程中得到了很好的锻炼，不断更新教育观念，改进教学行为，专业素养得到了极大的提升。实验教师在实践研究中总结经验撰写论文共40余篇，并有多篇在全国或全市的论文征集活动中获奖。此外，教师的知识面也得到了拓展，课程领导力随之增强。

3. **形成了学校的课程特色，促进了学校的特色发展**

故宫课程群的建设为学校的特色发展增添了亮色。在"国家课程校本化，校本课程特色化，特色课程精品化"的课程规划下，形成了以故宫课程群为代表的人文特色课程。故宫课程群把数学、英语、语文、历史、地理等文化课融入其中，让学生在独特的情境中学习这些课程，使国家课程校本化。《品阅故宫》《我们的世界遗产》《故宫双语导游》《故宫文化》《故宫科学》《皇城根儿》六本故宫系列课程实验读本编写完成。

4. **深化了院校合作的内涵，提供了馆校结合的经典方案**

学校积极与故宫博物院合作，形成良性互动，发挥学校教育和博物馆教育的各自优势：故宫博物院的专家对文物和历史有专业的研究，具有深厚的文化积淀和理解力；学校教师对学生的需求和学习规律有清楚的了解，能够将故宫内容与学校课程内容有机融合；课程专家对学科课程内容有专业的把握。学校与故宫专家定期召开联合教研活动，分享各自在课程开发上的成果与经验，相互学习与交流，在合作中学校开发了独具特色的课程内容。故宫课程群的开发与实践研究为馆校合作提供了一个典型方案，也为学校的特色发展提供了一条从课程建设上突破的路径。

四、反思与启发

2020 年，故宫迎来 600 岁的华诞。我们有责任把壮美的紫禁城交给下一个 600 年，我们愿意让故宫课程在更多的学校和地区实现共建、共享、共发展。在今后的工作中，学校将会进一步优化故宫课程群内部结构，在原有以优秀传统文化为核心的课程基础上，增设与故宫有关的革命文化课程、故宫社会主义建设文化课程；在原有学校合作交流的基础上，加强与本区和外省市区学校的联动，形成故宫教育联盟，发挥六十五中的示范引领作用，实现学校特色发展；加强网络资源的开发，使更多的外校、外区、外省市学生受益。我们相信会有更多的学生了解故宫、热爱故宫、研究故宫，成为有文化自信的中国人，成为以故宫文化为代表的中华优秀传统文化的学习者、传承者和传播者。

学校美术特色课程建设的思考与探索

中央美术学院附属实验学校 姜 源

一、基本概况

中央美术学院附属实验学校是朝阳区教育委员会和中央美术学院合作成立的、由中央美术学院承办的十二年一贯制公立美术特色示范学校和中小学素质教育示范学校。学校1960年建校，位于大山子电子城中心，紧邻798艺术园区和中央美术学院，有着浓厚的艺术氛围。学校作为北京市艺术教育特色学校、北京市学校文化建设示范学校，2002年就开始了美术特色教育，是中央美术学院美术特色指导基地、北京教育学院艺术教学研究和学科建设基地、北京金帆书画院分院。中央美术学院充分发挥师资力量和管理团队的优势，和朝阳区教委密切合作，倾力打造中央美术学院附属实验学校的美术教育品牌，探索小学—初中—高中—大学的一体化美术教育新模式，特色办学成绩显著，是立志从事美术创作、艺术设计和创意产业学子的理想学校。

学校不仅美术特色鲜明，而且办学食宿条件优越，校园环境优美宜人，设施设备齐全先进。学校一校四址办学，分为高中校区、初中校区、小学校区和小学低部校区。学校教育教学管理严谨，有250余人的高素质的教师队伍，按学段面向北京市或朝阳区招收小学、初中、高中和外籍学生，现有56个教学班，在校师生2000余人。学校一贯倡导"以人为本，促进师生可持续发展"的办学理念，鼓励学生全面发展，各种校园活动丰富多彩。学校以"办现代教育、创品牌学校"为目标，不断探索"十二年一贯制的办学体制、美术特色的艺术教育、国际化的开放式校园"的特色办学模式。学校有18年美术特色办学历史，现有美术特色班21个，高考本科录取率平均在90%以上，中小学生近三年获得国家级美术竞赛奖励有600多人次，多次被评为朝阳区教学成果优秀校、德育管理先进校、师德师风建设先进集体和北京市学校文化建设示范校、全国生态教育示范校等。

学校着力打造美术精品课程，制订美术课程方案，开设美术社团等拓展性的各类学习活动，建设具有美术特色的学校文化，使美术课程优势从特长班拓展为全校共同的特色课程资源。学校先后研究完善了"中央美术学院附属实验学校美术特色教育目标""中央美术学院附属实验学校高中美术特色班学年教学目标和教学内容分解""中央美术学院附属实验学校美术特色教学计划"等规范性方案，并在实践中得到检验和不断完善，同时先后有几十篇美术特色课程建设的文章发表或获奖，编写美术类校本教材 20 多册，出版相关书籍 3 部。初步形成了独具特色的管理、教学、教研和科研模式，培养出多位有特色课程管理经验和教科研能力的干部和教师，也把一大批学生送入中央美术学院、清华大学、中央民族大学、北京师范大学等著名高校。

二、问题和举措

（一）研究的背景

自 20 世纪 80 年代开始，在一个相当长的时期内，我国各地逐渐形成各具特色和具有一定规模的各类特色学校群体，而美术特色学校群体就是其中的典型代表。美术特色学校是为了适应社会的需要和考试制度而诞生的，在长期的教育教学实践活动中，形成了具有整体性或全局性的、比较稳定的、具有鲜明文化特征的、表现出特殊成就和育人效果的独特风格的学校。也是在素质教育的理念下逐渐发展起来的，区别于学校特色、教学特色等只强调某一种学校教育优势的新模式，是作为一个整体的风格特征显现。尤其是《国家中长期教育改革和发展规划纲要（2010—2012 年)》颁布并明确鼓励学校办出特色之后，美术特色学校更是蓬勃发展起来。

《国家中长期教育改革和发展规划纲要（2010—2020 年)》指出，把提高质量作为教育改革发展的核心任务。树立科学的质量观，把促进人的全面发展、适应社会需要作为衡量教育质量的根本标准。树立以提高质量为核心的教育发展观，注重教育内涵发展，鼓励学校办出特色、办出水平，出名师，育英才。在《国家中长期教育改革和发展规划纲要（2010—2020 年)》中提到"特色"一词的地方有 25 处之多，凸显了国家对学校特色的重视。国家提倡教育形式从单一走向多元，教育模式从普通走向特色，为特色教育模式的研究奠定了基础，提供了理论依据。

（二）存在的问题

绝大多数的美术特色校并没有形成一个相对完善的办学理念和办学规范，各美术特色学校各自为战，课程大多围绕美术考试或竞赛的要求建设，而不是围绕学生的未来发展进行建构。由于缺少全国统一的美术特色学校美术专业课程方案，导致大多数普通高中包括我校在创建美术特色教育时，不同程度上出现了一些偏差和困惑。国内外关于美术特色课程体系建设方面的论文是比较多的，专著也有一些。但主要集中在三个方面：一是对高校美术类专业课程体系建设的论述，代表著作是秦宏的《美术新课程体系构建研究》（湖南美术出版社）；二是对普通中小学必修美术课程的论述；三是对美术教材的编写，如高等教育出版社2008年编写的《美术特色学校高中美术课程系列教材》等。但对于美术特色学校的美术特色课程体系的建构研究，仅有一些美术特色学校对课程体系的简要概述和研讨，如中央美术学院附属中等职业学校2011年美术课程建设研讨会，大连十五中学校长李春娥的论文《浅议学校课程与特色建设》等。相对比较完善和系统的是江苏省无锡市湖滨中学承担的国家级"美术特色高中美术课程方案设计"（全国教育科学规划教育部立项课题，课题批准号GHB093218）的研究课题及成果。但是这些研究同当前美术特色校的发展规模和趋势相比，还需要更多的人来参与，尤其是美术特色课程体系建构的系统性、理论性和操作性的有机结合尚需同人继续努力，共同促进普通高中美术特色教育的持续发展。

（三）具体的举措

在此背景下，以学生未来发展为目标，实现从"小美术升学意识"到"大美术教育观念"的转变，构建科学合理的美术特色课程体系，推动学校的长远发展和美术特长生的个性培养，就显得十分迫切和重要了。我校开展"美术特色学校的理论建构与实践研究"这一课题研究具有较强的理论意义和实践价值，希望通过我们的研究来解决我们及众多美术特色学校面临的关键性的、深层次的实际问题。"美术特色学校理论建构与实践研究"这一课题希望能够完整地解决美术特色学校发展和建设过程中面临的理论困惑和实际问题。在此目标下分解为五个方面和30个分解目标。在课题研究中我们以《国家中长期教育改革和发展规划纲要（2010—2020年）》为指针，以素质教育和新课程改革理论为指导，以《国家美术课程标准》为参考，以美术特色学校的发展现实为事实依据，以美术特色学校面临的困惑和问题为背景进行理论探讨和实践研究。所以在研究方法上，主要是将理论探讨与行动研究相结合。

具体研究过程中综合运用案例分析法、文献研究法、实践调查法等进行研究。其中案例分析法，就是以美术特色学校教学实践为基础，调查师生典型的行为和思想，对教学实际进行客观描述，进行有针对性的梳理、反思与总结，包括教学案例、教学反思和教学实录等。要深入课堂，作连续观察和记录，为本论题研究提供第一手素材。如，美术特色学校课堂实效与学生潜能开发，美术特长生文化课学习特征与教学方法，小学美术日记与绘本画的教学研究，美术设计课程的实践研究，美术素描、色彩与速写等专业课程的教学研究，美术教学的社会实践与开阔视野研究等主要以此为研究方法。

文献研究法，就是通过对相关特色学校或美术特色学校研究专著及近些年来国内外权威期刊和网站的论文阅读，并借助学校百万册的电子图书、中国知网等，对美术特色学校研究现状以及全国有代表性的美术特色学校进行翔实全面、客观具体的了解。例如，特色学校和学校特色概念的区分与界定，特色办学误区研究与解决途径，美术特色学校管理理念和管理模式，美术特色学校研究现状分析等主要使用这一方法。

最后是实践调查法，主要方式是我校师生通过问卷调查来分析总结美术特色学校的现状、师生诉求以及面临的困惑，为本课题研究提供可靠依据。例如，美术特色学校班主任的工作策略，美术特色学校特长班班主任的工作策略，美术特色学校的班级管理与学生教育，美术特色学校班主任与专业教师的协调策略，美术特色学校美术教师的学生管理与协调策略等特别适合这种方法，并以此为基础进行研究。

三、成效分析

在全体课题组成员的共同努力下，课题研究取得了很好的成果。通过广泛研究，课题组成员撰写了 25 篇研究论文和研究报告，其中多篇已经发表或获奖，扩大了成果推广力。并通过课题研究和多次专题讲座，提高了全校教师对美术特色办学的认识。尤为重要的是，通过研究我们制定出了中央美术学院附属实验学校小学、初中和高中美术特色课程标准，很好地指导了教学实践并在实践中得以不断完善。课题成果《美术特色学校理论建构与实践研究》由航空工业出版社出版发行后，在美术特色学校同行中引起很好的反响，同时也弥补了全国在特色学校课程建设方面的空白。

通过研究证明，美术教育不仅能陶冶情操、提高素养，还有助于开发学生的智力，对于促进学生全面发展具有不可替代的作用。以学生未来发展为目标，实现从"小美术升学意识"到"大美术教育观念"的转变，构建科学合理的美术特色课程体系，推动美术特色学校的长远发展和美术特长生的个性培养，因此如何将美术教育融入学校教育全过程，加强美术课堂教学和课程研究，开展丰富多彩的美术课外文化活动，增强学生的审美体验，培养学生欣赏美和创造美的能力，是美术特色学校必须面对和解决的问题。所以此课题研究有着较强的实践意义。本课题在理论和实践上解决了一系列具体问题，主要有美术特色学校和学校美术特色概念的区分与界定，美术特色学校管理理念和管理模式，美术特色学校的特色课程体系的确立，美术特色学校的教学管理与学科协调，美术特色学校的班级管理与学生教育，美术特色学校的校本课程与社团建设，美术特色学校课堂实效与潜能开发，美术特色学校各学段教学形式与模式，美术特色学校教学成效的展示和效益，美术特色学校的设施设备投入与文化建设等。

本课题研究很好地解决了绝大多数美术特色学校各自为战，解决了由于缺少全国统一的美术特色学校美术专业课程方案，导致大多数普通高中在创建美术特色教育时，不同程度上出现了一些偏差和困惑。如今建设特色学校已成为深化教育改革、实施素质教育的一个新的突破口，其深刻意义在于能够提高教育教学质量和促进学校均衡发展，有利于学生个性发展和创新人才的培养，促进学校按照"优势项目——学校特色——特色学校——品牌学校——名牌学校"的良性发展轨迹一步一步地走向成功和辉煌，推动美术特色学校建设的进程，为社会提供更多的优质高中教育资源，为国家培养更多的优秀人才。因此，进行美术特色学校理论和实践研究的意义和价值是深远的。

四、反思和建议

社会在飞速发展，新时代对学校特色教育和特色学校建设提出了更高的要求，如何保持学校美术特色可持续发展是学校坚守的重要课题。

第一，如何进一步把美术特色学校的理论探索和实践融入学校文化建设之中。文化建设是教育高度发展的重要标志，是教育文明的具体体现。学校文化建设既关乎特色教育目标的实现和育人氛围的形成，也关乎师生的快乐成长和身心健康，还关乎学校文化的传承和资金、精力的有效投入。特色学校文化建设的终极目标就是创设一种能够陶冶师生情操、构建师生健康人格、助推学校办学理念实现的良好环境和氛围，给师生以积极的影响，并产生正能量，促进师生素质的全面提高。

第二，如何进一步促进美术特色教育与研究同美育目标有机融合。美育是学校教育目标的重要组成部分，也是素质教育的重要内容。没有审美教育的美术教育是缺失的美术教育，没有美术教育的审美教育是虚无的审美教育。美术是美育最密切的、最直观的、最有效的学科渗透载体，美育也是美术教育最根本的、最深刻的、最崇高的教育目标，美术和美育有着天然的、亲近的血缘联系，能更好地培养学生对自然美、艺术美和社会生活美的正确审美观和洞察判断力。

第三，如何进一步完善以学生为主体的美术特色课程体系的建构。适应素质教育和时代的要求，根据美术特长生的身心特点，调动学生自主学习的主观能动性，是非常重要的课程体系建构目标。制订符合全体学生发展的科目教学计划和课程单元教程设置，突出学生的基本功训练、形象思维训练、感受能力训练、技能技巧训练、审美能力和审美情趣训练。同时，与美术特色课程体系相关的理论研究也需要我们去探索，才能使课程体系得以更好地构建和运行。

第四，如何进一步建立起一套与特色学校建设相适应的全新的评价体系，促进美术特色理论探索和实践研究。有针对性地加强过程性评价、综合性评价和特色性评价，将会给特色学校建设创造良好的外部环境。发挥评价的导向功能，因势利导，促进学校管理者和教师更多关注学生的个性差异，尊重和认可学生个性化的价值取向，因势利导，促进学生个性的多元发展。更要发挥评价的激励功能，全力培养美术特长生学习美术的兴趣，激发学生学习、发现和创作的热情。

普通高中多样化、特色化发展是国家和北京市教育发展战略中的重要内容和方向。我校的所有工作都是围绕课程的建设和发展而进行的，特色课程的构建以推进素质教学为宗旨，以课堂教学为中心，以提高教学效率为突破口，促进教师不仅在教学理念上有巨大转变，在教学形式、教学方法上都有创新和发展。特色课程的建构推动了学校的教学改革，提升了学校的综合实力。但是特色课程构建不能追求一时效应，要保持一贯性、延续性、发展性，成为学校精神文化的一部分。新时代对学校特色教育和多样化发展提出了更高的要求，我们将与时俱进、不断创新，促进学校美术特色可持续的内涵发展。

心理健康教育课程建设的实践与研究

北京市第一六六中学

王 蕾　张 瑶　李 彤　刘燕红　吴 晏

北京市第一六六中学（以下简称"一六六中学"）创建于1864年，前身为"贝满女子中学"和"北京市第十二女子中学"，是北京第一所由外国人开办的女子国际学校，也是北京第一所实行"分科教学"和"班级授课制"的国际学校。是北京市示范性普通高中，国家级教育体制改革试点项目"开展高中特色发展实验项目学校"，北京市百年学校。2002年成立了"初中冰心文学特色班"，2011年成立了"高中冰心文学特色班"，2011年被北京市教委获准成立"北京市高中生命科学实验班"。

基于对学校文化底蕴、办学特色的回顾与思考，我校提出了"秉承育人本真，构筑教育生态，为学生一生幸福服务"的办学理念，将学校的发展目标定位在：一六六中学要成为具有国际视野、高品质、以博雅教育为特色、可持续发展的优质学校。实践中，我们以构建博雅课程体系为核心，通过优化课堂教学、构建多元课程、整合课程资源、构建教育联盟、延伸评价时空等途径，形成了社会声誉持续提升、办学质量稳步提高、办学特色高位引领、多元合作交汇融合、学校文化历久弥新、师生文化气质日趋凸显的办学风格。

一、学校心理健康教育特色课程的研究背景

面临的主要问题

在长期的办学实践中，我们始终关注学生的全面发展。随着时代对人才需求的变化和基础教育课程改革的深化，我们更加关注每一个学生关键能力和内在品质的提升。所以，我们的研究聚焦在以下三个方面。

1. 预防胜于干预——提升关键心理能力是根本

中学生正处在身心发展的重要时期，随着生理、心理的发育和发展，社会阅历的扩展及思维方式的变化，特别是面对社会竞争的压力，他们在学习和生活中会遇到各种各样的心理困扰或问题。学校对班主任、科任老师、部分学生和家长

做了大范围的访谈调查，大家的关注主题和诉求涉及多个方面：入学后的适应问题；学习动机与目标问题；自我管理和监控问题（如打游戏、玩手机）；对自我的认识和了解；性别发展与认同；个人兴趣与职业探索；人际关系、同学关系问题；青春期恋爱问题；增进亲子交流；了解社会、参与社会实践等。

2. 体验胜于说教——学生要在实践中得到全面发展

我们通过观察发现，无论课内还是课外，主动发现问题、提出问题、解决问题的学生较少；同时，很多同学在解决问题上缺乏自信和韧性。学校开展了一项积极心理资本的研究，从前测数据中发现：学生在韧性和自我效能的两个维度上得分均低于其他维度以及总分，尤其是韧性方面仍有待提升。造成上述现象的原因是多方面的，但从课程结构的视角分析，实践课程的严重不足，制约了学生实践力、创造力的唤醒与发展。

3. 系统胜于零碎——心理健康教育课程建设的重要性

中学阶段教育要建立学生发展指导制度，加强对学生的理想、心理、学业等多方面指导。但在具体的学校教育活动中，囿于领导理念、师资队伍、内容结构、场地设施等诸多限制，我国学生心理健康教育的实施途径仍为零敲碎打式地通过建立心理咨询室、设置心理信箱、开设心理健康讲座、开展团体心理辅导、实施个别化干预等方式来加以开展，系统性、时代性和有针对性的教育活动缺乏。为了帮助学生更好地融入生活、适应社会，学校心理健康教育必须调整原有的出现问题—分析问题—解决问题的应急性思维，宜自上而下，从学生可持续发展所需的必备品格和关键能力出发，开发并实施结构化、系列化的课程和相应教材。

二、心理健康教育特色课程的核心内容

依据"培养具有人文情怀、科学精神和健康身心的博雅学子"的育人目标，坚持"立德树人"的根本任务，围绕培育学生关键心理能力，优化学校心理健康课程，建设心理健康教材，提高课程有效供给，科学监控课程综合改革效果。本项研究呈现了深化心理健康教育课程建设，实现心育的系统性、有针对性的策略方法，提供了具有实践性、操作性的课程建设模式。

（一）课程设计框架

我校在总结了几十年来心理学领域以及与之相关领域的科研成果的基础之

上，根据中学生现在和未来所面临的任务和目标，分析其背后的核心心理能力和素质，首先将学生分成自己和他人两部分；其心理和素质又分为指向内部的和指向外部的，我们总结出四个维度的研究方向，即面向内部的自我，面向外部的自我，面向内部的他人和面向外部的他们。以此四个维度分析，又把学生的核心心理能力和素质归纳为四种综合心理能力：心智能力（自我意识与情绪），适应能力与素质，人际与社会能力，学业与成就能力（见图1）。

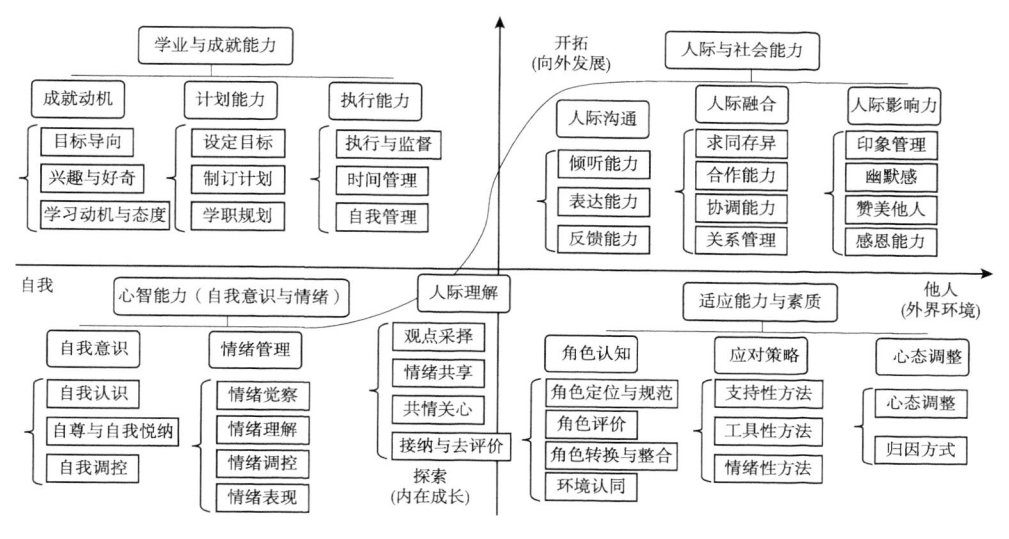

图1 中学生心理健康教育校本课程的框架体系

心理能力的培养不是一朝一夕就能完成的，而是符合螺旋式上升的规律。因此，课程体系将围绕上述四类心理能力在初一到高三6个年级中循环设计，根据学生心理发展的特点设计不同的教学内容与活动，使其得到逐步的培养和提升。

（二）心理素质与心理健康教材内容

1. 教材设计理念

坚持立德树人、育人为本、心理和谐、健康发展的指导思想，全面培养和提升学生的心理素质；正确把握心理教育的特点，注重教学活动的体验性和实践性，注重教学内容的时效性和生活化；积极倡导自主、合作、探究的学习方式，促进课内学习与课外拓展的结合，促进心理课程与其他学科的结合。

2. 教材编写的学段目标和内容

（1）初中学段目标和内容

"心理素质与心理健康"校本课程的初中学段目标包括初一（上）的适应能力、初一（下）的成就能力、初二（上）的察觉能力、初二（下）的人际能力、初三（全学年）的综合应用四类心理能力（见图2）。

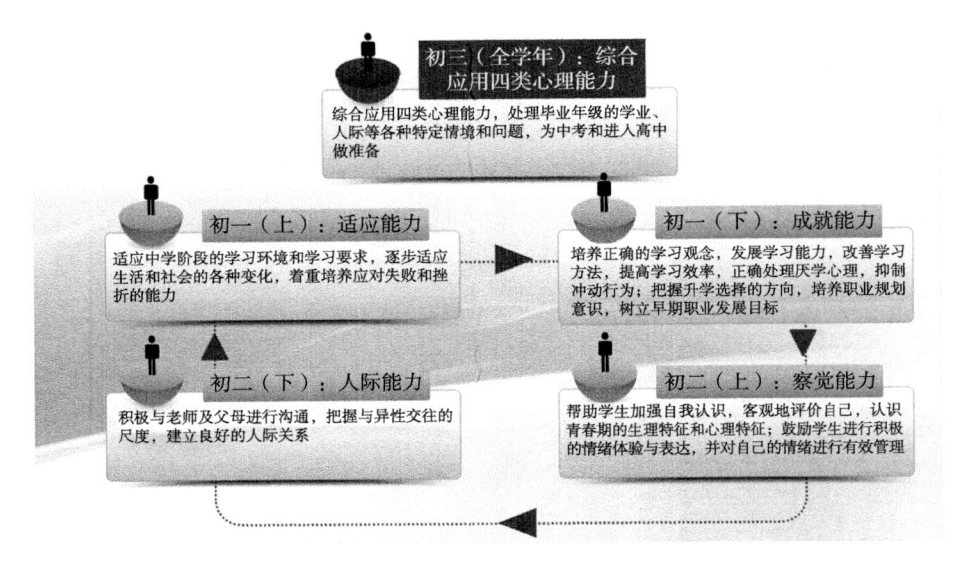

图2 "心理素质与心理健康"校本课程的初中学段目标

（2）高中学段目标和内容

"心理素质与心理健康"校本课程的高中学段目标包括高一（上）的适应能力、高一（下）的成就能力、高二（上）的察觉能力、高二（下）的沟通能力、高三（全学年）的综合应用四类心理能力（见图3）。

三、课程实施与路径

（一）课程的教学安排

学生是心理健康教育课的主体，教师是学习活动的组织者和引导者。心理课的教学活动应在师生平等对话的过程中进行。心理课教学应充分发挥师生双方在教学中的主动性和创造性，在教学中努力体现心理课的实践性和综合性；心理课教学应激发学生的学习兴趣，培养学生自主学习的意识和习惯，引导学生掌握心

心理健康教育课程建设的实践与研究

高三（全学年）：综合应用四类心理能力
综合应用四类心理能力，处理毕业年级的学业、人际等各种特定情境和问题，为高考和进入大学做准备

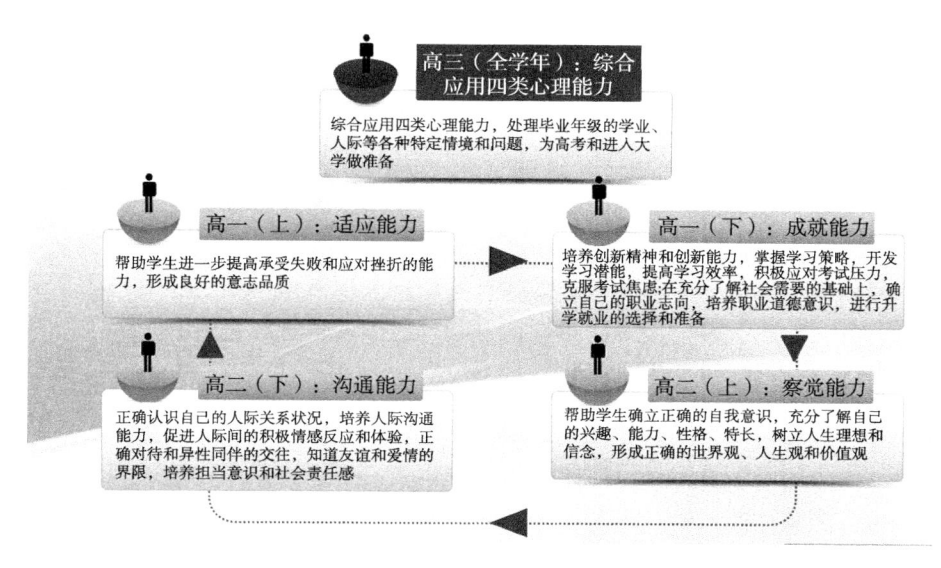

高一（上）：适应能力
帮助学生进一步提高承受失败和应对挫折的能力，形成良好的意志品质

高一（下）：成就能力
培养创新精神和创新能力，掌握学习策略，开发学习潜能，提高学习效率，积极应对考试压力，克服考试焦虑；在充分了解社会需要的基础上，确立自己的职业志向，培养职业道德意识，进行升学就业的选择和准备

高二（下）：沟通能力
正确认识自己的人际关系状况，培养人际沟通能力，促进人际间的积极情感反应和体验，正确对待和异性同伴的交往，知道友谊和爱情的界限，培养担当意识和社会责任感

高二（上）：察觉能力
帮助学生确立正确的自我意识，充分了解自己的兴趣、能力、性格、特长，树立人生理想和信念，形成正确的世界观、人生观和价值观

图3 "心理素质与心理健康"校本课程的高中学段目标

理技能与方法，为学生创设有利于自主、合作、探究学习的环境。应尊重学生的个体差异，鼓励学生选择适合自己的学习方式。

教师应从促进学生的情感与动机、改变认知与思维、提升行动与能力等方面进行教学，考虑知识与技能、过程与方法的整体性，注重学习与实践之间的有机联系，加强教学内容的整合，统筹安排教学活动，帮助学生解决学习生活中与心理密切相关的实际问题，促进学生心理素质与能力的整体提高。学校将安排校本必修课程：每学期安排16课时，全学年共32课时，根据年级特点略有调整，如初、高三每学期安排8课时，全学年共16课时。

（二）"心理素质与心理健康"课程教材的实验与推广

1. 学校实验

学校在全校6个年级开设心理健康必修课，对心理素质与心理健康教材进行实验，并且通过市级、区级公开课展示心理教材，向同行宣传我校的理念和方法，期望获得更多的意见或建议。

2. 教材推广

2016年11月22日，东城区青少年"健康·成长2020"工程之北京市第一六六中学健康素养嘉年华成功举办。嘉年华以"构筑健康生态，促动师生体智"

为主题，一六六中学的师生通过一系列精彩的课程和活动给出了自己的答案。在本次活动中，由本校心理教师团队自主研发编写的心理素质与心理健康教材同时发布，并赠予东城区8个学区的学校，受益学生达3000余人。

学校的心理素质与心理健康教材也送到了北京市房山区良乡五中，近600名该校初一学生第一次拿到心理健康课的教材，希望可以和基础薄弱校的师生共同探索，打开幸福之门。心理素质与心理健康教材不仅在北京市处处生根发芽，我们的成果还传播到了一六六中学的国际友好校：美国伍顿中学、美国韦尔斯利女子学院、芬兰拉塔萨莉学校等中学，促进心理健康教育国际化。

3. 评价与反馈

心理课程评价的根本目的是促进学生学习，改善教师教学。心理课程评价应准确反映学生的学习水平和学习状况，全面落实心理课程目标；应充分发挥心理课程评价的多重功能，恰当运用多种评价方式，注重评价主体的多元与互动，突出心理课程评价的整体性和综合性（见表1）。

表1 心理素质与心理健康教材评价指标

测量要素	观测点	题 目
心理健康教材	对自主学习的支持情况	1. 教材的文字表达清楚，可读性强，对我自主学习帮助较大
	课程目标的达成情况	2. 教材能帮助我清楚本章要掌握的主要知识和能力点 3. 教材能帮助我明晰本章要掌握的重点和难点
	使用情况	4. 老师每天上课都用学校自己编写的教材 5. 我每次学习都需要用到教材 6. 教材中有些内容利用率比较低或者很少用
	科学性	7. 教材经常出现一些科学性错误 8. 教材中有些内容从网上直接下载，没有进行筛选整理 9. 教材的排版、印刷不够美观，有待加强 10. 这个学科的教材编写质量较好

（1）教材评价

学校通过对专家、学科教师、班主任、学生、家长等进行的问卷调查和访谈，获取最直观的数据和修改意见。

（2）形成性评价

形成性评价关注学习过程，有利于及时揭示问题、及时反馈、及时改进教与学的活动。终结性评价关注学习结果，有利于对教学活动作出总结性的结论。心理健康教育课程应加强形成性评价，注意收集、积累能够反映学生心理素质与技能方面学习与发展的资料，可采用学案、成长记录袋等多种方式，记录学生的成长过程。对学生日常在心理课上的学习表现，应以表扬、鼓励等积极的评价为主，采用激励性的评语，从正面加以引导。

（3）评价主体的多元与互动

学校将教师的评价、学生的自我评价及学生之间的相互评价相结合，加强学生的自我评价和相互评价，促进学生主动学习，自我反思。评价要理解和尊重学生的自我评价与相互评价；要尊重学生的个体差异，有利于每个学生的健康发展。

学生家长、社区、专业人员等适当参与评价活动，争取社会对学生心理成长和素质提升的更多关注和支持。

四、课程建设特色

（一）课程实施特色

1. 建设多学科的融合心理课程

课堂是对学生进行心理健康教育的主渠道。教师通过科学、合理的教学手段、教学情境及教学组织形式，有意识地在课堂上进行学科融合，有效地促进学生心理健康地发展。学校已有的心理融合课程有：心理戏剧融合课程（高一年级校本必修开设）；心理历史融合课程"中国古代天人合一思想的古今"（高一年级校本选修开设）；心理生物融合课程（初二科学俱乐部活动）；心理健康教育班会课程等。学科教学与心理健康教育的渗透与融合，不仅为心理健康教育开拓了更为广阔的实践领域，也为学科教学提供了变革的空间，真正体现了"以人为本"的教育思想。

2. 鼓励个性化的自主心理课程

课程倡导自主、合作、探究的学习方式，以学生为主体，在尊重个性化的基础上鼓励学生创建自主课程，促进课内学习与课外拓展的结合。每年5月25日是全国学生心理健康节。525的谐音为我爱我，意思是要提醒所有人珍惜生命，关爱自己的心理健康，在此基础上学会关心他人，学会表达感恩。为提高全体师生关注心理健康的意识，增强学生维护心理健康的能力，依托525健康节，全校学生自主设计并开展了一系列的活动，如爱心传递、送信小天使等，用爱点亮生活，让心与心的距离更加贴近。

3. 创造重体验的实践心理课程

心理课程重视知行合一，重视学生的体验和实践。每学年的高一心理课上，教师都会给学生布置一个作业——每个小组要准备一个贴近现实生活的校园情境心理剧，进行展演。以高一学生心理剧创作为例，通过心理课上对于自我的探索，高一一班的孩子编写了一部反映弗洛伊德人格理论的心理剧——《我的门》。这部心理剧讲述了主人公在"自我"的选择下，被"超我"和"本我"分别控制，从而发生的一系列奇幻荒诞的故事。《我的门》荣获首届北京青少年戏剧大赛金奖，两位同学获得"最佳编剧奖"。孩子说："《我的门》带给我的除了荣誉、表演技巧和知识的收获，更体会到了人与人之间互相支持的情感是那么给力，也明白了心理学绝对不只是学知识，更要去用知识认识自己、改变自己，让自己成为更健康、更优秀的人。"

（二）教材建设特色

1. 教材编写立足学生自主发展

教材的编写立足学生自主发展，健全人格。以培养学生具有积极的心理品质，自信自爱，坚韧乐观；有自制力，能调节和管理自己的情绪，具有抗挫折能力等。同时能自我管理，正确认识与评估自我；依据自身的个性和潜质选择适合的发展方向，具有达成目标的持续行动力等。所以，教材的编写凸显了学生在人际能力、学业成就、情绪管理等方面的案例。这些能力的提高可以通过课程中，对自我的认识，对情绪的调控和耐挫力等的培养来实现，它顺应了未来社会对人才发展的需求，更顺应了学生应具备的核心素养。

2. 教材内容凸显学生生活本质

以生为本，充分地利用好教学资源，使教学内容满足学生的需求，贴近实际，贴近生活。心理教材内容的编写从人物形象到内容主题，都是在对学校师生广泛调研的基础上确定的。以心理知识为依托，让学生在做中学，在发现问题、解决问题中学，把知识内化为学生解决生活中问题的启示和引领。以职业生涯规划为例，面对选科走班，面对如何客观自我分析，如何自主选择，在教材中循序渐进地引导学生了解和熟悉学业生涯、职业生涯，并指导和帮助学生进行合理、适合的规划。

3. 教材形式呈现信息化、立体化

教材呈现的形式突出体现了时代性。在"互联网+"的大背景下，我校探索出了立体教材的形式。例如，在教材的实施中采取线上线下相结合的方式，把教材的资源扩大到互联网。同时开发立体化教材，如与专业院校联合开发了一套校园语言·音乐心理辅导系统，这是音乐心理辅导、神经语言程式学和神经心理学在学生日常生活中有针对性地应用的全面创新。该系统在校园中不同时间段播放相应的音乐，使学生在情绪调节，课后、考后放松心情、缓解压力、怡神养性、开发智力、提升自信心和正能量方面取得成效。

五、课程实施效果

（一）提升学生心理健康的意识与能力

通过从初一到高三6个年级全面覆盖心理必修课，并围绕同一主题根据学生心理发展特点的不同而展开循环设计的教学内容与活动，使每一位学生都有机会了解心理健康教育的有关知识，能够正确看待心理问题，意识到心理健康的重要性，提升学生觉察自身、关爱自身健康的意识。从学生积极心理资本的前后测对比看，自我效能、韧性、希望、乐观四个维度分以及总分较前测都有提高，目前学生积极心理资本总体水平较高，对自己的能力比较有信心，即便遇到挫折也能够做到坚持不懈，看待问题比较乐观，对未来充满了希望。

（二）提高学生选科选学指导的针对性

在新中、高考改革背景下，在模拟选科过程中，心理健康课程中的自我探索、生涯规划模块的学习内容为学生提供了必要的专业支持，并且为教师开设了生涯教练课程，提升该年级任课教师辅导学生进行规划与选择的能力。本次模拟选报对学生的性格、职业兴趣、能力等因素进行了测评，也为心理健康课程的开展及心理健康教材的修订提供了有力的量化指标。

（三）提升教师辅导学生心理健康的能力

在课程和教材建设的过程中，不仅心理教师要接受相关培训，学校的班主任和学科教师也通过多种途径对心理素质与心理健康教材及心理健康教育理念进行

学习，并尝试运用在学生的心理健康教育中。教师普遍反馈教材对开展教育教学很有启发。

（四）促进学校教科研水平的提高

学校依托教育部重点课题："中小学生健康素养相关因素分析与对策研究"（2015年12月）课题批准编号：DLA150337，与专业机构合作，研发并建立学生心理测评和心理成长管理系统，以学生的心理健康状况、人格、学习能力、生涯发展、脑疲劳程度、情绪状态、心理调节能力、注意力等指标的检测评估以及对应能力的训练提升为研究内容。同时研发《班主任及任课教师学生行为观察手册》。手册的评定内容主要是对学生的自我管理能力、人际关系能力和社会适应能力几个模块中的重要心理能力发展进行定性与定量评价，有助于更好地实行干预方案并进行评估，再经过反思形成新一轮的行动研究方案。

六、反思和建议

心理教材在我校已试用了四年，学生、心理教师都反馈课程内容安排合理，效果显著。同时，我们还获得了方方面面的反馈，其中很多意见和建议为我们对教材的修订提供了丰富的素材和支持。

在承担教育部重点课题"中小学生健康素养相关因素分析与对策研究"的基础上，学校完成了涵盖生理、心理、营养、运动、生态和文化六个维度的健康素养体系的构建。经过几年努力，我校基本实现了以"健康、自主、实践、融合"的多元多维课程为载体，促动师生体智融通；总结、梳理、推广学校健康教育的理念与实践课程，促动校际、区域间、国家间以及社会、家庭、学校健康教育理念的融通与互促的目标，取得了显著效果。期待在心理健康教育校本课程的建设之路上，从理念到内容、实施可以取得进一步的提升。

着眼民族团结大局，做好教育援藏工作

北京师范大学燕化附属中学　任德鸿　李建波

北京师范大学燕化附属中学（以下简称北师大燕化附中）地处北京西南，始建于1985年，是北京市普通高中示范校，新课程改革样本校，国家级教育体制改革试点项目校，"翱翔计划"课程基地校、创新人才培养实验项目校、北京市首批教育信息化融合创新"双百"示范基地、北京市科技示范校、北京市和西藏自治区民族团结教育示范校。自2011年开始承接首都教育援藏工作，承办西藏内高班，一直以来坚持散插班形式开放办学，各族师生都齐抓共管、凝聚共识，将西藏内高班教育和民族团结进步教育统筹结合起来扎实推进，取得了显著成效，经过多次扩招，已成为全国西藏散插班人数最多的高中学校。

一、承接首都教育援藏政治任务

燕山地区积极响应党中央国务院的相关战略决策，从2011年开始承担首都教育援藏工作，接收西藏内高班学生来京学习。学校自2011年秋季学期开始招收了首批45名西藏学生，由于办学成绩显著，此后历经多次扩招，2016年秋季学期开始将招生扩大到每年135人，常年在校的西藏内高班学生超过400人，成为全国最大的全散插班形式办学的内地西藏班高中学校。

我校录取的西藏区内学生，有两个数据比较明显，一是招收的女生明显多于男生；二是招收的农村户籍的学生历年均多于城镇户籍的学生，并且农村户籍学生来自西藏海拔最高的几个偏远山区阿里、那曲、昌都的学生人数占有相当高的比例，9年来总计招收了阿里地区7人、那曲47人、昌都106人，其他山南、林芝和日喀则边境地区的学生每年都有录取。具体情况如表1所示。

表1　北师大燕化附中2011—2019年西藏内高班学生基本情况统计

年份	人数	男生	女生	农村	城镇	拉萨	山南	林芝	昌都	日喀则	那曲	阿里
2011	46	14	32	27	19	14	10	8	6	6	1	1
2012	45	14	31	27	18	15	8	8	3	9	2	
2013	52	16	36	28	24	16	10	4	11	7	3	1

续表

年份	人数	男生	女生	农村	城镇	拉萨	山南	林芝	昌都	日喀则	那曲	阿里
2014	43	10	33	23	20	15	8	5	7	4	4	
2015	44	14	30	28	16	11	11	4	3	12	3	
2016	136	45	91	70	66	57	20	9	20	20	8	2
2017	135	42	93	78	57	36	26	8	21	33	10	1
2018	138	51	87	73	65	45	16	10	18	33	14	4
2019	135	46	89	66	69	65	23	9	17	19	2	
合计	774	252	522	420	354	274	132	65	106	143	47	7

西藏学生从高海拔地区来到首都北京，远离父母亲人，远离家乡，常年住校学习生活，教育管理任务艰巨，安全维稳责任重大，给学校办学带来诸多挑战。

第一，学生常年在校，教职工全天候工作。无论工作日还是节假日，都需要学校对西藏内高班学生进行全方位管理，西藏内高班学生因高原和平原的气候差异等原因，来到学校后疾病多发。

第二，西藏学生要同时适应北京新课改新高考和西藏内高班的高招。2020年是新高考改革最关键的一年，北京进入了新高考改革，形成分类考试、综合评价、多元录取的考试招生模式。西藏内高班高招还是实行传统的文理分科模式，北京的新高考和西藏的传统文理分科录取的旧模式之间存在诸多需要协调处理的问题。

第三，西藏班办学是一项高度敏感的政治任务。培养、造就一大批坚决维护祖国统一、民族团结，旗帜鲜明反对分裂，政治可靠、思想过硬，立志报效祖国、服务于人民的可靠接班人和合格建设者，是内地西藏班办学的艰巨任务，西藏内高班学生的培养目标具有鲜明的政治性。国际国内形势复杂多变，内地西藏班工作尤其是德育工作面临着诸多挑战。

二、建立西藏内高班培养的常态化机制

（一）明确西藏内高班办学目标

学校2011年承担首都教育援藏的政治任务，秉持家国精神，以"希望教育"为办学理念，以"家国文化"为精神追求，确立7个方面的工作目标：即确立思政为首的教育工作思路，开设党团核心的精品课程，坚持全散插交融的办学模

式，深入开展民族团结进步教育，打造校内外联动的师资团队，培养边疆建设的优秀人才，创建面向全国的西藏内高班教育科研实践基地。

有目的、有计划、有组织地对西藏内高班学生进行教育管理，致力于促进全体西藏学生身心健康，提高党团思政水平，提升科技素养，丰富社团活动，养成艺体特长和团队精神。学校力求办好新时代内地西藏班，培养大批政治坚定、素质过硬的少数民族高素质人才，对全面建成小康社会，实现中华民族伟大复兴的中国梦做出应有贡献。

（二）建立机制完善制度

学校成立了以校长、书记为组长的领导小组，形成党政负责人亲自抓，分管领导主要抓，西藏部、教学、科研、总务等部门互相配合，全体教职工共同参与实施的工作组织机构和管理机制。制定了《西藏班学生管理办法》《"我爱我家"西藏内高班管理》系列规章制度，建立了处理民族团结问题的预警应急反应机制，确保西藏内高班教育工作管理有序，落实到位。

将西藏内高班教育工作纳入学校的发展规划，以德育活动为载体、以课堂教学为主渠道、以后勤保障为后盾，制定多项制度，加强全面协调，严爱相济的人性化管理，使全体西藏学生纪律严明、生活有序，养成良好的行为习惯，促进学生的全面发展。

三、西藏内高班教育管理工作的四个抓手

（一）直面困苦筑牢家国精神

1. 疾病困扰最忧心

内地办学面临很多办学难题，其中西藏学生的健康管理尤其突出。西藏学生离开父母，从高海拔地区来到首都北京，环境的突然改变，容易导致疾病多发，学校要承担所有的就诊陪护任务，地区安全维稳责任重大。统计2019年就医记录发现，陪护就医超过500人次（每天1~3起）。西藏学生疾病就医有几个特征：一是有水痘、肺结核这类传染性疾病，需要进行隔离治疗，并且还要进行大规模密接人群筛查和疫苗接种；二是贫血、过敏、鼻炎、甲沟炎、气胸、癫痫等疾病威胁西藏学生群体的健康，而这些疾病在本地学生当中很少见；三是阑尾炎、肺炎、意外伤害、膝盖积液、紫癜这类比较严重的疾病偶发；四是感冒、口腔疾病、胃病等常见疾病频发；五是心理抑郁倾向的西藏学生越来越多，心理健

康问题突出。

2. 党建联盟护健康

西藏学生疾病尤其是传染病频发，学校管理告急。学校党委请示燕山教委党委，借用党建联盟，请求体委中心出面，召集燕山社区医院、燕化医院（三级）、疾控中心的医疗专业队伍联合解决学校难题。2018年3月学校任德鸿书记与燕山社区医院张爽书记协商，燕山社区医院组织业务精干的青年党员"西藏内高班爱心团队"送医入校，启动爱心诊室，面对面为学生提供医疗服务。2019年5月，"北师大燕化附中西藏班健康教育基地"在北京燕化医院建立，医院党委站在为边疆人民的健康服务的政治高度，在医疗资源相对紧张的情况下，为学生就医开设绿色通道，通过党建联盟的平台化解西藏内高班学生的健康管理难题。这一制度创新，为全国西藏班办学提供了西藏学生健康管理的"燕山方案"。

3. 铸造家国精神

北师大燕化附中的教师倾心为西藏班孩子奉献，给予"父母"的关爱，党建联盟联合燕山地区各个部门单位共同关爱身处疾病困苦的学生，为孩子们营造家的温暖。在与西藏学生共同经历疾病和困苦的艰难过程中，大家把西藏学生当成自己的孩子。学校没有简单地停留在内高班师生小家的范围，而是立足于学校，追求"一家人"的精神，"西藏的发展靠我们推动，国家的未来靠我们创造！"家国一体，心怀天下。学校西藏内高班形成了独具特色，深入人心的"家国"文化。

据调查显示，家国文化得到了我校西藏生的充分认同。并且西藏生都自觉按照"互帮互助、互敬互爱、乐于奉献、团结一心、追求卓越、荣誉至上"的家国文化标准来要求自己。2014年，我校西藏班学生两次参加中央电视台的活动，学生在面对CCTV的采访时，都表示要学成后建设美丽的家乡，立志报效党和国家的培养。2014年7月15日，学校6名西藏学生参加教育部"圆梦蒲公英走进全国人大"活动，学生会主席扎西平措接受CCTV–1《朝闻天下》记者的采访："我心里满是激动和欣喜，充满了对党和国家的感激，还有对未来的无限憧憬。现在我要珍惜在学校的学习机会，长大后要建设家乡、服务人民、回报祖国。"

（二）散插办学实现交往交融

1. 随班就读，同班同学一家亲

从2011年北师大燕化附中开始承接第一届西藏学生至今，学校一直坚持全散插办学。9年来，西藏学生和北京学生一起学习、一同生活，相互帮助，携手奋斗。在共同的学习生活中，每时每刻都上演着各民族同学深度交往、交流、交融的场面。2011级西藏学生卓嘎群宗在她的毕业留恋中记录了"一碗饺子的温暖"：

> 冬天又到了，同学聊天聊到饺子，我随口说了句"真想吃饺子"。周日，雪花把学校装点成银装素裹的小世界，我们在宿舍里奋笔疾书，一声电话铃把我从学海中拉出："到校门口来一下。"我带着满脸的疑惑跑到校门口，看见我的同桌站在雪中，旁边还有一个阿姨，她把手中的东西递给我说："这是我妈妈做的饺子，你们几个一起吃吧！"我没想到，我随口说的一句话，她就这样放在心上，为我们做饺子的举动像一束阳光温暖了我的心，我感到冬天不再寒冷了。

据调查显示，学校的北京生源学生和西藏学生均能相处融洽，互相成为朋友，在学校各种活动中，随处可见他们相互合作完成任务的身影。

2. 组建学生会，提供多样化的社团活动

学生会是学校西藏学生自我管理的机构，每学年初，学校组织团队建设，通过推荐竞选，团队拓展，青年党团校管理课程培训，学生会成为西藏学生成长历练、自助助人的舞台。与此同时，所有周末和寒暑假，西藏内高班均有主题活动丰富学生的生活，包括"爱心温暖美食传情"，心连心趣味运动会等。所有的重大节日，西藏内高班均有大型的文艺晚会，比如"相亲相爱度中秋""一生一世陪你走"元旦晚会，"中华民族一家亲"春节晚会，"民族大团结"藏历新年晚会等。在活动中育人，在交流中感受爱与温暖，耳濡目染，润物无声。2018年，民族舞蹈《高原》在北京市中小学生艺术节中获金奖，并代表北京市参加首届京津冀民族团结展示，被北京卫视新闻报道。

3. "希望连心"党员结对帮扶

每年学校党委都要组织党员和西藏学生结对帮扶，给党员充分发挥先锋模范作用搭建有效平台，结对帮扶是构建家国情怀、缔结师生友谊的桥梁。党员教师以自己良好的政治修养、理论修养和高尚的师德，给学生以积极正向的启发和引导，成为学生一生的良师益友。同时，远离亲人的西藏学子也积极主动地走近结对党员，与党员教师进行深入的交流沟通。截至2019年，党员结对帮扶西藏学生369人，这些西藏学生毕业后全部升入国家重点大学。

学生散插随班就读，学校办学一体化管理，全体教职工全员育人，共同提升西藏学生教育教学水平。学校西藏内高班聚集着学子们的梦想，更肩负着民族和国家的使命。多民族学生在共同的学习生活中，稳固树立"民族一家亲"的观念，形成了"我们都是一家人"的共同体意识。散插办学，以其强大的育人力量，搭建起多民族交流的桥梁，加强了民族团结，承担着党和国家交给我们的"教育援藏，国家富强"的光荣使命，彰显出更为深远的教育意义和价值。

（三）构建党团核心课程育栋梁

学校科研坚持从实践中寻找研究课题，针对西藏内高班教育的重点、难点问题加强研究，以课题带动，用课程支撑，将民族教育理论与学生实践活动紧密结合，多元促进多民族学生全面而有个性的发展。学校通过市、区级课题，引领民族团结教育工作。

1. 资金保障，构建民族团结教育课程体系

立足于培养"建设家乡，爱党爱国"的民族地区优秀建设者，学校教科研室联合西藏组织校内外专家设计了一套以"家国文化课程"为核心的"希望"民族团结教育课程体系。并于2014年获得北京市163万余元的专项资金，用于课程建设与实施。通过课堂学科融入和实践活动融入来助推学校民族学生素养与能力的全面协调发展（见图1）。

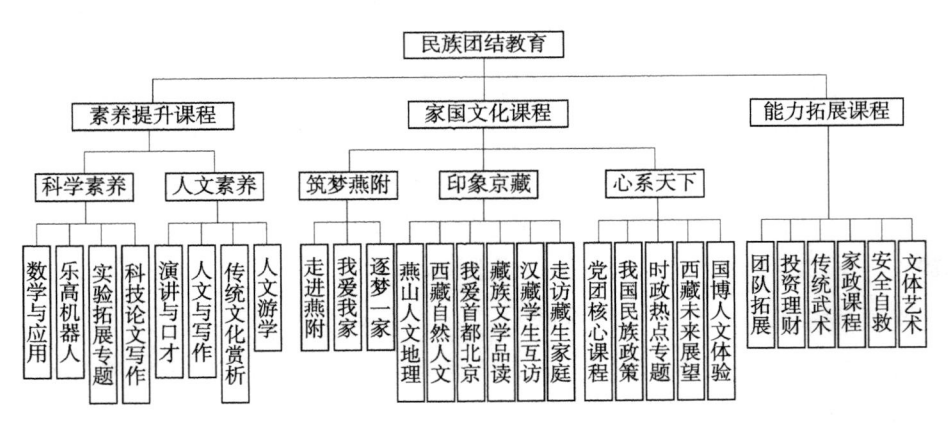

图1 "希望"民族团结教育课程体系

2. 校本课程，支撑西藏内高班教育的高效推进

（1）党团课程培养家国情怀

按照教育部、北京市教委以及西藏自治区教育厅有关通知要求，学校党委联合中央民族大学、首都师范大学、中国藏学研究中心等高校和研究机构构建党团核心课程，积极部署和落实党的十九大以来的治国理念和精神，尤其是学习习近平新时代中国特色社会主义思想。先后开始"习近平总书记系列重要讲话精神和治国理政新理念、新思想、新战略""不忘初心、继续前进——重温中国共产党95年的辉煌历程"等专题讲座，并组织学生到红歌基地——《没有共产党就没有新中国》创作地霞云岭——进行参观学习，同时前往平西抗战烈士陵园瞻仰，通过聆听革命先烈的英雄事迹来追寻党的光辉足迹。以卓有成效的党团课程来支撑和推动学校西藏内高班学生思想政治素养的提升，厚植心怀家国的边疆建设者，培养爱党爱国的时代新人。

（2）时政教育拓展国际视野

高中生是一个充满热情与激情的群体，他们代表着国家的未来与希望。而高中学生又处于人生观、价值观塑造的关键时期，很容易受到网络、媒体上良莠不齐信息的冲击与诱导。为了引导正思维，传递正能量，拓展少数民族学生的国际视野，学校自主开发了校本课程"中国周边安全形式扫描"，利用校本课程时间，进行系列时政专题讲座：扭断绞索，走向深蓝——解析东海防空识别区、甲午风云话国运——中日关系两甲子、好战必亡，忘战必危——中国抗日战争胜利70周年专题、捍卫南海主权，浇筑历史丰碑——解析南海问题，用喜闻乐见的方式培育学生的爱国主义情怀，鼓励学生为实现中国梦而努力。

3. 学科融入做细做实

学校将民族团结教育融入各学科教学和学校各项活动，在课堂教学中注意挖掘各学科教材中民族团结教育方面的内容。学校教师积极尝试把民族团结教育融入学科课堂教学，整合教材，联系实际，专题研究，融入民族团结教育内容。如，政治学科开设的专题教学"我国的民族政策和宗教政策常识"，专题教学"中国古代的传统节日"，历史学科开设的《燕山访古》等。抓住学科课堂主渠道，让学生深刻体会中华文明是各个民族共同发展的结果，让学生在学习中牢固树立"三个离不开""五个认同"的观念，树立自觉维护国家统一、反对民族分裂的思想意识。

（四）加强培训提升师资队伍育人能力

1. 领导带头全员培训

领导班子带头学习、认真贯彻落实党和国家的民族政策，积极参加教育部、市教委、市民族教育学会组织的民族团结教育专题培训。班子成员认真履行职责，组织全校教职员工开展民族教育专题学习，同时承接教育部、北京市教委、西藏教育厅相关民族教育大型的培训交流展示活动，促进学校民族教育工作的深入开展。

2. 重视教师队伍建设

学校重视教师队伍建设，提高教师开展民族教育工作的能力和水平。每年都定期对全校教职工进行相关理论培训。几年来，学校邀请教育部民族教育司、西藏教育厅领导专家，北京市民族教育学会陈宏会长、中央民族大学严庆教授、中国藏学研究中心的拉周博士、西藏中学李士成校长等西藏内高班教育的领导和专家来我校进行指导和宣讲。学校还定期召开民族教育工作经验交流会，通过沙龙研讨、专题讲座，分享成果，为教师的成长和发展搭台铺路，不断提高教职员工教育管理的能力，取得了丰硕的成果，2017—2020 年，出版专著 1 本，发表论文 19 篇，开发课程 15 门，教师获得市级奖项 32 项、学生获得市级奖 53 项目，学校获得 7 项表彰。

3. 重视对少数民族干部、教师的培养

重视对少数民族干部教师的培养，对他们思想上给予信任、工作上给予支持、生活上给予帮助关怀，学校在晋级、评先工作中，同等条件下优先考虑少数民族教师。原校长马熙玲同志是满族，北京市政协委员正高级特级教师金英华老师是朝鲜族，被评为全国优秀教师，受到习近平总书记的接见。

四、西藏内高班特色办学的探索反思

学校西藏内高班特色办学还存在以下问题：一是学校西藏内高班学生来源于西藏自治区，全区七大地市，地域辽阔，各地域之间被大山大河隔开，学生生活的自然和人文环境差异大，学校缺乏相应的教育背景调研，家校教育也有待加强；二是北京本地学生和西藏区内学生的交流交往活动仍停留在学校学习活动层面，深入家庭的深度交往交融还有待加强；三是党建联盟在燕山地区层面为西藏学生的管理提供了很多服务便利，西藏学生对联盟单位的感恩回馈工作没有开展；四是西藏内高班教育科研比较薄弱，师资队伍教育教学的能力和水平需要在更高层面进行提升。

习近平总书记在西藏工作座谈会上强调"改变藏区面貌，根本要靠教育""要加大教育援藏力度，重点加强以数理化学科为主的内地教师进藏支教"。学校教育要落实党中央治边稳藏的战略决策，不忘初心，承担使命，办好西藏内高

班。首先，要加强对西藏区情学情的深入了解，沟通学生和家长，家校联合，区内区外联动，做到教育背景清晰，教育目标清楚，教育方法得当。其次，继续坚持散插办学，加强西藏学生和本地学生交流、交往、交融的工作，为筑牢中华民族命运共同体贡献智慧和力量。再次，发动西藏学生对党建联盟单位进行感恩主题活动教育，亲近为自己奉献的党员和党组织，感恩党员和党组织，为爱党爱国教育厚植感情土壤，为西藏学生成长打下红色底子。最后，要积极跟民族教育、民族团结教育的科研院所联系，聘请相关领域专家学者对学校教职工进行多种形式的培训，同时以问题为导向，引导教职工进行实践研究，申请课题和经费，加强核心特色课程建设，加强与全国兄弟院校交流，多方面、多层次完善学校西藏内高班的特色办学工作。

"1+3"拔尖创新人才贯通培养模式的探索与实践

北京中学　余国志

一、基本概况

北京中学成立于2013年9月，是经北京市人民政府批准，由朝阳区人民政府创办的一所覆盖小学、初中、高中十二年一贯制公办完全中学，也是朝阳区"1+3"项目试验学校。目前，学校拥有西坝河校区和东坝南校区两个校区，藏书30万余册，各种期刊资源300多种，外聘国内外知名教育专家30多名。

（一）办学理念

1. 教育文化与价值理念

学校紧紧扎根中国大地办教育，汲取中华优秀传统文化教育思想，借鉴世界先进教育思想，坚持落实立德树人的根本任务，坚持"五育并举"和"三全育人"，坚持社会主义核心价值观，坚持依法治校与改革创新。学校以"享幸福人生，做中华栋梁"为培养目标，以"仁、智、勇、乐"为学生成长的核心素养，确立了"世界因我更美好"的校训，崇尚"和而不同、乐在其中"的校风，形成了"教学做合一"的学风和"信任、发现、支持、引导"的教风，构建以"一体"（全面发展的人）"两翼"（爱国主义精神和创新精神）为特征的学生发展支撑体系，引导学生学会学习、学会共处、学会生活、学会创新，成为有根的人、能自主的人、能创造的人。

2. 办学定位与策略

学校遵循"国际化、现代化、高品质"的办学定位，实施党建引领、文化立校、学术兴校、开放办学的发展策略，初步构建了由文化价值体系、现代学校治理体系、卓越课程教学体系、多元教育评价体系构成的教育有机生态系统。

3. 所处阶段与目标愿景

学校目前处于开展十二年一贯制教育并探索小初、初高小规模的实验办学阶段。学校致力于开放、多元、融通、大气的现代学校治理体系建设，致力于形成活泼舒展而又理性法治的校园文化，致力于成为师生的精神家园，成为师生的学习中心，成为师生的创新沃土，致力于办一所具有北京风格、中国气质与世界胸怀的现代学校，逐步发展为世界一流的中国名校。

（二）办学优势

1. 以创新立校

学校自创立之日起，始终高擎创新教育旗帜，紧跟时代的前沿脉搏，把创新作为学校发展的核心精神之一，用创新立校，用创新强校，不断加强教育教学改革创新力度，着力推进一系列教育教学创新改革，呈现出了创新意识强、创新文化突出、创新氛围浓郁、创新动力强劲、创新成果初显的发展态势，已成为一所具有创新因子的实验学校。

2. 浓厚的文化氛围

学校把文化建设放在突出位置，通过文化立校战略，着力营造家园文化和信任文化，形成了风清气正的干事创业氛围和爱岗敬业的文化氛围。

3. 卓越的教师队伍

学校拥有一支结构合理，素质优良，有理想、有情怀、有能力的优秀教师队伍，为提升学校教育教学水平奠定了师资保障。

"1+3"项目作为一种新型育人模式，具有教育时空贯通、紧密和连续的特点。学校着力通过文化和价值制度的变革，不断借鉴最新教育理念和吸取办学经验，凝聚政府、社会、学校、家庭等各方力量，着力从文化制度、价值体系、治理体系，课程教学、教学评价等方面开展全方位探索。

二、问题和举措

（一）面临的问题

"1+3"新型育人模式是北京市教委为满足办人民满意教育，推动教育创新，彰显教育公平的重大改革举措。如何把握"1+3"新型育人模式的性质特点？有什么样的优势又有什么样的劣势？学校该通过什么样的方法来应对？如何通过"1+3"新型育人模式培养拔尖创新人才？这些问题是摆在学校面前需要研究的重大课题。

由于"1+3"入校学生是从初二直升高中，较以往的常规育人模式，高中有了四年的学习时空，但初三部分课程有所缺漏。"1+3"新型育人模式的课程如何设置？如何合理衔接初高中课程？如何补缺初三的部分学科课程？如何整合教与学的教育时空？如何做到课程设置既区别于传统高中课程，又要保持国家基础课程的有效实施？如何既要不破坏国家课程的连续性，又要实现课程的创新整合发展？

由于"1+3"项目的初二学生处于青春期，来到一个全新的学校，"1+3"新型育人模式的学生如何认同学校文化，融入班级？又该通过什么样的教育模式来管理？

"1+3"新型育人模式的学生该如何教？在教学内容上，是到底教初三的课程内容，还是教新高一的内容？在教学方式上，如何满足不同学生的不同学习风格和不同学习基础的学习要求？在课堂教学模式上，如何调动学生的学习自主性、积极性和主动性？

（二）解决的措施

针对上述问题，经专家论证、师生家长调查、国际研讨等方式，结合"1+3"育人模式的实际情况，探索出了"1个目标""2个机制""4个贯通"的育人模式。

1个目标：是指要通过"1+3"新型育人模式，培养符合国家需要，具有自主发展意识、爱国情怀和创新品质的创新拔尖人才、自主发展的人。通过课程建设和课程支撑，帮助学生实现德、智、体、美、劳的全面发展，实现体力和智力的充分、自由、和谐的发展，实现身心的全面发展，成为具有爱国情怀的人。培养学生成为有根的人。通过课程，把中华优秀传统文化植入学生的心灵，用中华优秀传统文化滋养学生的发展，浇灌学生的成长，从而使学生成为有文化根脉的人、有家国情怀的人、能创造的人。通过课程建设，培养大脑有创意，观念可创新，手上能创造的人，引导学生具备合理审辩和质疑的知识基础，具有强烈的求知欲、好奇心与想象力，具有深厚的传统文化底蕴与开阔的国际视野，提升改变的愿望与尝试的行动能力，提升基本的科学思维方法和科学研究素养，通过动手创造可视化学习成果来解决学习问题的能力。

2个机制：是指纵向贯通培养机制和横向联合培养机制。"纵向贯通培养机制"是指学校充分利用"1+3"育人模式的优势，开展由初到高纵向贯通的培养实验，从高中入口抓起，循序渐进地对学生进行创新教育，推出系列化创新教育课程，培养学生的创新思维、审辩思维、探究能力和动手能力，形成初高中一体化纵向贯通培养育人机制。"横向联合培养机制"是指学校充分利用校内外各种资源优势，加强与大学、科研院所等机构协作，对接高科技企业与平台，积极引进并共建高端实验室，共享高端科技创新平台，共研高端科技创新项目，聘请大学专家教授到校开展项目指导和授课，形成校校联合、校企合作的横向协同育人机制。

4个贯通：指"1+3"育人模式要实现目标贯通、课程贯通、教学贯通和评价贯通。一是目标贯通，按照整体论和系统论的思想，把"1+3"育人模式作为一个整体来通盘考虑，在培养目标上实现贯通，即培养自主发展的人，具有爱国情怀和创新品质的人，并把目标层层分解到各个学段。二是课程贯通，学校从初高中前期衔接和后续进阶的角度，把"1+3"的课程体系通过项目式学习等方式，进行教学内容的整合，连缀为一个系统的整体，实现课程的贯通。三是教学贯通，在课堂教学方式上，根据学生需求和课程内容特点，进行整体设计，保持教学方式上的连续性。四是评价贯通，针对"1+3"学生的学习特点，在前期衔接阶段，弱化结果评价，在后续进阶阶段，强化过程评价。

新型育人模式的具体措施如下。

在育人变革的规划方面，学校基于"1+3"育人模式的性质特点，改变传统的育人观和质量观，经过深入分析论证，提出了"整体设计、组织变革、要素创新、务实发展"的发展方法论。整体设计是指学校基于教育系统论的思维方法，把"1+3"育人模式的文化价值引领机制、现代治理体系、课程教学机制、育人变革机制、教育教学评价作为一个整体来看待，通盘考虑，从而使其成为一个完整的有机体，发挥整体效能。组织变革是指在整体设计的前提下，教育的组织系统必然要发展变革，教育组织的结构和功能必然要予以优化。要素创新是指学校在整体设计的方法论指导下，对构成的教育要素进行适度的创新，如教育教学机制、育人机制等，通过要素驱动，凸显学校创新特色。务实发展是指作为一所新建校，在新时代的教育生态中，要站稳脚，起好步，实事求是，一步一个脚印地发展。

在文化价值引领机制方面，学校坚持文化立校，通过无形的精神文化和可见的物质文化进行塑造和培养。在校园的物质文化方面，学校通过书香校园（如墙壁、走廊、通道、宿舍）的建设，物质环境的改造，软硬件条件的提升，充分发挥物质环境的育人作用，使校园成为有文化的校园。在精神文化层面，针对"1+3"学生的身心特点，学校建构家园文化和信任文化。具体来说，对于教师，营造学校即是家的感觉，让教师教得开心，干得舒心，培育家园文化；对于学生，营造信任自我，自我教育的学习氛围，让学生愿学、好学、乐学，培育信任文化。通过家园文化和信任文化，进一步增强全体师生的凝聚力和向心力。

在育人方式变革机制方面，学校聚焦育人的核心要素，围绕治理机制、课程、教学、学习、评价等方面，开展了适切的创新探索与实践，建构了创新拔尖人才贯通培养的新型育人模式，如图1所示。

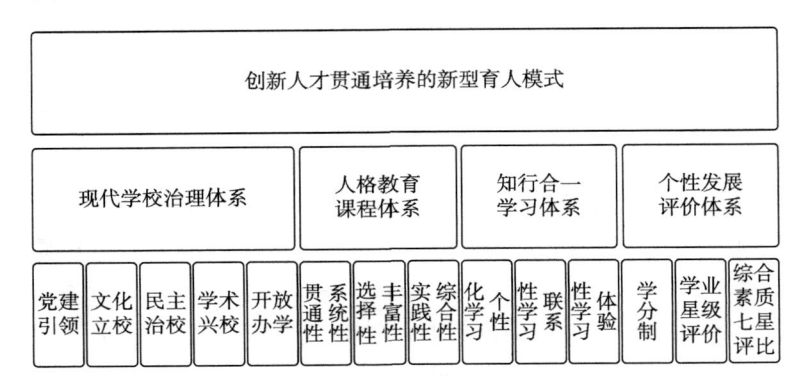

图1 创新人才贯通培养的新型育人模式

一是在现代教育治理机制方面，学校结合"1+3"学生的实际情况，建构"分权共责"体系，实施去中心化的扁平式管理和项目闭环式管理以及主体性管理，构建年级与学科共同对教育教学质量负责的机制；学部、年级负责制与中层处室管理同样构成矩阵结构，采取分布式领导方式，根据年级和各部门不同的任务特点和成员能力，确定不同岗位的领导职责，根据实际需求和实施效果动态更替，逐步实现由管理走向治理，将部分教育决策权下放至教学一线，如年级负责制，将部分教育选择权归还给学生；如实施课程选择制等，为师生赋能。

二是在课程体系建构方面，学校为满足"1+3"学生的学习需求，遵循可选择性、丰富性、前瞻性和贯通性的原则，凸显"素养为先，能力为重，宽广容通，大气厚重"的课程导向，建构了基础课程、拓展课程与潜能课程相融合的创新拔尖人才贯通培养的课程结构，探索个性化学习、联系性学习与体验性学习等学习方式的变革，实施分层分类选课走班、导师制与学分制。基础课程对应国家课程的8大领域；拓展课程分设学院系列课程、阅历系列课程、雅趣系列课程、服务系列课程、健身系列课程等5个子课程系列；潜能课程分设领导力课程、创造力课程和特殊才能3个系列课程。三者共同构成学校的课程体系，初步构建了符合时代要求与学生成长规律的新型育人模式。既实现了学生学段上的纵向贯通，又实现了学科课程内容的横向贯通。

三是在课堂教学方面，为满足学生的个性化学习需要，针对"1+3"学生的学情特点，学校实施了研修、导修、讲修、自修的分类分层课堂教学模式。"研修"即学生自己制定研究性学习任务开展学习；"导修"即教师安排一定的学习任务，引导学生自己开展学习；"讲修"即以教师讲授为主；"自修"即学生根据学习情况开展自学。学生可以根据自己的学习风格，来选择适合自己的课堂教学模式。同时，教师通过资源+支架，变教为学，变控为导，变被动为主动，运用多种信息化渠道和个性化支持方式，推行"自主式学习+自适应""线上+线下""同步+异步""个性+集体"等混合式教学方式。

四是在学习方式变革方面，学校针对"1+3"学生的学习特点，引导学生变革学习方式，采取联系性学习、体验性学习、个性化学习、项目式学习、体验式学习、服务式学习以及情景式学习，同时，倡导自主的学习、可见的学习和融通的学习，帮助学生获得学习效能感，达成学习效益的最大化。助力学生的学习方式变革，帮助学习者逐渐建立起自我学习、自我教育的教育信念，通过这种信念，引导学习者成为终身学习者和问题的高效解决者，建构起一套科学学习的机制。

五是在教育教学评价机制方面，学校对学生进行评价时，注重引导性和发展性以及过程性，避免见分不见人的单一评价导向，建立覆盖入学、在读、毕业等环节的学习评价和反馈机制，建立学习质量持续改进机制，建立学校、年级、教师三级学习效果评估指标，建构学业五星评价、学生综合素质七星评价等学习评价系统，实现学生横向对比评价向自我纵向评价的转变，标准化评价向个性化评价的转变，推动以"教"为中心向以"学"为中心转变。"学科学业五星评价"是指在实施学分管理的基础上，学校采取五星评价制度对学生学习过程进行评价。评价形式既有传统的纸笔测验考试，也有项目作业、研究报告等；评价内容既有对学生解题能力的测试，更有对学生综合研究和解决实际问题的能力的检验。星级评价方案共设5个星级。1星：完成课程学习基本任务，获得课程学分；2星：在1星基础上，获得良好的评价；3星：在2星基础上，获得优秀的评价；4星：在3星基础上，课程学习中有突出表现或特长发展；5星：在课程学习中有卓越表现。"综合素质发展七星评比"包括"学习之星、生活之星、运动之星、服务之星、孝德之星、艺术之星、科技之星"，在学期末采取个人申报、教师评议、学委会审定、学校表彰的方式进行评价。

三、成效分析

经过七年的艰辛探索,"1+3"实验培养模式基本达成了发展的预期目标,办学水平和质量逐年提升,社会美誉度进一步提升,学生的综合素养得到进一步发展,为国家培养输送了一批创新拔尖人才。

1. 社会美誉度进一步提升

"1+3"试验得到了师生、家长和教育专家的高度认可,教改经验多次在教育部相关会议上得到介绍,《人民日报》、人民教育等媒体也多次报道。学校成为被国际优质学校联盟（CIS）认证的公办学校,成为中国教育学会"十三五"教改示范校、中国陶行知研究会示范校、中国教育科学院名校长研修基地、北京师范大学教育学部教学实践基地。学校与美国高科技高中、德国爱因斯坦中学等多所世界名校结为友好学校。学校的教改举措与经验,对朝阳区的基础教育形成良好的辐射影响,一些改革亮点与做法在区内学校得到很好的传播与移植。与此同时,办学规模进一步扩大,校区由一个校区扩大到两个校区,学段覆盖除小学5年级的小初高全学段。学校的办学层次不断丰富,初步形成了小初高一体化贯通的创新拔尖人才育人模式。

2. 学生综合素养明显提升

一是今年"1+3"首届学生参加高考,有8名学生被清华大学、北京大学录取,国际部有1名学生被哈佛大学录取（北京地区唯一一名）,50%的学生进入Top10的国际大学。二是在综合素养方面,学生连续两年获数学建模国际大赛特等奖,辩论队获亚洲华语比赛冠军;在科技方面,学生获国际海模大赛银牌,全国创造力发明金牌,多次获得哈佛大学、麻省理工学院在北京举办的中学生科技比赛金奖;在艺术方面,合唱队在莫斯科获国际合唱比赛第一名;在体育方面,获全国游泳大赛冠军,健美操队多次获全国冠军等。学生爱国情怀、文明意识、气质涵养、社会责任感、行为举止得到了各界的称赞。

3. 教师队伍水平不断提升

为了满足"1+3"教学模式创新的需求,通过"引进来"和"自培养"模式,培养了一支想创新、能创新、敢创新,具有教育家型教师和教育思想家型教师潜质的优秀教师队伍。通过近几年的努力建设,教师队伍得到了发展壮大,一支素质优良,结构合理,教书育人水平优秀的教师队伍已经形成。

4. 学校"1+3"新型育人方式变革进一步推进

初步形成了一套由文化价值引领机制、常态管理机制、课程教学机制、教育评价机制、资源保障机制组成的育人模式，并得到了教育实践的验证，取得了良好的效果。

四、反思和建议

（一）努力方向

尽管"1+3"新型育人模式探索实践取得了一些阶段性成果，但我们深知，随着教育综合改革的推进，与朝阳教育强区战略相比，与首都建设"四个中心"的发展定位相比，与人民日益增长的美好生活和教育需求相比，与建设世界一流高中相比，还存在一些问题与挑战，主要表现在以下三方面。

一是在教育新时代背景下，如何更好地通过"1+3"实验培养模式，落实培养时代新人这一目标？党的十九大报告提出"培养担当民族复兴大任的时代新人"。就学校而言，如何落实立德树人，如何通过"1+3"育人模式，探索价值引领机制、学校治理机制、课程教学机制以及多元综合评价机制，培养好时代新人，是未来较长一段时间内摆在学校面前的重大问题，也是必须回答好的教育问卷。

二是在教育新时代背景下，如何进一步变革和创新"1+3"新型育人模式？时代新人的培养，离不开育人方式的变革。育人方式变革是国家教育发展改革的核心指向，也是学校教育教学改革的重要内容。对于学校而言，育人方式变革是学校发展的重大事件，更是一个深刻持续变革的渐进过程。为此，如何通过"1+3"新型育人模式，推动育人方式变革，真正落实到日常课堂教育教学，仍需要加大教育实践和研究的力度。

三是对标育人方式变革，如何建构更加科学合理和符合"1+3"学生身心发展规律的贯通培养课程体系？课程是支撑学生发展的精神食粮，时代新人的培养目标和育人方式的变革，必然要求课程体系变革。如何进一步实现"1+3"模式的初高课程贯通？在贯通的同时，又如何提供更加优质，更加个性的课程，满足每一位学生的个性化学习需求？

（二）政策建议

中央全面深化改革委员会通过的《深化新时代教育评价改革总体方案》中

提出要做好"四个评价",建立科学的、符合时代要求的教育评价制度和机制。"四个评价"是未来较长一段时期内,教育变革的指挥棒和航向标,既是一个系统的改革工程,也是一个技术操作和细化的过程。我们希望教育行政管理部门尽快出台实施细则,以便中小学在开展教育评价时有章可循,有则可依。

开展贯通培养试验，提升课程育人实效

北京景山学校远洋分校　肖伟华

一、学校基本情况

北京景山学校远洋分校位于石景山区鲁谷东街 22 号，为石景山区远洋山水小区配套学校，2007 年 5 月由石景山区教委、北京景山学校、远洋地产控股有限公司联合创办。学校是一所九年一贯（小学五年、初中四年）、高中三年的全日制公立学校，学校现有 12 个年级、79 个教学班（其中小学 40 个、初中 29 个、高中 10 个），2710 名学生。现有教职工 266 名，其中博士研究生 3 人，硕士研究生 106 人，特级教师 2 人，市区级骨干教师 34 人。

学校沿用景山学校"明理、勤奋、严谨、创新"的校训。义务教育的课程设置、教材使用等与本部基本保持一致，高中则与石景山区保持一致。学校秉承景山学校的办学特色，以先进的教育思想为先导，以科学的教育理论为指导，以教改试验为基础，探索 21 世纪从小学到高中人才培养的新策略。

学校继承景山学校的办学理念、办学模式、管理思想和教育教学改革经验，高举"三个面向"的旗帜，以科学发展观为指导思想，坚持走基础教育整体改革创新的道路，以"取古今中外百家之长，走继承、借鉴、融合、创新之路"为办学思想，秉承"全面发展打基础、发展个性育人才"的办学宗旨，为学生的终身成长奠定坚实的基础。

学校的办学特点可归纳成三个"三"，即以"三个面向"为旗帜的指导思想，三方联合的办学模式，"三位一体"的管理模式。

（1）"三个面向"的指导思想

学校以"三个面向"为旗帜，在继承邓小平同志提出的"三个面向"的同时，结合学校实际情况和当今的教育理念，拓展了"三个面向"的内容，即面向现代化体现为教育理念现代化、教学技术现代化、教学设备现代化。

（2）三方联合的办学模式

学校由景山学校、石景山教委、远洋地产三方联合办学，景山学校输出教育理念、学校文化、课程体系和教学模式，石景山教委负责行政管理，远洋地产公司负责校园建设。三方形成合力，共同推进学校的发展。

（3）"三位一体"的管理模式

学校、社区、家庭"三位一体"管理学校。

二、问题与举措

2012年，学校迎来第一届初三学生毕业，同年启动高中部，第一届招生60人。由于办学规模小，又是第一届招生，生源质量一般，加上师资不足，社会影响力小，家长对学校信任度不高。另外，学校规划之初是一个九年一贯制学校，高中办学条件、办学资源严重不足，学校办学面临很多困难，各方对高中能否办成功信心不足。

经过四年的艰苦努力，远洋高中有了三个完整的年级建制，六个教学班，180人。经过2015年和2016年两届高考，取得了超预期的成绩，一本率达到90%，整体成绩名列区前茅，家长对学校的信心逐渐增强，生源质量逐步提高。

2016年，学校领导考虑到学校可持续发展的问题，结合集团办学的优势，借鉴北京景山学校贯通培养的经验，做出一个关乎学校未来发展的战略决定：在集团内举办贯通班，即从七年级升入八年级的时候，对有意愿在远洋分校上高中的学生进行贯通培养，整体设计五年的教育教学活动，打通初高中课程，创新人才培养模式，超越中考，超越高考，探索新的人才培养路径，培养品学兼优，一贯优秀，有一定科研能力，具有创新能力的学生，鼓励他们全面发展的同时，发展鲜明的个性特长。

（一）贯通培养的理念设计

办学理念决定办学方向。我校的办学理念是"全面发展打基础，发展个性育人才"，即培养全面发展而又特长鲜明的学生。教育的根本任务是"立德树人"，我们认为，作为成长于中国特色社会主义新时代的新生代学生，只有在德、行、才、智四个方面都得到充分发展，才能成为一个合格的公民，才能成长为社会主义事业合格的建设者和接班人。

"立德树人"德为先，品德是人的根本。在诸多美德之中，我们更重视把学生培养成为"有原则、敢担当"的人。有原则，就不会被外界多变的形势所左右，就能够一心一意地实现自己的目标；敢担当，就不会被一时一地的成败所困扰，就能够更加长远地规划自己的人生。

"德"为里，"行"为表，行为是品德的外化。在诸多品行之中，我们更重视把学生培养成为"讲规则、知进退"的人。讲规则，就不会在学习和生活中投机取巧，就能够和他人平等沟通、有效协作；知进退，就不会在成长的道路上固执己见，就能够在权衡和取舍中不断完善。

"立德树人"要全面，德才兼备是基本要求。在诸多才能之中，我们更重视把学生培养成为"融贯中外、会通古今"的人。能够融贯中外，就不会心胸狭隘，就能够对全局和未来有更清楚的认知；能够贯通古今，就不会目光短浅，就能够对自己和现实有更清醒的了解。

"才"为表，"智"为里，智识是才能的基础。在诸多智识之中，我们更重视把学生培养成为"兴趣广泛、思维灵活"的人。只有兴趣广泛，才能摒除偏见，才能在对比中发现优劣、对错；只有思维灵活，才能避免僵化，才能在面对未知领域的时候敢于并善于尝试。

"德"与"行"互为表里，"才"与"智"互为表里；以德、行"立德"，以才、智"树人"，把学生培养成为有原则、敢担当，讲规则、知进退，融贯中外、会通古今，兴趣广泛、思维灵活的人，这是我们的教育理念。在教育实践中，我们还把这些抽象的理念融入贯通班班徽的设计中，希望能用艺术的方式对学生产生潜移默化的影响。

贯通班班徽由内外相接的环形和方形组成，寓意为"行方智圆"。方形中横向书写"中外"，纵向书写"古今"，和上方的班级格言"融贯中外、会通古今"相呼应；笔画均为直线，寓意为"宁在直中取，不向曲中求"。班徽的颜色由外向内分别为海蓝、天蓝和草绿，既是校服色和校徽色，又象征"攀峰远航"，希望同学们既能脚踏实地，又能锐意创新！

其中"行方"指的就是讲规则、知进退；"智圆"指的就是兴趣广泛、思维灵活；"融贯中外、会通古今"则嵌入"贯通"二字，作为班级格言；"宁在直中取，不向曲中求"指的就是有原则、敢担当。只要学生在学习和生活中能够做到这四个方面，那么就肯定是一个脚踏实地、锐意进取的人。

在教育实践中，我们以德育类课程主"立德"，以实践类课程主"励行"，以学科类课程主"育能"，以游学类课程主"广智"。四类课程和四个理念之间可以交叉互补，最终形成合力，实现"树人"目标。

（二）贯通培养的学制安排与录取

1. 学制

远洋分校是十二年一贯制学校，义务教育阶段是五、四分段，即小学五年、初中四年。跟其他传统学校的学制相比，学生用四年的时间完成普通学校学生三年完成的内容，在中考中表现出明显的优势，这从学校连续八年中考全区第一的成绩可以窥见一斑，但是这样毕业的学生在高中阶段甚至在今后的发展中是否还具有优势呢？经过对两届高中毕业生的高考成绩统计分析，我们发现，跟初中三年培养出来的学生相比，远洋初三毕业学生在高中阶段并没有表现出突出的优势。这促使我们思考贯通培养的问题，即淡化初中升学压力，打通初高中课程，进行五年整体设计的培养思路。

对于进入贯通班的学生，在学籍管理上已经属于高中，虽然要参加中考，但是中考时不再报考其他学校，因此学生可以不再有中考的压力，可以全身心地投入学习。在学制上，我们不再拘泥于初中四年的安排，而是在初中适当安排高中的内容，同时把游学课程、实践课程安排进来，拓宽课程的宽度，提升课程的深度。在时间安排上，我们实行长短学期，即每个学期安排两长、两短学期，以每学期20个教学周计，分为大小学段。其中第1~9周为第一学段，这期间完成期中前的课程进度。第10周为小学段，学生外出做课题研究、游学等项目。贯通班学生不参加期中统一测试，贯通班教师可根据情况自行酌情安排是否需要考试，如需考试，在第9周可安排一天的考试时间。第11~19周为第二学段，完成期末之前的内容学习，参加统一测试。第20周为小学段，安排游学课程，学段安排。如果学期不足20周，学段亦做适当调整。

2. 录取

贯通培养是以实验班的形式进行的，贯通班学生的录取经过以下五个步骤：自愿报名—资格筛查—能力测试—面试—录取。

自愿报名是尊重学生发展的自主愿望；资格筛查是看平时表现，报名学生中平时成绩前70名的学生获得能力测试资格；能力测试环节是由高中老师出题，测试学生在语、数、英三科的表现，成绩前50名进入面试环节；面试由贯通班负责领导组织面试小组进行，主要考查学生在表达、个人兴趣与特长、个性品质以及未来发展潜能等方面的表现；最后按照三个成绩加权，总成绩按顺序排名上报学校领导委员会，领导委员会根据成绩确定录取学生。整个过程都保留资料，保证公开、公平、公正、可查。

（三）贯通培养的课程设置

课程是学校一切教育活动的载体，也是学校特色和核心竞争力的体现。开展贯通培养必须建设与之配套的贯通培养课程。我们在开展贯通培养的过程中，边实践，边探索，逐步构建起贯通培养的课程。

1. 课程指导思想

根据中高考改革的要求，以新课程理念为导向，以培养学生核心素养作为总体目标，为促进学生可持续全面发展，以课程实施为中心，以课程改革实施中具体问题为对象，深入进行初高中学生贯通培养研究。坚持"三个面向"的教育理念，力争培养面向未来的社会人才，打造具有景山远洋特色的学生培养模式，形成有效的课程实施方案。

2. 课程实施原则

（1）发展性原则

根据学生实际状况，关注每个学生的发展需要，立足学生核心素养的培养，综合考虑初高中所需的必备知识和关键能力，实现初高中一体化培养。

（2）实事求是原则

课程的实施目标和过程都应建立在学校、教师、学生的现实基础上展开，体现以校为本，遵循教育教学基本规律，坚持不揠苗助长，亦不盲目效仿。

（3）可持续性原则

课程实施方案应具有贯通班的普适性、系统性，能够为三年内的贯通培养作为主要参考和执行之依据，减少人为因素造成的影响。

3. 课程目标

① 培养具有坚定景山远洋文化，树立做十二年景远优秀学子的志向，做以优异成绩为母校争光的远洋学子。

② 培养有责任，敢担当，能包容，会创新的阳光学子。

③ 培养具备较强自主学习能力，会选择恰当的学习方式，灵活运用学习方法，乐学善思、相观而善的聪慧学子。

④ 培养注重人文素养和科学素养相融合，具备较强的人文情怀和审美情趣、崇尚科学探索和研究，能将人文与科技素养融入学习和生活的全面学子。

⑤ 培养勤于锻炼，具有健康心理和强壮体魄，积极参与校内外各项活动的健康学子。

4. 课程分类

与培养目标相适应，我们将贯通课程分为以下四类，即德育课程、学科课程、实践类课程、游学课程。

我们安排游学课程和实践课程，是为了让学生从大量重复的训练考试中解脱出来，提供更多的机会让学生参观游学、进行科学研究和实践，让学生丰富自己的经历和见识，逐步培养起科学研究的意识，初步掌握科学研究的方法，让真正的学习发生。

（四）四类课程分类阐述

1. 德育课程

德育类课程主"立德"。贯通班德育类课程紧跟年级德育活动，并将德育融入测试、实践、游学课程中。按照实施的时间以及课程性质的不同，德育课程分为两大类：一是主题活动类，包括团体拓展、校史学习、十四岁生日会、成人仪式、高考百日誓师等。二是主题班会类，学生自进入贯通班开始，根据不同年龄段的特点，整体安排了主题教育活动。第一学年的主题是选择与责任、集体与个人；第二学年的主题是角色与担当；第三学年的主题是多元与包容、青春与爱情；第四学年的主题是接受与质疑；第五学年的主题是青春与梦想、新的起点新的路。如今，第一届学生已经进入高三年级，在四年的学习过程中，学生逐步树立了清晰的目标，作出了明确的发展规划，对自己的未来也有明确的认识；学会正确处理情感、心理问题，成长为身心健康的阳光少年；班级凝聚力、认同感以及爱校之情、为校争光的意识不断增强。

2. 学科课程

学科课程主"育能"。学科课程重点是语文、数学、英语三科，其他课程根据实际情况，教师也可适当拓宽、加深教学内容。语文学科已经完成八、九两个年级的课程建设，主要是诗词欣赏与创作，高一、高二主要增加古诗文系列，名著整本书阅读。英语学科已经完成八、九、高一等三个年级的校本课程编写，主要是外研版教材的学习与《积极英语阅读教程》（第一级）、《中考英语习题专练》，蓝思自主阅读，以及整本书阅读训练。数学学科已经构建了比较完善的贯通课程体系。

3. 实践课程

实践课程主"励行"。按照实践活动的深度与活动周期，分为专项实践类、专题实践类。专项实践类课程由学校教学主管部门负责设计，依托学校现有的课题研究或课程资源，统一组织全员学生参与。实践基地：中国园林博物馆、中国科学院植物研究所北京植物园。实践主题：园林、植物研究。专题实践类课程由一个或多个学科教师根据所学的内容，利用校外的教育资源，组织全体或部分学生参与。每周五下午为实践活动时间，主题实践类每次半天，一学期4~5次；专题实践类每学期一次，一次半天。

4. **游学课程**

游学课程主"广智"。遵循"破万卷书，行万里路"的古训，我们特地安排了游学课程，旨在通过带领学生游历名山大川、名胜古迹，将学生置身于广博的空间和悠远的历史长河之中，让学生吸收天地日月之灵气，丰盈自己的精神世界，成为一个具有大智慧、高情怀、胸怀天下的君子。按照由近及远的原则，规划八次游学课程：慷慨燕赵、孔孟之乡、表里山河、厚重中原、丝绸之路、烟雨江南、巴山楚水、两岸一家等。游学课程安排在每学期的期中测试周，为期4~9天。

三、成效分析

（一）贯通培养提高了实效

贯通培养全面整合、开发教材，重视初、高中教学内容中的"联系点"与"发展区"，这种联系和整合，既避免了按部就班的学习，也避免了大量的重复性习题训练，节约了教学时间。同时，教师也能站在更高的视角统筹安排，注重学习方法和思维渗透，直击知识的重点和要点，让学生的学习更具有系统性和结构性，更有效率，也使初高中知识学习的衔接更加平顺，在学业成绩方面，学生的表现也更具有明显的优势。

以2017级贯通班为例，经过两年的培养，在2019年中考成绩中比同届平行班平均分高33.2分。进入高中后，贯通培养的优势更加明显，通过高一上学期期末成绩对比，中考入校成绩与两个平行班平均分相差10分左右（五科+体育），成绩分差拉开到将近90分（9科）。从学生行为表现来看，贯通班的学生目标明确，学习动力足，学习习惯良好。

（二）贯通培养有利于优秀学生成长

贯通班学生具有较强的学习愿望，学习方法和学习能力都比较强，学习习惯也比较好，传统的教学不能满足他们的需要，甚至会消磨他们的学习热情。贯通培养创立多元自主的学习平台，不拘泥于教材知识的学习，而是在此基础上引导学生开展科研实践和课题研究，开展丰富多彩的游学活动和实践考察等活动，通过开展科学研究，让学生体验真实的科研，不仅充分激发学生学习的潜力，调动他们的学习积极性，也由此提升了学生的科学素养，逐步养成了科学精神。在科技游学以及实践课程中学生取得了丰硕的成果，其中《植物生态墙项目》《三种中草药洗手液抑菌效果的检测》科研报告获得区研究型学习评比一等奖，《雾霾污染途经认知与防护评价》获得北京市科技创新大赛二等奖，另外有多项成果获得二、三等奖。贯通班黄子或同学还入选了北京市创新人才培养计划，成为我校第一位入选此培养计划项目的学生。同时，贯通课程中增加了阅读课程分量，开设名著阅读课程、古诗词学习课程，开展了有计划的古诗文背诵，依托自编校本教材，组织学生进行诗歌、《论语》背诵竞赛活动，四年期间每位同学人均背诵古诗200余首，《论语》110余章，古文30余篇。学生精神饱满、学习热情高涨、积极主动性高，比学赶帮超，学习氛围浓厚，自主学习意识与能力增强，把学生引入爱学习、会学习、善学习的轨道，是优秀学生成长的正确路径。

（三）贯通培养有利于素质教育的实施

贯通培养的目的是给学生提供一个适合他们成长的环境，让学生的天赋得以最大限度发展。2016年9月，中国教育部发布了"中国学生发展核心素养"研究成果，明确了学生应具备的适应终身发展和社会发展需要的必备品格和关键能力。"核心素养"概念的提出，进一步明确了素质教育的方向。我校贯通培养的目标与核心素养的目标是一致的，都是为了培养全面发展的人，学科课程、实践课程、游学课程也是与之相适应的。贯通培养的整体设计，更加注重学生各项能力发展的一致性和连贯性，更有利于素质教育目标的落实。

为培育创新型人才营造一方沃土

北京市第五十七中学　刘晓昶　邹玉环

一、基本概况

北京市第五十七中学建于1955年，是北京市海淀区的一所公立完全中学，是海淀区新品牌学校。学校现有在校生2100余人，教职工200余人。六十多年的办学历程中，学校秉承"笃学日新、守正致远"的办学理念，一直走在创新的路上，致力于培养具有社会责任、科学精神和创新精神的社会主义建设者和接班人。

二、问题和举措

（一）问题

"科技兴则民族兴，科技强则国家强。"习近平总书记多次强调科技与强国之间的重要关联。他还重点强调科技人才培养的重要性。

在"如何培养人，培养什么人"的问题上，我们的教育应该回应国家和社会发展的需求以及人民的关切，将培养创新人才作为学校的育人目标，并把"创新"作为学校品牌的重要内涵。

首先，从国家层面讲，我国已进入全面建成小康社会和进入创新型国家行列的决胜阶段，深入实施创新驱动发展战略，必须大力推进创新型人才培养。未来我们学生应该具备的核心能力中，批判性思维、创造性思维、问题解决能力被公认为最高层次的能力，也是学生比较欠缺的能力。

其次，从区域层面看，海淀区已成为北京市的科技创新中心。在实现创新主导发展的新形势下，海淀区委、区政府提出：要义不容辞地担当起推动国家自主创新的引领者角色，区域自主创新能力要达到国际领先水平，基础教育承担着培养创新型人才的重任。

最后，从学校出发，我校是国家基础教育课程改革的先进校，是北京市科技示范校，北京市金帆校，一直都有"创新"的基因。

(二) 举措

为响应科技强国的号召，我校坚持以"笃学日新、守正致远"为办学理念，培养具有责任心、科学精神和创新能力的基础创新人才的育人目标，依托"1+3"科技创新实验班、飞行员早期培养试验班和 F1 社团、天文社团、机器人社团等各种科技社团活动，综合利用学校周边丰富的社会资源和家长资源，从培养模式创新、课程体系重构、创新教师团队建设、科技创新文化氛围营造等方面展开了积极探索，从而为青少年创新型人才的培养提供了良好的成长环境。

1. 积极探索创新科技人才培养模式

"人才培养模式"是在一定的教育理论和思想指导下，按照特定的培养目标和人才规格，以相对稳定的课程体系和教学内容、管理制度和评估方式实现人才培养。创新人才培养模式的特点是强调学生作为学习者的主体地位，从教育目标到教育方式均围绕学生展开。

学生是学习的主体，每个学生都具有创造潜能，而潜能的开发需要教育和环境的影响。教育需要创新，创新教育必须依靠创新课程，通过创新课程体系，创新教育教学方式，培养学生的创新精神和科学素养。在这种思想指导下，我校结合 STEM 教育理念，改革高中学制，探索初高中两个学段科技教育衔接的新形式，形成了"1+3"科技教育培养模式，即 1 年初三 + 3 年高中贯通式培养的模式，并从科技教育的培养目标、课程规划和课程体系建设等方面制订了配套改革措施。正如我校负责科技教育的副校长贾卫红所说："虽然'1+3'只是学制上的一个小改动，但隐藏在这一改动背后的是从理念到实践的全方位变化，可以说，'1+3'是撬动学校科技教育改革的支点。"

我校"1+3 培养模式"的最好体现是"1+3 科技创新实验班"的设立和成功运转。该实验班是为应对北京市高素质、多样化、创新型人才的需求而成立的，因此"科技创新"就成为其核心目标，学校的科技课程体系也致力于"培养学生的科学素养和人文素养、创新精神和实践能力以及自信健康的精神品质"。这一课程体系不仅包括物理、化学、生物等学科的融合课程，还包括以发明、创新创业为核心的综合创新课程，以及为培养学生的科学思维而开展的研究性学习课程，它们层层递进，共同构筑了科技课程的基石。

一种新模式的成效如何，还需要有针对性的评价。自从实施"1+3"培养模式以来，除了常规的课程和教学评价，我校每年都会对创新实验班的教育教学情况展开满意度调查，收集学生、教师和家长对这种培养模式的看法和态度，及时发现和解决问题，并总结经验。

"1+3"培养模式创新是一个系统工程。我校从两年前开始实施这一改革，借助创新实验班打开了突破口，目前，在育人目标、课程教材和教学等方面取得了初步成绩，获得了师生和家长的一致好评。未来，我们希望争取政府和社会各方的支持，以点带面，继续推动学校科技人才培养模式创新，为创新人才的培养探索出一条高效、可行的发展道路。

2. 与时俱进创设科技创新特色课程

培养模式的创新，还需要创新特色课程的配合才能真正落到实处。从横向来看，我校的科技创新课程包括国家课程和校本课程，其中，国家课程面向全体学生、确保基础，它们大部分是新课程标准中规定的必修课程，如物理、化学、生物实验课等；校本课程则以选修课为主，重在适应不同学生的个性需求，如学科拓展课程、社团课程等。从纵向来看，我校的科技创新课程包括基础类、拓展类和综合创新类课程，其中，拓展类课程以选修课为主，包含科技创新类课程，如天文观测等；综合创新类课程涉及STEM课程、研究性学习课程、创新发明课程和未来企业家课程等。纵横交织，构成了以多学科交叉融合、活动课程多样为特点的课程体系。

多学科交叉融合体现在两个方面，其一是科技类课程内部的融合，其二是科技与人文艺术类课程的融合。在第一个方面，我校学生参与的学生项目研究课是很好的体现。学生项目研究，是围绕某一真实问题，以项目学习的方式展开教学，充分体现了融合的特点，是学校科技创新教育的新尝试，为激发学生的创造潜能提供了很好的机会。以新能源汽车项目为例，该项目的任务涉及的内容十分广泛，从3D设计打印、汽车展台搭建到视频制作、网页制作、车队宣传等不一而足，在这些任务的驱动下，网页设计、计算机、市场营销等多个学科的融合就成为成功完成任务的必要条件。在这一过程中，学生的综合实践能力和动手操作能力都得到了提升，在科学思维方法和科学问题的解决上也更进一步，创新创造潜能得以充分发挥。

在第二个方面，天文科技教育则是突出代表。长期以来，我校天文科技教育既组织学生科学观星，也将学校天象台、观星站开放给周边的居民，还借助科技节活动开展天文科普活动——中秋赏月活动。中秋赏月活动将科技与人文完美融合，学生通过天文观测、猜灯谜、制作3D打印灯笼等，既获得了星空的知识，也获得了传统文化的熏陶，还在与周边居民的互动中服务了社区，培养了社会责任感。

除此之外，我校多姿多彩的科技类社团和科技活动则以活动课程的形式丰富同学们的学习生活，于无形中塑造学生的科技思维，培养了科学素养。作为一所科技教育示范学校，我校科技社团多达 10 个，其中有 F1 社团、机器人社团、模拟飞行社团、无线电测向社团等。科技活动更是丰富多样，科技节、科技展览、科技比赛精彩纷呈，很大程度上满足了学生个性发展的需求。

3. 多元打造创新的教师团队

建国君民，教学为先。没有传道授业解惑的老师，创新人才的培养不过是一句空话。我校十分重视创新的教师团队建设。多年来，在培养全体教师创新思维和能力的基础上，通过多方联络和招揽，不断壮大学校负责科技教育的教师团队，提升其创新能力和专业素养。

在我校的科技教育教师团队中，有专兼职科技教师 42 名，其中区级学科带头人、骨干教师 12 人，中学高级教师 4 人，中青年教师占主体。他们是实施科技创新教育最基础的力量，也是科技创新教育可持续发展的关键。例如，负责学校机器人社团活动的果志老师，他始终以朝气蓬勃的工作状态、认真执着的工作态度，带领学生一头扎进机器人的神秘世界，用科学的方法探寻其中的奥妙，引领学校的机器人社团从北京市走向全国，走向世界，赴美参加美国机器人公开赛并获得了冠军；再如，负责学校模拟飞行社团活动，同时担任"飞行员早期创新试验班"班主任的崔哲老师，引领学生在全国模拟飞行锦标赛中取得了多项金牌，而他本人也拿到了教师飞行理论驾照，成为目前全国第一个拿到飞行理论驾照的高中教师。

当然，为了激发教师的创新潜能，学校也积极为专职科技教师搭建成长平台，创造机会让他们参加教学比赛、参与科技教育研讨会和科技教育研究课题。近三年来，为适应科技创新人才培养的个性化需求，我校教师编写了校本教材十多本，发表了十多篇科技教育论文，教师的专业素养和创新能力不断提升。

除了校内专职教师，我校还充分利用家长资源和区域优势资源，聘请了多位有各方面特长的专家教授作为校外科技辅导员，助力学校科技创新教育发展。如，"1+3 科技创新实验班"创立之初，我校就率先为学生开设了创新创业课程，邀请北大光华管理学院的蔡剑教授及其团队，为学生讲解未来企业家精神和创业实践问题，让学生从理论和实践上经历了一场"创新创业"过程。

学校与中国科学院多家研究所、北京市科技协会、北京航空航天大学、北京理工大学、科学教育组织建立了密切联系，不定期邀请航空航天、天体物理、人工智能、创新创业等领域的专家教授来学校作讲座或辅导，定期组织学生赴上述场馆参观考察、调查研究、实践探索，使学生懂得科技在社会各行各业中的重要地位，为学生提供了开阔眼界、增长见识、接触专家的机会，进而为学校的科技创新教育插上了飞翔的翅膀。

4. 精心营造浓厚的科技创新氛围

"教育即生活"是杜威有关教育的三大命题之一。它一方面要求学校与儿童的生活相结合，另一方面要求学校与社会相结合。在我校科技教育实践过程中，我们十分注重教育在这两个层面的意义，将学校教育活动视为学生生活和社会生活的一部分，重视从校园物理环境、管理环境等角度，为学生发展营造浓厚的科技创新氛围。

我们始终相信，要想学生有创新力，就要为他们提供一个开放、自由和融合的物理空间，让学生自由成长。因此，我校在校园占地总面积并不大的情况下，依然设法为学生创设充分发展的舞台和环境。近些年，在海淀区教委的大力支持下，我校建设了很多STEM课程的空间，如3D设计实验室、机器人创意实验室、创客实验室、头脑创新实验室、生物创新实验室、天象厅、天文台等。这些空间全天候对学生开放，他们随时可以使用。

除了专门的科技类实验室，学校还充分利用教学楼的楼道建设了科技教育活动长廊、科技长廊等文化墙，让学生的校园生活随时随地都处于科技创新的环境之中。当然，让这些物理空间真正发挥作用，还需要学校在科技课程、活动、科技教育成果等方面的大力宣传，借此激发学生的好奇心和求知欲，激发其创新灵感和潜能。为此，我校积极利用宣传栏、校报、校园网、官方微信公众号等媒介宣传科技知识和科技教育成果，而这些成果最终都成为"学校发展年册"的一部分，凝固成一种不断传承的文化。

从管理环境看，除了在课程制度、班级管理制度等方面有一些常规限定外，我校还为学生提供了各级各类科技竞赛活动、一年一度的科技节等形式多样的发展舞台。科技竞赛活动一般由各个科技社团发起和组织实施，如北京市全国头脑创新（DI）大赛、机器人比赛、模拟飞行竞赛、天文竞赛等。参与竞赛的学生屡屡获奖，他们的成绩带动了其他学生对科技活动的热情，让学校的科技文化更加活跃，科技氛围更加浓厚。而在一年一度的科技节上，我校已经开展了十一年的传统活动项目"中秋赏月"则成了学生、教师、周边学生和社区居民的"狂欢"。这个以天文科普为主导的综合性科技实践活动，是学校天文科技教育的舞台，吸引了众多天文爱好者，甚至可以说，成了杜威"教育即生活"的最佳注解。

三、成效分析

"与善人居，如入芝兰之室，久而不闻其香，即与之化矣。"我们相信，学生身处如此浓厚的科技创新教育环境中，就如同身处芝兰之室，会在潜移默化中获得科技创新的能力，逐步成长为创新型人才。

1. 教师的变化

创新课程建设和课堂教学改革成就了教师，教师的课程开发能力、课程意识发生了深刻的变化。

教师的教学行为和学生的学习方式发生了很大的变化，从以往单纯重视学生学习成绩的提高到现在越来越关注学生在创新课程学习或者活动中表现出来的自觉的、勤奋的、实事求是的、不折不扣、勇于探索和敢于冒险的精神，越来越重视培养学生勤于思考、积极动手的实践能力。教师的角色发生了非常大的变化，从原来的讲授者转变成为教学的设计者、活动的组织者、学习的引导者和精神的激励者。教师的教学目标从关注育分到关注育人、关注育能力，这是一种积极的变化，这样的变化不仅发生在年轻教师身上，也发生在越来越多的老教师身上。如，李智慧老师是一位长期教高三的老师，自从担任"1+3"科技创新实验班数学课程，参加该课题组以来，积极探索 STEM 教育，在数学学科教学中尝试项目式学习，她的"学生自制浇花装置"一课在全国未来大会第四届年会上作为研究课展示，获得了良好的教学效果。她从学校班级植物由于疏于管理，出现大面积枯死的问题入手，引导学生设计并制作自动浇花装置。教学从真实的问题情境出发，激发了学生的探究欲望。

在我校有一大批这样的教师，他们为了学生的发展，为了学校的发展，努力发掘自身潜能，养成终身学习的习惯和品质，成就了学生，发展了自我。

2. 学生的成长

在科技创新课程学习中，学生的学习方式更加多样，合作学习、项目式学习、自主学习、探究性学习方式被大量采用，传统的以接受式学习方式为主的学习方式得以改观，学生学习的过程更加丰富，学习空间不断拓展，学习的品质不断提升。

通过科技创新课程的学习，学生的主体性、主动性得到了较好的发挥，从课内到课外，从校内到校外，从收集、比较、归纳、总结，到解决现实问题，全方位突出了学生的主体地位。学生在学习过程中主动参与、合作探究，充分展示了学习的主动性和创造性。系列创新课程的开发，让学生在真实情景中，解决实际问题，获得一手实操经验，提升学习的品质，培养创新精神，提高创新实践能力。

我校学生在国内外科技项目的竞赛中屡获佳绩：2019年全球VEX机器人总决赛冠军；2019年全球机器人VEX锦标赛金奖；2018年全国DI头脑创新思维竞赛"文艺复兴奖"和"达芬奇奖"；2018年北京市青少年DI创新思维竞赛一等奖；2018年全国未来工程师博览与竞赛二等奖；2018年北京市天文竞赛多个一等奖；2018年全国建筑模型竞赛8个一等奖；2018年全国无线电测向两项团体第一；2018年"1+3"科技创新实验班学生获得26项国家专利；2017年全球DI头脑创新思维比赛全球第三名和文艺复兴奖。

我校学生的成长还包括飞行员方向的学生成长。2014年全国年龄最小的飞行员，在北京市第五十七中学诞生。至今，我校高中飞行员实验班的上百名学生经过学校的理论学习和真实飞行的训练，拿到了国家颁发的正式飞行员驾照执照，驾驶飞机飞上了蓝天。20多名同学取得了国家颁发的飞行员驾驶执照，几十名同学通过国家飞行理论考试，完成大学先修课程。

总之，通过近几年的建设，学校已经走向内涵式发展之路。学校的育人理念更加先进；学校的课程门类更加丰富和完善；学校的育人氛围，特别是创新氛围更加浓厚；教师的育人能力进一步提升；学校的特色发展，尤其是创新教育特色日益明显，成效日益显著。

学校先后被教育部、北京市授予"国家基础教育课程改革实验先进单位""中国可持续发展教育示范校""北京市科技教育示范校""北京市课程改革先进校""北京市基础教育科学研究先进学校""北京市艺术教育传统校""北京市信息教育先进校""北京市学生金帆艺术团""国家体育工作先进单位"等荣誉称号。

在未来的教育教学实践中，我们将继续致力于未来创新型人才培养的探索和实践，扎根中国大地，踏踏实实办好我们的基础教育。我们坚信，只要怀抱教育的激情与梦想，迈出更加坚实的步伐，一定能培养出更多具有社会责任、科学精神和创新精神的一流人才。

手拉手推进深度支持，
实打实促进一体化发展

通州区张家湾中学　曹建明

一、基本情况

通州区张家湾中学1956年8月建校，2005年迁入现址。学校占地面积9.3万平方米，建筑面积4.2360万平方米。学校建有教学楼、综合楼、报告厅、游泳馆、体育馆、宿舍楼、四百米塑胶跑道、人造草坪的运动场。学校教育教学设施设备齐全，配备多功能教室、多媒体教室、英语视听教室、VR教室、美术专用画室及各学科专用教室。

学校现有39个教学班，初中19个教学班，高中20个教学班（含"1+3"实验班），学生共计1300余人。现有教职工196名，专任教师中研究生学历的教师占14%，本科学历占85%，市、区级骨干教师16人。现有"1+3"项目美术生126人，高中在校生597人，有美术艺术发展方向的学生近400人。自2005年高中第一届招生以来，张家湾中学结合校情，本着"关注学生差异、尊重学生个性发展"的办学理念。自2012年开始，开办美术特色课程，着力探索美术特色校的建设。

二、问题与举措

由于学校高中部起步较晚，办学影响力较弱，致使我校每届高中学生招生层次水平都处于通州区9所高校的最低水平。每届毕业生240人，合格率一直在17%左右徘徊。在2011年之前每届高三毕业生参加高考，升学率在10%上下。学校自2012年开始开办美术特色课程以来，学生升学状况有所改观，至2016年每届能达到30~50人，但升入大学的层次及学生数量仍处于低位。经过几年美术特色办学方面的探索，虽在美术办学的条件和规范方面还有待完善，但也积累了一定的美术办学经验，取得了一定的社会效益，得到了区主管领导和家长的肯定，坚定了学校沿着这条路径继续探索的决心。

为贯彻执行《通州区基础教育质量提升支持计划》，2017年张家湾中学与东城区中央工艺美术学院附中（以下简称"工美附中"）结为"手拉手"支持校，为张家湾中学美术特色办学的建设和发展提供了重大的发展机遇。工美附中丰富的美术办学经验和美术办学人力资源优势，正是张家湾中学美术特色办学之所需。因此两校一拍即合，经过反复交流研讨，达成如下共识：坚持以立德树人为根本任务，以"国内领先、大气厚重、开放创新"为办学标准，以美术教育为特色目标，遵循教育规律，遵循人才成长规律，通过两校合作办学、对口支持的手拉手合作形式，促进张家湾中学美术教学水平的提升，扩大通州区优质教育资源，推进城市副中心艺术教育发展。

（一）高点站位，找准对接的契合点

张家湾中学本着关注学生差异、尊重学生个性发展的办学理念，致力于高中多样化特色发展，近八年来，学校结合校情，不断在美术教育方面探索和实践，也为国内美术高校输送了大量的美术生源。

工美附中是国家级高中特色发展试验项目学校、清华大学美术学院生源基地实验学校，具有鲜明的办学特色、雄厚的师资、丰富的美术教学经验。在张家湾中学艺术特色发展的关键时期，与工美附中结为手拉手支持校，为我校注入了强大的动力，提供了实现目标的保障，市教委这一重大举措为我校优质与特色发展提供了强有力的支持，创造了新的发展契机。我们认为：特色与管理的契合是两校"手拉手"的基础，真诚与无私是两校"手拉手"的态度，理念的共融是两校"手拉手"的愿景，共赢与共进是两校"手拉手"不忘的初心。

（二）重视项目规划，工作有序推动

2017年11月，工美附中与张家湾中学结成"手拉手"支持校，搭建起"手拉手"支持框架，形成具体实施方案，明确对接路径与合作细节。2018年3月，我校联手工美附中，共同组织了"放飞梦想"手拉手项目推进展示活动，活动中两校签署合作办学协议书，举行了两校师徒结对仪式，为两校共建工作室颁牌，为两校聘请的艺术顾问颁发证书，学生社团展示了精彩的才艺成果。2018年5月，工美附中指导我校策划"1+3"项目，进行招生指导。随后，指导我校组建艺术社团，开展体育社团互访与集训，进行美术教学交流与同步模考，开展师徒结对互访与课堂教学评优等多种活动。在项目推进过程中，通过年度有计划、每月有重点、活动有记录，确保了两校深度对接，实打实地推进各项工作。

（三）宽视角打通对接路径，全方位探索合作细节

两校现已形成"师徒互动教学实践、共建名师成长工作室、共建共享课程、美术特色课程开发，美术教学支持、管理交流与借鉴、社团交流互访、德育共育活动"八个方面的深化合作方案。做到整体有规划，宏观有调控，实地调研在前，计划安排跟进，支撑材料翔实。通过两校教育教学资源输出、资源共享、互动促进，实现精准对接，全面提升我校办学品质。

1. 以课堂教学为核心，创新师徒结对培训方式

我校教师充分利用工美附中的优质教育资源，与工美附中教师共结成38对师徒对子，开展学科互动实践与指导。采取影子培训，线上线下交流，同步参与上课、听课、评课的方式开展活动。2018年5月8日在我校图书馆举行了两校揭牌及师徒结对延伸活动，会上两校校长共同揭开了代表两校对接支持项目的铜牌。工美附中王泽旭校长从中高考改革、校本教研两个角度针对11个热点问题，跟与会教师进行了热烈的探讨和激烈的思维碰撞，引导教师思考与交流。

2. 互促共赢，共建名师成长工作室

按照"市区联动，需求对接，精准支持，注重实效"的工作要求，我校与工美附中从共同发展的关注点出发，组建名师成长工作室、课改教科研工作室、学生艺术发展工作室、国粹艺术工作室四个工作室。制订了"张家湾中学与工美附中'手拉手'对接支持项目工作室方案（2018—2020年）"，组建了管理团队、专家团队、执行团队，聘请国内知名专家作为导师，两校入室教师达63人。工作室以促进教师专业发展和成长为目标，聚焦学科教学改革、新中高考改革等重点热点问题，搭建名师成长平台。

3. 共建共享课程，开发张家湾中学美术课程

我校在工美附中的指导下，通过系统地整合学校教育资源和课程资源，形成以"人文与社会""自然与科学""技术与生活""体育与健康"四个模块为内容的"基础课程体系—发展课程体系—拓展课程体系"的课程架构体系。工美附中王泽旭校长带领他的团队帮助我校编制了张家湾中学高中美术课程标准及教学大纲，指导我校编制了"张家湾中学'1+3'培养方案"，开发了人生规划校本课程。

在工美附中的支持下，张家湾中学美术教学实现了"两个转变""三个突破"。"两个转变"：由应试、应考的美术教学向提升学生美术素养和专业能力转

变；由突击集训的美术教学形式向循序渐进的课程层次设计转变。"三个突破"：一是整体设计三年（四年）美术课程设置。二是依纲定本，统筹安排美术课时，依据美术教学大纲、联考、校考要求，制定学科标准、标准课时、周教学重点、范画示例。高中阶段美术教学共五个学期，累计1438课时，每周不低于16学时。"1+3"美术班共七个学期，累计1718课时，每周不低于12学时。三是规范教学形式与内容，教学形式上有写生、临摹和默写，教学内容分为素描、色彩、速写。教学过程注重培养学生正确的观察方法和塑造方法，同时激发学生的创意思想，由易到难，循序渐进，强调各学科间知识结构互相渗透，教师根据学生学习情况调整教学难度与进度，达到最好的教学效果。

4. 聚焦美术课堂教学，突出师资专业指导

工美附中拥有雄厚的美术教育实力与突出的艺术教育成绩。我校聘请工美附中干部、教师指导张家湾中学美术特色建设，指导"1+3"项目实施方案。聘请工美附中专业教师示范、指导美术课堂教学，承担美术班起始课集训课程。我校4位美术教师与工美附中美术教师结成一对一师徒对子，同步同堂授课，同步教研，以导师带教的形式开展实践培训，现场指导，口传心授，使我校美术教师的专业素养及水平有了跨越式提升。

5. 管理借鉴、互利共赢，真诚交流、无私奉献

2018年我校被批准为"1+3"市级统筹实验校，在"1+3"试验项目实施过程中，从项目策划、宣传推介、测试录取、入学后管理等方面，工美附中都给予了具体的指导。我校定期组织干部和教师到工美附中交流，工美附中无私地传授经验、无偿地提供资源；在王校长的带领下，工美附中干部教师多次深入我校，传授经验、研究工作、指导教学。帮助我校印制"手拉手"工作手册，提供工美附中教师手册、工美附中学生与家长手册、工美附中高考月历、"1+3"入学测试试题，组织同步美术模考。

6. 加强学生社团交流，促进学生艺体发展

工美附中不仅对我校社团活动提供帮助与指导，而且为两校学生交流搭建平台。2018年6月16日，两校舞蹈社团交流学习活动在工美附中舞蹈教室顺利举行。张家湾中学的学生参观了工美附中的画廊、书法教室和富有特色的阅览室，在工美附中学生的讲解下，学生感受到了工美附中独特的校园文化。两校舞蹈社团同学共同到国家大剧院观看了由上海芭蕾舞团演出的大型歌舞剧《天鹅湖》；2018年暑假，两校足球队在张家湾中学开展为期2天的集训活动。

三、成效分析

在市区教育主管部门领导的关心指导下，经过两校近三年对"手拉手"项目的精心筹划，精准对接，精细落实，对接项目在我校产生了巨大的社会效益，使我校在办学理念、办学途径、管理机制、师资建设、特色发展、办学水平等方面都有了较大幅度的提升，取得了丰硕的成果。

（一）美术特色教育逐步走向正规化、规范化

学校的办学理念得到进一步提升，经过精心思考，反复提炼，根据学校的发展方向，将"勤思、尚美、静心、养德"作为学校的新校训，学校以美育人的特征得以凸显。

学校"1+3"、高一、高二、高三各年级的美术课程从课程目标、课程内容、课程实施、课程评价都得以规范，并逐步走向系列化、层次化，重视课程对学生的适应性，突出美术课程的育人功能。

美术教师队伍不断壮大。现有美术教师9人，9人中有7人是手拉手项目实施后补充进学校的。他们学历高、视野开阔、各具特长、业务精湛。每周都有机会与工美附中美术教师一起共上同一节课，共同研讨，业务素质得以迅速提升，现在每位教师在美术教学上都可独当一面。

美术实验班的办学规模不断扩大。随着"手拉手"项目的实施，学生学习美术的热情空前高涨，现已有400多名学生在学习美术。

学校的美术办学设施进一步完善。为满足更多学生学习美术的需求，改善师生美术教与学的环境，学校投入巨资改建美术画室，画室由原来的两个变成现在的九个。学校每学期要投入4万~5万元购买美术教具、美术图书，完善美术教学环境。

（二）两校三年的"手拉手"项目对接，取得巨大的社会效益

以2020届高三毕业生为例，他们走过了完整的三年"手拉手"支持项目，取得了如下成绩。

1. 高中办学教育教学任务完成情况

本届231人学生，有184人顺利通过高中学业水平考试，毕业合格率达到80%，是往届的4倍。这是"手拉手"项目与工美附中老师"师徒结对"提升

我校教师施教水平的具体体现。

2. 高中办学社会效益情况

本届高三学生有137人参考，有104人本科上线，高考上线率达75.9%。上线人数是往届的2~3倍，圆了更多学子上大学的梦想。

3. 学校美术办学水平情况

本届学生有90人参加北京市美术统考，85人过线，上线率达94.4%，创我校美术统考过线历史新高。220分以上有14人，最高分达247分，同样是历史新高。

4. 学校办学特色情况

文化、艺体上线人数的分布如下：104人上线中，文化课上线24人，美术上线75人，体育1人，播音1人，钢琴1人。学校美术特色办学凸显，学生发展呈现多元化趋势。

5. 学校高中办学质量情况

据不完全统计，上线的104人中，被一类本大学录取的有11人，其中有6人考上双一流大学。1人被中央美术学院录取，考入二类本大学的有13人，实现了学校高考录取的历史性突破。

以上成绩的取得是"手拉手"支持项目绩效的具体体现，惠及了更多的家庭，同时使我校的办学水平迈上了新台阶，进入了新的发展阶段。

四、反思与建议

北京市城乡一体化"手拉手"对口支持项目在我校实施三年，取得了巨大社会效益，促进了学校发展，提高了办学影响力。反思项目的实施，有以下三点体会。

1. 领导重视，支持到位

为确保"手拉手"对接项目在我校的有效落实，市区领导高度重视"手拉手"工作，市教委领导多次到我校实地调研美术教室、美术展馆，听取工作汇报，并对今后的工作提出建议和工作思路；区教工委、教委领导多次深入我校调研，共同研讨细化方案；业务科室领导深入课堂、深入教师了解需求，提供资源、出谋划策、指导工作。

2. 注重规划，抓好落实

"手拉手"项目在我校取得良好的效益，张家湾中学丁永明校长、工美附中王泽旭校长功不可没。两位校长都怀着搞好城乡一体化教育的共同情怀，全身心投入项目的规划、实施中。他们多次亲自带队带领干部教师到对方学校实现互访。多次走进画室指导美术技法，走进教室指导教学，走进学生了解学生学习需求，调查研究项目的落实情况及存在的问题，并及时提出改进意见，确保项目落地有声、踏石有痕。

3. 找准契合点，深度实施

两校"手拉手"项目规划中有"美术教学支持、共建工作室、师徒结对支持、社团共建支持"等支持项目，但就这些项目而言，美术教学是两校最大的契合点。美术教学是工美附中最大的优势，是张家湾中学最大的需求。因此，在多个项目的实施过程中，我校以美术教学支持项目为重点，常抓不懈，其他项目适时跟进。实践证明，这种围绕重点、以点带面的实施策略是行之有效的。

"1+3"培养试验：学校优质发展新路径

首都师范大学附属中学永定分校　王　爽　袁敏杰

一、基本概况

首都师范大学附属中学永定分校（以下简称"首师大附中永定分校"）始建于1956年，初名为石门营中学，1994年9月改名为门头沟区永定中学，2007年与首师大附中合作办学，更名为"首都师范大学附属中学永定分校"，是北京市基础教育科研先进校、北京市信息技术先进校、北京市体育传统学校、北京市艺术教育特色校、北京市国防教育示范校、北京市防震减灾示范校、全国青少年校园足球示范校等。2014年，学校被评为北京市首批优质高中校和北京市学校文化建设示范校，成为门头沟区百姓家门口有口皆碑的品牌学校。

学校坐落于永定河畔，占地面积3.6092万平方米，建筑面积2.9103万平方米，现有36个教学班，在校生1200余人，一线教师120余人，其中，特级教师1人，市级骨干教师1人，区级骨干教师17人，硕士研究生以上学历49人。学校各个区域功能齐全，教学楼、实验楼、学生公寓、膳食中心、体育馆、足球场、篮球场等在绿树掩映下构成一幅美丽的图画。机器人教室、3D打印教室、微电影教室、创客工坊、数字化物理实验室、天象馆、北京市地球科学重点开放实验室等现代教学设施一应俱全，并于2015年被确立为北京市初中开放性科学实践项目资源单位，成功申报25个科学实践项目。金帆书画院、幸福长廊、中华传统文化长廊等涵养人文，彰显幸福，全面展现人文关怀。

学校全面实施素质教育，始终坚持"为每一位学生终身幸福奠基"的办学宗旨，把培养具有"人文精神、自主意识、创新能力、幸福品格"的卓越公民作为学校的育人目标，努力创设师生幸福的生活环境，为学生提供最适合的教育。

二、问题与举措

（一）问题

《国家中长期教育改革和发展规划纲要（2010—2020年）》明确提出，在高中阶段"探索发现和培养创新人才的途径""更新人才培养观念,树立系统培养观念,推进小学、中学、大学有机衔接"。2016年,北京市教委发布《北京市教育委员会关于在城六区一般初中校实施"1+3"培养试验的通知》指出,试验面向初二学生,具有普通高中升学资格且在同一学校具有连续两年学籍等条件的初二学生可报名参加本试验。经试验学校面试后录取的学生,不需参加中考,可直升高中,连续完成初三及高中共四年学习。"1+3"培养试验是北京市教委为促进义务教育优质均衡发展、探索高中人才培养方式而采取的一项改革措施。

就我校而言,主要面临内、外两方面的问题:一方面,学校内部,初高中一体化建设迫切需要实施,但初高中衔接并不顺畅,融合度不够,出现断层情况,不利于整体育人,同时面对课程改革,迫切需要进行课程整合,以适应学生发展的需求,体现课程结构的均衡性、综合性和选择性;另一方面,学校外部,家长对优质、多元、个性化教育的呼声很高,对优质教育资源的需求,导致部分优质生源流失。在"内忧外患"的双重压力下,探索体现我校特色的创新型育人模式是大势所趋。

(二)举措

1. 培养目标

由于"1+3"试验班生源质量显著提升,学校在整体育人目标的基础上,对实验班的育人目标有所拔高,以充分彰显"1+3"培养试验的独特优势。试验班确立的培养目标更加明确,培养"有实力、有魅力、有能力、有活力"的全面发展型人才。"有实力",即有人文底蕴、科学精神;"有魅力",即有责任担当、行为得法;"有能力",即学会学习、健康生活;"有活力",即实践创新、超越自我。在"1+3"培养试验课程的引导和培育下,学生能够具有清晰的认识,明确的目标,坚定的意志,形成积极的成长型思维模式。

2. 积力所举,优先发展

(1) 经费优先,加大投入力度

在区专项经费的基础上,利用学校办公经费对项目给予支持,鼓励其在管理、教学、实践、评价等方面创新。学校所拥有的北京市地球科学开放式重点实验室,设备先进的物理、生物数字化实验室以及创客教室等将投入"1+3"培养试验使用,同时将进一步建设一批先进的能够满足学生个性发展和创新能力提升的实验室、图书室和网络教室等。

（2）师资优先，集中优势兵力

学校遴选有强烈的进取心和班级管理能力强的优秀教师担任"1+3"试验班的班主任。科任教师是由学校在全校范围内优选的理念先进、业务精湛、作风扎实的教师，特别是市级骨干和区级骨干教师，组建"1+3"培养班教师团队。其中，部分特色校本课程及科学实践课程邀请外聘教师和部分大学教授参与。

（3）管理优先，干部常驻年级

学校成立项目工作领导小组，全面负责实验项目的规划设计、组织实施、评价监督等工作，制定管理模式、课程实施方案及每个班、每个学生的四年培养规划。

3. 知行合一，全面发展

国家对高中教育的明确导向，给我校的教育教学转型提供了政策背景。学校围绕政策，结合"1+3"培养试验的育人愿景，确立课程体系，既强调各学科的知识和能力培养目标，更着眼于未来，培养全面发展的人。

（1）课程目标

根据国家发展战略、人才需求和学生兴趣，我校"1+3"培养试验，优化课程结构，丰富课程内容，注重初高中课程的衔接与整合，打造特色课程，逐步形成以"培养未来竞争力"为目标的"1+3"特色课程体系。

（2）课程结构

"1+3"试验班课程体系包括基础学科类和幸福发展类，两大类育人课程着重培养学生的思维水平和综合素养。基础学科类课程以国家必修课程为基础，包括高考学科语文、数学、英语、物理、化学、生物、地理、历史、政治，注重课程整合，通过循序渐进的教学，确保学生顺利通过学业水平考试，达到高考所要求的学科知识和能力水平。幸福发展类课程以学生全面发展为总目标而设定的学校特色课程，涵盖五大方面内容：自主课程、山水课程、人文课程、创新课程、国际课程。自主课程包含学生自创、自主社团、自我发展。"1+3"试验班学生倾向于组建自主社团，由志同道合的学生自己拟定社团名称，制订章程计划，建设社团品牌文化，自觉形成审美追求和集体归属感。山水课程包含山水艺术、永定河文化、体育与健康。人文课程包含公民教育、名著导读、民族文化，该类课程的目的是实现德育课程化，多种传统文化课程丰富学生的人文知识和素养、培养学生的人文关怀能力。创新课程包含科学实践、科技创新、技能拓展，该课程旨在培养学生的综合研究能力和实践创新能力，以研究性学习为主。国际课程包含英美课程、游学课程、口语课程，该课程以情景体验、户外拓展为载体，达到丰富内心、开阔视野的作用。所有课程层次由低到高，由易到难，以活动课程、实践课程、自主性学习、研究性学习等形态呈现。

（3）课程安排与实施

在课程纵向体系建设方面，"1+3"试验班课程打破初高中的学段界限，立足于课程标准和学校的优势学科，采用四年制整体布局，领域、学科、模块的相互衔接，通过模块的并行、整合和补充，科学安排四年课程。课程建设由初三、高三资深教师和"1+3"试验班的任课教师一同设计，从高中的视角进行俯瞰式规划，从初中的视角实现顺利衔接，注重深度学习设计，实现对学生高阶思维、主动性深层认知能力的培养。

"1+3"培养试验班的四年课程，结合其独特的课程设置，进行了一定比例的重新划分，分为四个学段：衔接学段、基础学段、拓展学段、综合复习学段。四年课程中，需注意做好衔接工作，包括初中未完成的过渡课程，主要安排在第一学年的前段，过渡课程是必修课程。课程不是简单完成义务教育阶段课程，而是在系统考虑课程标准的基础上，开发过渡课程，实现无缝衔接。

贯穿四学段课程的重要任务，即开发适应"1+3"试验班学生的幸福发展课程。教师研究学科《课程标准》，把握学业水平考试科目的内容和难度，调整选修课程和必修课程的课时分配，在确保基础性的同时，增加课程的选择性。同时，"1+3"培养试验班建立选课指导制度，通过职业生涯规划，科学地选修习的科目。

（4）课程评价

"1+3"试验班在课程学习中进行了评价方式的改革，引入科学有效的多元化评价模式，区别出各个学生的才能和学习兴趣，找出并解决他们在学习中存在的问题，形成《学生综合评价报告》，及时反馈学生的学习成效，达到教师改进教学的目的，做到分层次、差异化教学，学生改进学习方法，激发学习动力的良好效果，从而更加合理地培养和选拔人才。

改革评价方式，一是将"师评生"和"生评师"相结合，"师评生"能够激励学生的学习，也能够指点学生的学习，而"生评师"能够促进教师的自我反思，使教师更加了解学生的需求，从而做到优化教师的教学行为；二是定性和定量评价相结合，对于教学内容中的知识技能方面可以进行相对应的量化评价，可以运用笔试的方式，以分数来进行量化分析，课程中情感态度、价值观、过程与方法、实践参与、合作交流等，只能运用语言进行描述，无法用数据表达，所以运用定性评价更合理，定性和定量评价相结合，做到评价的准确性；三是终结性评价和过程性评价相结合，基础学科课程的终结性评价将严格按照国家课程标准实施，通过评价的学生每学段可获得相应分数，分数录入北京市综合素质评价系统，幸福发展类课程将以成果展示法、评价报告法来进行终结性评价，过程性评价在课程的实施过程中对学习过程进行评价，做到及时评价与反馈，以促进学生的学习积极性。

在评价载体上，结合使用成长记录袋与电子档案袋，将学生的成长经历（参加的活动、参与的实践、获得的奖励等）以一种图片或者照片文字的形式装入一个记录袋中，将教师对学生的评价、自己的评价、终结性成绩单等，按照时间的顺序进行排放，从记录袋中可以看到学生的整个学习历程。同时将评价的内容以电子档案的形式存放，并保存学生参加实践活动或者进行展示的视频和音频资料，这样会使评价资料更加丰富，也可以更加直观地感受到学生的成长历程。

（5）课程管理

为了保证课程建设的顺利实施，学校成立了课程领导管理工作小组，建立了如下教学管理制度。

学习培训制度。所有参与项目的教师都要参加项目学习和课程的培训。通过培训，使教师把握课程相关的内涵、特点，课程开发的原则、类型、工作程序，掌握项目课程开发申报表的填写、《项目课程纲要》的编写方法，提高课程实施的能力。

交流研讨制度。学校定期组织教师、学生、家长等交流研讨，不断完善课程的开发和实施工作。

考核评价制度。学校课程管理委员会在每学期结束时依据《首师大附中永定分校课程评价制度》对每学期的课程实施情况进行评价，主要包括三个方面：课程评价、教师评价、学生评价。

课程激励制度。定期组织教师进行论文交流及阶段成果汇报，展示科研成果，奖励优秀教师。定期邀请有关部门对学校学科、个人科研成果进行鉴定，并把鉴定结果作为教师考核依据，为学校教科研向深层次、高水平的方向发展提供有利保证。

4. 提质增效，特色发展

（1）项目式学习

教师多维度统整教学内容，引导学生进行自主合作实践探究，引领学生将注意力始终集中在核心问题的探究与核心概念的学习上，增强学生学习的一致性和连贯性，并将概念融入科学实践，实现深度学习，培养学生创新能力以及问题解决能力。在学习过程中，积极搭建科学知识与实际生活的桥梁，促进学生有意义地学习，使学习更具互动性和趣味性。同时，通过项目式学习建立起不同学科领域之间的联系，帮助学生整合他们所学的各学科知识，发展认知结构，提高知识的综合运用能力。

（2）单元教学

随着新课程改革的进一步深化，教学更加关注核心素养的培养，单元教学设计的优势日益突出。在试验班中，学校大力投入，引进全国优秀教师、选拔骨干教师、外聘专家教师，集中学校优势力量以及硬件配置，以探索提高教学有效性的合理途径。

（3）自主管理

试验班设置独立学部，配置优秀教师，自主管理，组织结构更加扁平化。教师对教育教学、学生日常事务等方面的处理更灵活、变通和高效。

5. 资源共享，合作发展

（1）名校支持

学校与中国科学院、北京大学、北京师范大学、中国地质大学、首都师范大学、中央美术学院、中央音乐学院等知名高校及科研院所建立了密切的合作和交流，这些资源单位为我校人才培养提供了有力支撑。

（2）本部直通车

选拔"1＋3"领航班中优秀的学生（15人）进入首师大附中和首师大二附中等名校学习。

（3）名师培养工作站

"1＋3"试验班优先享有海淀区和首师大附中本部的优质资源，包括教参、共同教研和同步试卷等，并配有校内外"双导师"进行指导。

培养试验全面育人体系的实施具体如图1所示。

三、成效分析

（一）促使核心素养落地，促进了学生全面发展

项目式学习应用于基础学科类课程，实现深度学习，增强了学生的创造能力、问题解决能力，提升学生对知识的综合运用能力。试验班学生各科目成绩与对应高中年级学生成绩持平。幸福发展类课程逐步完善，形成全面育人体系，促进学生全面发展，综合素养显著提升，目前已取得诸多荣誉。例如，2020"希望

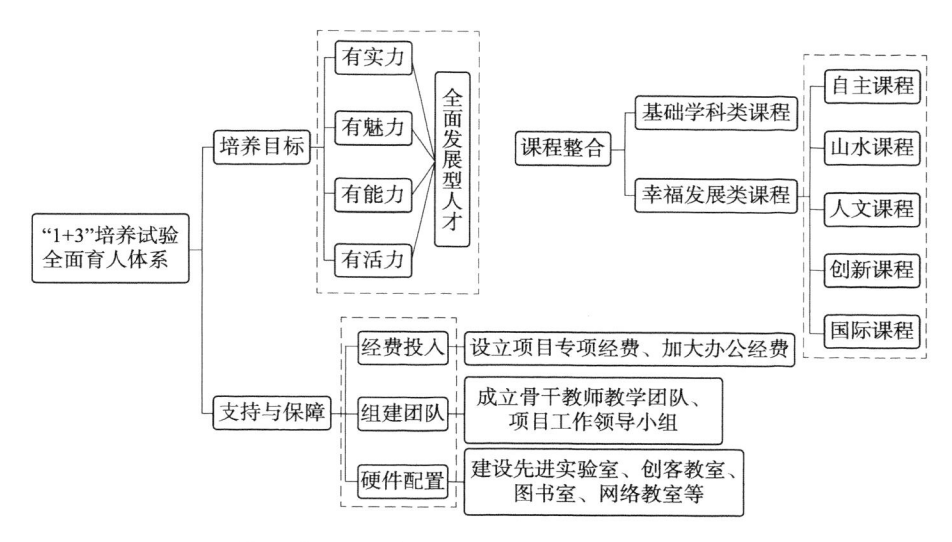

图1 "1+3"培养试验全面育人体系实施流程

中国"双语文化艺术节光荣榜,"1+3"试验班学生作品《红岩》荣获一等奖、最佳舞台效果奖;第八届首都学生外语展示活动,"1+3"试验班的英文短剧《幸福的未来》和法语诗歌朗诵《遨游(L'Invitation au Voyage)》均荣获市级三等奖。试验班学生单人荣誉也收获颇丰,张哈思入选第十四届宋庆龄奖学金候选人名单,成为门头沟区唯一一位入选者;杨佳慧荣获2019年北京市市级三好学生;多名学生参加北京市第二十届学生艺术节,第五届北京市中小学生社会大课堂,教育部关心下一代工作委员会全国青少年"新时代好少年"优秀征文作品等获奖;多名学生在雏鹰建言创新协作推进研讨会上进行交流,并荣获北京市雏鹰建言活动一等奖等单人奖项。

(二)提高了教师综合素养,促进了教师专业发展

通过项目式学习、单位教学设计、多类型课程开展,促使教师理解和把握学科核心素养,让教师从"懂"走向"通",提高了教学的有效性;完成了"1+3"试验班语文汇编、物理汇编、数学汇编等教育教学宝贵资料。各科目教师在"京教杯""春蕾杯""百花杯""秋实杯"等教师基本功大赛中荣获多项荣誉。

(三)开发整合课程,探索全面育人体系

"1+3"培养试验初步探索出全面育人课程体系,将基本学科类课程与幸福

发展类课程有机整合，合理安排于四个学段中，致力于高效提升学生综合素养，培养全面发展的创新型人才。

（四）践行办学理念，推动学校特色发展

学校积极展开育人模式改革，以全面育人为核心，实践"为每一位学生的终身幸福奠基"的办学理念。例如，在项目式学习、单元教学等方面在"1+3"培养试验班中进行了有效尝试，全面育人体系已初步形成。作为门头沟区一所优质初高中一体化学校，学校在人才培养方面一直坚持初高中有效衔接的原则，通过"1+3"培养试验，促进了初高中的有效衔接，全面发展人才培养工程日益完善。

通过该培养模式的实施，为我校初高中的有效衔接架好桥梁，有利于学生的可持续培养，进而促进学校的特色发展。丰富的课程使学生具有更多选择的权利和承担责任的义务，学生主体意识得到彰显，也进一步使学生在选择与责任中逐渐确定自己的职业理想与人生追求，为终身学习能力的形成奠定了基础。

四、反思与建议

"1+3"培养试验以培养目标为指向，以各学科的课程建设为载体，依据四年三个学段的科学规划，在培养学生思维、提升学生人文和科学素养、拓宽学生视野等方面呈现出积极的发展态势，为深化素质教育提供了新的思路。

（一）搭建课程的建设平台，助推学生全面而有个性的发展

抓住课程建设这一核心载体，从课程整合入手，将国家、地方和学校课程进行校本化整合，形成"幸福发展课程"，构建起结构清晰、内容丰富、特色鲜明的多元化课程体系。

（二）发挥评价的导向作用，引领学生的成长方向

以多元化课程体系为依托，从多个维度对学生进行综合性评价，激发学生的学习动力，明确努力的方向，从而更加合理地培养和选拔人才。

（三）加强课堂的改革创新，促进教学成效的不断提升

我校实施的特色"5+X"教学模式，突出了学生的主体地位；项目式学习、单元教学，培养学生主动探究的态度，促使学生努力实现深度学习。

（四）提升教师的综合素养，夯实学校发展的人才基础

教师综合素养是培养和发展学生核心素养的前提，以教师专业化发展为抓手，积极实施学习资源的团队研发促进教师的专业成长，促进教师队伍的优质发展，为"1+3"试验班的可持续发展提供智力支持。

（五）构建民主的管理体系，体现幸福课程的育人价值

未来，首师大附中永定分校将继续实施"1+3"培养试验，以全面育人为宗旨，立足学生发展，总结完善育人经验，不断推进贯通培养、全面育人的系统性实践，用行动回应"育什么人、怎么育人、为谁育人"的新时代教育命题。

精微创新,助力学生全面而有个性地发展

北京市密云区第二中学　王长友

一、学校基本概况

北京市密云区第二中学(以下简称"密云二中")始建于1944年,是一所具有独立法人资质的政府全额拨款的公立学校。学校于1978年被认定为北京市重点中学,2004年被认定为"北京市普通示范性高中校",2011年8月承接新疆和田地区对口内高班工作,2017年秋季起开启"1+3"贯通实验培养项目。

密云二中从2018年开始每届招生人数为80人,恰逢北京中考、高考深化改革实施之际,学校整体思考、科学谋划,从没有经验到清晰基本措施与策略,在实践中探索、在探索中发展、在发展中反思、在反思中调整,通过学校、教师、学生的不断努力与积淀,初步形成了"1+3"贯通实验项目培养的思路与方法。

二、问题与措施

"1+3"贯通实验项目给学校带来了巨大的挑战,学校规模小但又需要独立地开展适合学情的教育教学活动,面对如何运行有效的管理机制、如何制订清晰的发展目标、如何规划科学的课程设置、如何开展全面的育人活动、如何落实客观的评价体系等一系列问题,密云二中以精微创新为方法、以成就学生更好地发展为目标,克服困难整合学校资源、整体统筹与实事求是地开展探索。

(一)渐进完善组织与管理机制

1. 校长直接领导下的主管领导负责制

学校精心筹划,成立了项目工作组,以校长、副校长、教科研主任、德育主任、教务副主任、贯通年级主任为核心的管理团队,校级领导干部负责宏观引领与重大问题的决策;教科研主任负责调研、学情分析、发展策略研究与指导;德育主任负责学生活动策划与研究;教务副主任与贯通年级主任直接负责贯通年级的教育教学质量,按照学校的整体工作思路落实常规教学工作,策划适合贯通学生发展的课程与活动,固化经验与探索创新培养机制。

2. 构建贯通学科教师纵向教研机制

"1+3"贯通试验项目每届每个学科只有一名教师，无法有效实施团队教研，而教师的专业水平与能力是引领学生发展的关键，随着项目的发展，学科教师人数的增加，学科教研机制逐步形成。一方面，学校要求学科教研组整体引领，把贯通试验项目作为重要研究课题，集全教研组教师的智慧与思路谋划教学工作，汇聚集体教研的力量协助试验项目有序开展。另一方面，强化试验项目学科教师间的有效教研，贯通年级设置学科教师纵向教研备课制度，每周一次以"三定"（定时间、定地点、定主题）为要求落实教研制度，教师纵向教研以三个主题开展，一是教学内容与教学设计的研讨、细化，学科教师间结合自己的教学经验、学情特点、课程要求合理规划与整合学科教学；二是教学拓展内容探索，结合学生的发展需求与教师的学科专长合理拓展学科教学；三是学生发展特点的研究，结合每届学生的发展情况深入思考、提炼学生的成长阶段问题并提出解决策略，积累经验。

3. 设立贯通同一年级内部的班主任负责的班级教导会研讨制度

由于每一届"1+3"贯通试验项目的专任教师5~6人，共同点是学生相同、工作性质相同，不同点是学科有差异、教师个性特点有差异。为了最大化发挥教育合力，学校在每一届贯通试验项目设立班级教导会制度，每个年级设置一名班主任为负责人，主要职责是调研、汇总阶段教育教学问题与学生发展问题，组织教师研讨与协商制定解决问题的方法，同时组织教师每周开展学情诊断研讨，策划适合学情发展的学生活动等，班级教导会制度的建立有效解决了教师的组织归属感，更有利于教师的相互交流机制的形成与学情的及时诊断、解决。

4. 扎实推进学生导师制

在选课走班的课改形势下，贯通试验项目尊重学生的自主选择，依据学生的选课情况实施全员走班，因此，学校结合学生的具体发展情况落实学生导师制。导师主要以任教贯通年级专任教师为主，主要工作为日常思想交流、学法指导、学生发展规划指导、学生个体困难解决等，每名教师带学生12名左右。学生导师的安排既要考虑学生意愿，又要结合自身发展的特点。

5. 落实"学生自我管理与发展为主"的自组织建设

贯通班学生的学习基础与习惯良好，综合素养较高，有思想，有创新潜能，学校大胆放手，以"学生自我管理、自主规划与设计"为出发点，宏观引领方向，积极引导与推进学生自组织建设。学生自主管理委员会、个性社团组织、学生活动展示交流策划部、学生学科竞赛兴趣小组等，通过推进自组织建设，培养了学生的能力，激发了学生的潜能，更重要的是营造了共同发展、共同激励、共同影响的伙伴式团队，促进学生整体发展。

（二）强化文化引领的育人价值

1. 确立"卓"为核心的贯通年级文化

学校整体系统设计了各个年级的文化建设，确定了"卓"的贯通年级核心文化。依据"卓"的本意"超然、高明、高远、特别、非常"，具体诠释为：贯通学生人生初始要勤奋好学、通达未来、卓尔不凡、止于至善，贯通班教师要坚忍执着、教学相长、追求卓越，要求师生目标远大、信念坚定，行为自律、学习自觉。

2. 明确"卓越人才"为定位的贯通学生培养目标

我校将贯通试验项目的卓越人才定义为：知识渊博、思维创新、行为自觉、勇于担当、止于至善。学生培养目标一方面整体融入密云二中的学生培养体系，学生需要参加并完成共同的基础性任务；另一方面学生在夯实发展基础的条件下，依据个人的需求自主选择参加校本课程，进而实现个性化发展。

3. 营造教师团队的核心理念

引导贯通年级教师树立"和谐、合作、研究、创新、担当、奉献"的团队理念，落实"研究每一位学生的特点与发展，关注每一位学生的成长与进步，服务每一位学生的学习与需求"的教育观，明确贯通试验项目工作的"机遇与挑战共存，荣誉与奉献共存"的岗位认同。在奋斗过程中，达成共同观念，形成共同语言，遵循共同理论，建立共同愿景，形成共同思路，面对共同遭遇，坚定共同信仰。

4. 抓实行为文化的示范性

贯通班师生的内在追求外显于行为，因此高标准要求师生的行为文化，以"自觉、自律、自省、自强"为行为准则，时刻鞭策自身言行，体现贯通年级的示范性与引领性。师生遵循"从最基础的常规做表率，从最规范的言行展风采"的要求，通过实际行动诠释"二中荣则教师荣，二中衰则教师耻"的职业荣辱观。

（三）积极探索与丰富课程建设

秉承"关注需求、尊重差异、培养特长、激发潜质"的理念，以培养和落实学科核心素养为出发点，以国家课程高质量校本化实施为落脚点，以开发精品校本课程为增长点，初步构建了"厚德、善思、修身、笃行"四种课程体系并行，"基础、拓展、研究"三级递进的"至善"课程群。结合贯通试验项目的学生文化基础优异、人文素养优厚、科技素养突出、为学生成为全面发展的创新人才奠定基础的宗旨，立足学生的发展与需求，稳步推进课程建设。

1. 全面落实与实施国家课程

（1）系统规划学段教学任务

四年的试验项目从学科教学来讲减少了内容的重复性，打破了初高中的学段壁垒，因此学校、教师在探索过程中宏观确定了课程的基本教学进度与安排。第一学段即初三第一学期，主要任务为完成初三学习任务、拓展学生的视野、指导学生逐步适应高中学习特点，以教学内容为载体有设计地指导学法，完成初高中的过渡；第二阶段即初三第二学期至高二第二学期，主要任务为完成高中教学内容任务、特色校本课程学习、提升学生综合素养，以夯实基础共同发展为根本兼顾多样化发展；第三阶段即高二第二学期至高三结束，主要任务为学科系统复习与学科内容拓展，依据学生的学情与发展选择，需要突出选择性与发展性。

（2）有效实施国家课程的整合

主要体现在三个维度：一是落实初高中课程整合，将初三、高中课程系统设计，实现初高中的衔接，同时将高中阶段内容重新安排，整体推进；二是国家课程与校本课程有机整合，在保证完成国家课程的同时，稳步推进校本课程的建设，丰富学生选择；三是不同学科间的跨学科整合，学校组织贯通教师调研学科间相互制约的教学内容，整体协调学科的教学内容调整与拓展，极大地提升了学生的学习效率与整体素养。

（3）课程导向突出素养

"五育并举"是目标更是手段，"1+3"贯通试验项目的学生学习能力较强，因此，教师的课堂教学既要实现"四基四能"的精准落实，更要突出学科素养。教师在日常教学活动中以单元教学设计为依托，依据学科素养的要求进行细化与分解，有阶段、有过程、有设计地开展教学与具体实施，通过丰富学生活动、增加学科拓展、搭建学生展示平台等形式深入展开。

2. 丰富校本课程增加学生选择空间

特色校本课程的实施是满足学生多样化发展的关键，学校依据整体校本课程建设的思路结合贯通学生、教师的具体情况，稳步推进贯通年级校本课程建设。课程设置以突出"文化育人、科学育人"的主线，尊重学生的选择与个性需求，采用自主研发为根本与外力助推为引领的互补模式。

（1）全面而有重点地开设校本课程

贯通年级全面落实学校校本课程，依托校本课程的全面性与丰富性奠定学生发展的基础，重点抓实规范与规则教育、感恩与责任教育、心理与职业生涯规划教育、实践与修身等课程，保证学生的发展方向正确、发展基础扎实。

（2）全力挖掘适合贯通学生的特色课程

以学生的潜能激发为立足点，全力推进适合贯通学生发展的"善思课程"，保证学生发展特色鲜明。充分调研学生的发展兴趣与需求、考虑学校的物质条件与师资，坚持教师自主研发、外请专家助力的模式，以"文化与文化素养、学科发展与拓展、科学理解与竞赛、人文社会发展与理解"等方面为出发点开设学生个性化发展需要的课程群。

（四）重视活动过程育人

1. 游学活动重教育

学校认识到"最好的课堂在路上"的重要性，依据学生的发展过程整体谋划游学活动：一是贯通学生分年级、系列化参加名校的励志之行、京味文化的京城之旅、传统文化的谒圣齐鲁、延安精神的红色传承、现代科技的走进科学等游学活动；二是积极引导学生自主规划游学活动，以走进博物馆、走进名胜古迹、走进文化基因、走进科技殿堂等为主题。游学分为三个过程：准备阶段整合学科知识，形成报告手册；实施阶段学与走结合，聘请专家讲解与学生自主检索为手段，落实游学报告；汇报阶段展示成果，以学生小组为单位交流，取长补短，共同提升。

2. 展示活动重素养

为了充分发挥学生的个性特长，学校主动搭建平台，展示学生风采与素养。开展学术讲堂，包括传统文化、社会与科技两个主题板块；开展学科特色展示，初步形成了名著阅读、英文原著校本剧、传统文化写春联、诗歌原创大赛、时事辩论等人文类活动。

3. 竞赛活动重潜能

学校依据学生的特点，采取"因人而异、因学科而异"探索竞赛活动，重点设置数学、物理、科技、英语的学科竞赛活动。一方面组织校内学科竞赛活动，绝大多数活动打破贯通年级学段、联动学校其他年级，提升活动的竞争力，帮助贯通学生明确发展方向，激发学生潜能。另一方面指导学生积极参加物理、数学、化学、生物、科技、语文、英语等市级、国家级学科竞赛，通过大赛的锤炼，引导学生树立远大目标。

4. 心理活动与职业生涯规划重引导

整体活动设计主要分为三个阶段：初三重点关注适应，以适应高中、适应竞争、适应差异为主线；高一、高二关注规划，以学习规划、选择规划、发展规划为主线；高三关注优化，以活动优化、效率优化为主线。活动主要以学校内部教育资源为主，借力优秀校友的示范引领作用、发挥家长与社会资源的专业性，保证学生发展过程中的"答疑与解惑"。

三、学生发展状态评估

1. 学生学业基础扎实全面

贯通试验项目学生的学业水平基础扎实，学科发展均衡全面，相对同阶段普通班学生的优势明显。一方面，通过全区统考考试成绩的横向对比，无论是反映整体水平的平均分还是学生个体的成绩发展，贯通学生的成绩遥遥领先；另一方面，坚实的学业基础奠定了学生在日常学习过程中学科发展、学科素养、学习能力等方面细节规范、思考主动、研究深入、涉猎广泛。

2. 学生综合素养普遍提升

贯通试验项目学生在日常习惯、学习品质、学习视野、个性价值追求等方面展现了较高的水平，在全区阅读工程展示、英语课本剧、学科竞赛、名著阅读、诗歌原创大赛等集体性的展示活动中，贯通学生全员参与、全过程策划，充分展示了学生的综合素养。

3. 学生自我发展规划合理

学生既能够准确制订日常的学习计划、生活计划、阶段目标，也能主动对自己的人生发展进行规划，在选课与个人价值追求的协调、社会实践与调研的探索、大学与大学专业设置的研究、未来社会的思考等不同方面学生有目的、有体验地逐步展开，实现了发展方向清晰、明确。

4. 学生个性发展效果显著

尊重学生个性发展是贯通培养的主要内容，贯通班学生在艺术、体育、科技、学科竞赛、主题活动等各方面展示了才华。在书法大赛、科技比赛、叶圣陶杯作文大赛、科普科幻作文大赛、化学联赛、物理联赛等全国及市级比赛中，学生屡获佳绩。

四、成效分析

1. 良好的成长环境与条件营造

通过精选教师与强化教师团队建设，教师有了强烈的责任感与荣誉感，全力为学生的成长无私奉献；多渠道、全方位地拓展学生视野与系列化的活动，使学生养成了积极向上、乐观自信、顽强拼搏的优秀意志品质，自律的行为习惯，更激发了学生的潜能，树立了远大的目标。贯通年级形成了教师的主动研究与创新、学生阳光与奋进的生动活泼局面。

2. 合理的课程设计与实施

全面落实与保证基础课程、有效与系统开设校本课程两者有机结合夯实了学生共同发展的基础，奠定了多样化发展的平台。学生在共同成长的氛围下，充分享受到个体发展的成就，学生在校内统考、区域联考、学科竞赛等各方面优势突出。科技类比赛，近百名学生获得市级一、二、三等奖，特别是 2019 年 5 月在第三届全国中小学生创·造大赛中，获两个国家级金奖、一个银奖的好成绩。

3. 差异化的个人发展指导

学有所成、学有所长是贯通培养的基本目标，导师制的落实、学生的差异化发展规划、个性化指导与辅导等制度的建立，很好地促进了学生的个体发展。在 2019 年北京市应用物理竞赛中，我校多人次获奖，其中一名学生获得市级一等奖。

4. 全方位的机制保证

学校从"1＋3"贯通试验项目探索初始就整合全校力量，不断完善贯通年级组织、管理、教研、科研等运行机制，集中学校优势力量研究问题、解决问题，保证项目在发展过程中方向正确、措施到位、落实有效。

五、反思建议

（一）加强区域联动

由于试验项目的学生体量小，没有成功经验可以借鉴，因此需要不断向市区有经验的名校学习，同时要考虑郊区的发展特点，增加与相似学校的区域联动，整体考量学校的办学效果、学生发展状态等。

（二）教师专业发展的紧迫性

虽然学校与老师在建设满足学生个性需求的校本课程中不懈努力，但教育发展的城乡差异依旧存在，教师的发展瓶颈、研究水平、驾驭学科前沿发展的能力等多方面存在严重不足，专业化、系列化的整体教师培训有待加强。

（三）校本课程与资源需进一步丰富

面对教育改革的突飞猛进，校本课程是学生实现自我发展的助推器，但作为郊区学校，师资的短板、教育资源的相对匮乏等严重制约了学生的发展，因而加大对试验项目的政策倾斜与师资培养是亟待解决的任务。

（四）推进职业生涯规划的引领性

方向比速度更重要，学生的视野、学生的人生目标等需要专业的指导与规划，学校缺少社会资源，学生体验与感悟少，更缺少专业人士对学生的未来规划进行有效指导，因此与高校对接、与优质社会资源建立联系、与专家加强沟通等是学校要拓展的重要方面。

打通学段壁垒　创新人才培养

昌平一中教育集团　魏　婷

一、昌平一中"1+3"项目现状分析

根据《北京市教育委员会关于做好2017年"1+3"培养试验工作的通知》文件精神，为落实北京市教委促进义务教育优质均衡发展的战略部署，推动教育公平，探索新高考改革背景下的高中人才多样化培养方式，北京市昌平区第一中学（以下简称"昌平一中"）自2017年起开始实施"1+3"试验项目。录取学生在初二年级结束后进入昌平一中，不经中考，将连续完成初三及高中共四年（简称"1+3"试验项目）学习。至今共招收四届"1+3"项目班学生，每届60人，目前在校生从高三到初三共240名学生。

（一）发展优势

1. 集团校成立为"1+3"项目提供较为稳定的优质生源

北京市昌平区第一中学于1951年建校，是北京市示范高中校，有校本部（初高中）和天通苑初中部。2019年8月昌平区为推动集团化发展，成立昌平一中教育集团，先后建立昌平一中教育集团西校区（原昌平三中）、昌平一中教育集团中滩校区（原中滩学校）。校本部初中、高中及"1+3"项目班共有学生1730人（含1+3项目班240人），其中，高中1185人，初中545人；在编教职工共218人，其中，正高级教师2人，特级教师8人，市级学科带头人3人、市级骨干教师11人、区级学科带头人21人、区级骨干教师38人。天通苑校区共有学生601人，教职工76人，其中区级学科带头人1人，区级骨干教师16人。骨干教师及以上学术型专业教师的比例全区最高。西关校区现有在编教职工135人，区级骨干教师24人，区级学科带头人4人，市级骨干教师3人，其中特级教师1人。学生总数521人，初中14个班，321人；高三共4个班，90人，2019年停招高中部。中滩校区现有在编教职工57人，特级教师1人，区级骨干教师5人，区级学科带头人1人。初中220人，共8个班。一个高中部，四个初中校区的集团模式为"1+3"人才选拔提供了稳定的生源库，为"1+3"项目长期发

展探索多样化办学提供了可能。

2. "平等尊重、开放创新"的办学理念为学生多样化发展奠基

昌平一中建校近70年来，学校发展经历了多个重要阶段，无论哪个阶段，学校发展建设始终围绕以"人的发展"为核心，关注师生的生命状态和精神成长。从建校初期的"自强不息、永争第一"，到发展中期的"科研领先、注重实践"，再到成熟期的"平等尊重、开放创新"，凝聚了一代代一中人的智慧和力量，彰显了一代代一中人的道路自信和文化自信。特别是"平等尊重、开放创新"的办学理念，要求在教育时代变革中不墨守成规、不故步自封，更主动地迎接挑战，在吸收、借鉴、效仿别人的优秀成果的同时，探索学校个性发展的道路；以尊重生命、尊重差异、尊重知识、尊重规律、尊重事实为行动准则，干群之间、师生之间、家校之间、同伴之间、同学之间都彼此尊重，平等对待，营造出浓浓的质朴厚道、和谐友善、积极向上的文化氛围，这为学生多样化发展培养模式的探索奠定了基础，提供了可能。

3. "个性成长 多元发展"的育人目标让学生多样发展成为可能

近年来，昌平一中探索"生本·素养"课程建设，进而优化为"三生两思"课程体系建设。"三生两思"的"三生"是指尊重生命、贴近生活、促进生长，"两思"是指培育学科思想、培养创新思维。并以课堂教学改革为依托，通过实施选科分层、选层走班、以选定教的"三选"模式，深化落实核心素养背景下的新中高考改革。学校开设了100余门选修课，自主编印了20余种选修课教材，组建了小戏迷京剧社、青鸟文学社、健美操队等30余个学生社团，定期举办科技节、艺术节、体育节、"致忠"学生论坛等，为学生全面发展、个性发展搭建充分的展示平台。学校是北京市篮球、足球传统学校，办有超越无限青少年体育俱乐部。此外，学校还是北京市翱翔计划生源校和课程基地校。"个性成长、多元发展"的育人目标为"1+3"项目的探索与实践提供了理念依据。

（二）发展不足

"1+3"项目成立后在稳定招生、管理方式、特色课程、质量评价等方面都是空白的，需要从零开始逐步探索。"1+3"是独立管理还是与各年级综合管理？如何设置"1+3"项目特别是"1"也就是初三这一学段的课程？怎么评价"1+3"的教育教学成果呢？这些都是需要在发展过程中不断探索，摸着石头过河的。"1+3"项目没有建设经费支持，课程探索仅限于本校教师，然而大多数教师本身的工作内容繁重、个人能力有限，很难担当特色课程研发的工作。大多数学生与家长对"1+3"项目缺乏认识，大多处于观望状态。本区一些其他初中校为留住优质生源不对学生公布"1+3"招生信息，导致前两年招生生源阶段性差异性极大。

二、"1+3"项目培养目标

"1+3"的培养周期安排初三1年、高中3年，初高中学段区分并不是简单的培养阶段的区分，而是教育教学目标的区分、培养任务的区分，即知识架构、思维方法和发展方向的区分。然而，"1+3"的学生不参加中考，通过4年培养直接参加高考。"1"这个学段没有中考的压力，减少了机械重复训练，给学生多元发展留下了更多空间和可能，但这也意味着"1+3"项目从"1"这个学段开始4年贯通，统一培养目标。昌平一中"1+3"的培养目标旨在通过"初高中贯通"培养，实现学生核心潜力的深度挖掘与核心素养的高水平提升，促进学生多元发展。

三、"1+3"项目管理方式

2017年昌平一中第一届"1+3"项目建立，组建了"1+3"项目团队，设计"1+3"项目形成单独管理体系，单独课程设置，单独管理模式。然而在建设的第一年就遇到了很多意想不到的困难。首先，由于学校师资有限，"1+3"招生60人，两个班的设置又不能满足很多学科教师周课时工作量，所以除语、数、外三科，其他任课教师均跨年级任课，独立于其他学部与年级的管理没有现实基础；其次，"1+3"项目每届学生60人，很多集体性学生活动单独组织没有条件支持，没有独立资金支持，只能参与其他年级活动。基于这一现状，我校重新设置了"1+3"的管理方式，即"1"归到初三年级管理，"3"归到高中三个年级内管理。然而，这样的方式破坏了4年贯通的培养初衷，"1+3"不能独立成班就失去了创新人才探索的价值与意义。于是，我校创新了管理模式，提出了"合并管理、独立循环"的管理方式。"1"重点突出夯实基础和初高衔接，让学生从以往初三年级的中考复习中解放出来，更好地适应未来高中的学习生活。"3"是高中三年全面对接即将到来的新高考，让学生全面个性地发展。根据教学任务的差别，我校又设置了"5阶段"的管理分区。阶段一："1"上——夯实初中基础，与初三同步课程（参加区统一期末考试）；阶段二："1"下——初高中衔接定位，独立课程设置（不参加中考）；阶段三：高一——入学增员（由于我校初高中班级容量不同，加入部分有意愿参加实验项目的统招学生，由原 30 人小班扩展为 40 人）；阶段四：高二——选科重组（根据学生选科情况，进行定一选二的班级重组建设）；阶段五：高三——巩固提升。通过四年整体一贯的课程设计，建设可选择的课程体系，培养学生的创新精神、实践能力。

四、"1+3"课程设置与研发

为保证"1+3"贯通培养项目高质量发展，探索"1+3"项目培养模式，首先，着力于"1+3"贯通培养创新思维课程建设。我校从"十三五"中期开始就积极构建具有一中特色的"三生·两思"（三生：尊重生命、贴近生活、促进生长；两思：培育学科思想、培养创新思维）课程建设。"1+3"贯通培养创新思维课程建设即是构建"三生·两思"课程体系的重要内容。其次，"1+3"项目是人才培养模式改革中的试验项目，实行四年一贯整体设计课程，构建"四年五段"的完整课程体系，围绕"初高衔接"，打通学段壁垒，实现高中人才多样化培养方式的创新。

（一）课程理念

"1+3"的"1"是初高中贯通培养的关键阶段，"3"是提升发展的核心阶段。昌平一中教育集团"1+3"项目课程以"三生·两思"课程为抓手，贯彻"三生·两思"课程理念，通过主要学科知识体系的校本化调整、多样化选择性课程、丰富的体验性实践活动，构建昌平一中教育集团特色"1+3"创新性、实践性的初高中贯通培养模式。

（二）课程类型

昌平一中教育集团"1+3"项目课程分为基础课程、综合实践课程、研究课程与特选贯通课程四类。基础课程与综合实践课程侧重"育人"目标，完成昌平一中作为优质资源校在义务教育学段培养"人"的任务，旨在为社会培养讲素质、知荣辱、肯付出、能立命的优质公民；研究课程与特选贯通课程侧重"育才"目标，旨在为社会培养有知识、有视野、有能力、有格局的精英人才。

（三）课程内容

1. 基础课程——夯实基础　精准衔接

"1"上按义务教育学段课时要求开设语文、数学、英语、历史、地理、生物、物理、化学、音乐、体育、美术等基础课程，学生在此阶段完成义务教育学段课程任务，夯实基础；"1"下以校本化调整的主要学科知识体系代替中考复习的应试机械重复训练，从而达到全学科的初高中精准衔接。"3"与高中同步基础课程。

2. 综合实践课程——打开视野　活跃思维

综合实践课程让学生走出校门，学生在实践过程中"手动、眼动、心动"，让视野开阔起来，让思维活跃起来。

（1）适应性课程

昌平一中教育集团"1＋3"项目班开展入境教育，在"破冰""无敌风火轮""呼吸的力量""动力绳圈""超音速"等一系列项目中，通过团队间的相互合作，形成"1＋3"项目班的凝聚力，加速完成新同学在新环境的"适应"过程，达到入境入心的目的。

（2）科技创新类

① 环保课程：走进北京市排水集团，关注污水处理。走进北京排水集团技术培训中心，分组参观了北京排水科普展览馆，并到现场学习污水处理的工艺及流程。在科普展览馆内，学生们在讲解员的介绍下，了解了目前全球水资源和水污染的基本情况，学习了污水处理和再生水利用的相关知识，并观看了公益宣传片。学生们先后到格栅间、初沉池、曝气池、二沉池进行现场参观，了解了污水如何经过一步步处理，从浑浊变为澄清。通过参观学习，学生们不仅意识到日常生活中环保节能、一水多用的重要性，也感受到了污水处理所产生的巨大的社会效益。有同学在感想中写道："看着处理后的清澈的水，又想起刚开始泛黄的污水，我不禁感叹科学的强大和重要。"

② 工程科技：走进中国工程院，见证科技奇迹。走进中国工程院，观看了中国工程纪录片《天命》，参观了中国工程院节能楼和中国工程科技成就展等。精巧独特的节能构造，杂交水稻、"和谐号"动车、"辽宁号"航母、"两弹一星"等令人叹服。还聆听曾恒一院士题为《中国是海洋大国——建设海洋强国重任在你们肩上》的精彩报告，介绍了我国当代海洋科技成果背后的探索故事，展示了诸多院士的科研成果以及科研精神。在提问环节，学生们积极与曾院士进行互动交流。

③ 人工智能：走进智能时代，感受智慧生活。为适应智能时代发展的需要，全面提升"1＋3"项目班学生的科学素养，昌平一中教育集团开展"人工智能创客营"活动，开设"人工智能理论""程序设计实践""3D建模设计"与"智

能项目设计制作"四门课程。从生动的讲解到全程的实践操作、从"烧脑"的编程设计到"物化"的成果展现，让学生们大呼过瘾，激发了学生们进一步学习人工智能的兴趣。

（3）生命科学类

① 奥森科学：走进奥森公园，开展生命科学实践活动。为了全面提升生物科学素养及科技创新能力，走进奥林匹克森林公园，开展了"科学公园植物探秘"生命科学实践活动。学生们通过实验，进行了《不同植物叶绿素电池研究》及《小液流法下不同生物植物水势的差异性探究》，在实践中获得真知。课程行程伴随实验结束了，但学生们对科学的热爱和兴趣正在启航。

② 研学课程：感受移动课堂，苏州研学之旅。走进纳米技术与纳米仿生研究所，参观了科普展厅，认识到苏州工业园区是全球八大纳米产业代表性区域之一，纳米技术在材料、能源环境、衣食住行、生物医药、仿生、器件等各领域都有着极好的应用前景，纳米技术引领着十大新兴产业、上百个行业，促进了产业的高端发展。聆听教授讲座"电子显微镜下的纳米世界"，通过电子显微镜下鸡蛋壳的疏松、纤维、网状结构，认识结构与材料性能的密切关系。此外，还在苏州大学实验室通过课题实验、展示汇报等收获关于"蚕"的知识。研学之旅令学生们在研中学，在学中研。

（4）文学戏剧类

① 名著研读课程：化身红楼梦中人。"1+3"项目班在"1"学段开启了学生们的"红楼之旅"，主要活动有：原剧配音、描绘丹青、园中剧场、对联诗句等。原剧配音，是通过为87版《红楼梦》原剧进行角色配音，从中体会人物的性格特点。描绘丹青，是同学们用自己的画笔勾勒书中的人物形象，"着汉裳游大观园"是学生们最喜爱的活动，学生们身着汉服来到北京大观园，体验《红楼梦》原著里描述的每个场景，观赏大观园内栩栩如生的红楼人物像。园中剧场，则是学生们化身红楼梦中人，在园中上演一番原著情节，过足了戏剧瘾。对联诗句，是学生们以毛笔书写原著中的每副对联，到大观园中寻觅对应的院落。"红楼之旅"让学生们体验了一番中国经典名著里描述的场景和栩栩如生的红楼人物，加深了他们对《红楼梦》的感悟。

② 英文戏剧课程：感受世界文化。英文戏剧课程由外教乔西（Josh）老师授课，节选自《西游记女儿国》的英文戏剧在校内展演。故事讲述的是唐僧师徒在取经路上，途经女儿国时遇到的传奇经历。展演当天，学生们伴着中国风的音乐全情投入，以流利的英文表达、灵活的肢体语言、默契的团队配合，将女儿国

的故事活灵活现地呈现给在场评委及观众。演出获得了广泛好评。

3. 研究课程——项目学习　创新思维

学生以课题项目为抓手,在项目式学习中体验发现问题、提出问题、分析问题、解决问题的过程,提高问题解决能力,培养创新思维。

① 生化类:成立了"盐文化之旅"项目组;"植物组织培养"项目组;

② 文史类:成立了"宣纸何以寿千年"课题组;"李白《独坐敬亭山》何时所作"课题组;

③ 科技类:成立了"机器人工程"研究组;"蔚蓝天空"研究组。

4. 特选贯通课程——资源助力　高端引航

遴选高中优质师资(含特级教师)力量,为昌平一中教育集团"1+3"项目班开设高端特选贯通课程(见表1),为每一位学生的个性化需求与发展提供支撑。

表1　"1+3"项目实验班高端特选贯通课程

序号	课程名称	课程介绍	学科	开课教师
1	数学也能做实验	通过让学生自己操作计算机画图,形成动态效果,培养学生的动手能力,适应大数据时代,帮助学生提升数学抽象、直观想象的核心素养	数学	许雪(特级)
2	《红楼梦》导读	学习《红楼梦》主题,分析人物性格特征	语文	张震
3	生物培优科创课	植物无土培育等	生物	周有祥(特级)
4	水的奥秘	从化学的视角认识水的无所不能	化学	陈娜
5	从衣食住行游上谈地理	从衣食住行游感受地理的神奇	地理	李靖宇
6	英文阅读课	阅读英文书籍,提高英语阅读能力	英语	徐彩云

五、构建"1+3"质量评价体系

建立质量评价体系,对"1+3"贯通培养的学生在学习期间实行滚动考核机制,以保持整体培养质量和综合素质。在"1"学年末,根据学生的学业水平、综合素质等状况进行适当调整、分流,不符合要求者升入"3"学段可转回普通班学习;"3"学段每学年一次考核,根据学生的学业水平、综合素质等综合状况进行适当调整、分流，不符合的可转回普通班学习。"1+3"贯通培养模式采用多维评估体系，注重学生成长纵向、多视角、多方位的评价原则，对"1+3"贯通培养学生的能力进行侧重培养。在综合素质评价、课程成绩的基础上，采用导师项目组制为主的项目式的研究学习，进行阶段性考核和创新思维评估双重机制，在"1+3"贯通培养周期中实行导师汇报制度，学校规定汇报时间并在中期进行抽查。这样，"1+3"贯通培养的学生在各阶段任何方面取得的成绩及表现都会显现出来。

  旨在培养创新人才的"1+3"贯通培养模式是在一定的历史条件下产生的，适应了新时期高校对人才培养工作的新要求，为学有余力的学生提供更多的发展平台，为学生今后的成长提供更有利的条件，促进了学生的多样化成长。我校打通学段壁垒，重视创新人才的贯通培养工作，搭建多元人才培养平台，以学生发展为中心，全方位尊重和关心学生，并力求通过校际交流，不断完善和推广"1+3"贯通培养模式。

开展"1+3"贯通试验，助推创新人才培养

北京市一零一中学怀柔校区　朱思克

一、基本概况

北京一零一中学怀柔校区是北京市为加大优质教育资源辐射力度，实现基本公共教育服务均衡化，在怀柔区兴建的一所城乡一体化寄宿制中学，于2014年9月开始招生，与北京一零一中学实行"一个法人、一体化管理"的管理体制，学校秉承北京一零一中学"促进学生全面发展，为学生一生的幸福奠基"的教育教学理念和"百尺竿头，更进一步"的校训，经过六年的努力取得了长足的发展。

北京一零一中学怀柔校区处于怀柔科学城核心地带，是怀柔科学城唯一的中学。2018年二期工程建设全面启动，工程完工后，怀柔校区将设初中、高中和国际3个教学部、72个教学班、3000个学位。2019年7月，中国科学院大学和北京一零一中教育集团签署了《全面战略合作框架协议》，决定合作建设怀柔科学城配套的北京市直属第三实验学校。

北京一零一中教育集团一体化办学是怀柔校区高速发展的有力支撑，在管理智慧、创新资源、优秀师资、培优机会方面建立了有效的共享机制。尤其在课程建设和课堂教学改革上，在借鉴了总校经验的基础上很快完善了自己的课程体系，摒弃了"导航式的教学"局限，走在了北京课改的前列。北京一零一中总校领导每年都多次来怀柔校区部署工作，每学期年级组长、教研组组长都来怀柔校区指导教学工作，每周日一批名师都会来怀柔校区开设专家讲座，一批老师更是支教怀柔校区一来就是连续几年。怀柔校区每年都从新入职的青年教师中选派一批到总校"进修"，几年来，到总校"驻地培养"的老师达50多人，有些青年教师参加工作几年，就已经迅速成长为可以独当一面的骨干。集团校之间充分利用网络平台开展集体备课和教研培训，更加促进了怀柔校区与总校的深度融合，实现了讲课统一进度、统一要求、统一备课，检测统一试题、统一阅卷、统一标准，全面提升了学校的办学实力。

在集团办学的强大推动下，随着怀柔科学城的发展，怀柔校区必将建成一所能够满足北京怀柔科学城高端人才子女需求的现代化学校，一所符合怀柔科学城发展需求的中国特色、国际一流的基础教育名校；必将实现"建中国基础教育名校，助力怀柔科学城发展"的目标。

二、问题和举措

我校"1+3"试验项目经过四年的努力，已有370多名学子受益，取得了完全可以复制的成熟经验：它拥有一支精良的师资队伍，一套高效的管理体制；它拥有丰厚的"双培养"教育资源，"量身定做"的教育能力！它把平凡升华成精致，把精致锻造成精彩！

建校之初，怀柔校区就存在师资队伍不稳定、生源质量薄弱、环境污染严重和办学经费严重不足的问题，更重要的是家长的不信任。学校开始招收第一届学生时，农村学生占50%左右，从入学摸底情况来看，与怀柔城区的几所中学相比，生源差距还比较大，与一零一中学其他校区学生成绩差距更大。从初一上学期考试成绩看，怀柔分校最好的学生在一零一中学本部排第360名。以英语为例，我们根据学生的实际，分为四层教学，有两个班只能从26个字母教起。正是在这种情况下，2016年我校"1+3"试验班贯通培养模式实验班开始招生。

预科年级的目标定位是什么？怎么培养这些孩子？2018年8月22日召开的研讨会进行了热烈研讨并做出了精准的回答。李白杰副校长说："'1+3'的培养，在'1'中重点要能夯实基础并做好初高衔接。学校通过初高衔接的主要学科知识体系的校本化调整、多样化课程选择以及学生丰富的实践活动体验，让学生从以往初三年级的中考复习中解放出来，更好地适应未来高中的学习生活。'3'是高中三年全面对接即将到来的新高考，让学生全面发展，特长突出，学校要构建四年整体一贯的课程设计。"但是选择哪些课程？学生的创新能力和实践能力怎么培养？这些问题引发了大家的思考。

上一届"1+3"项目试验班的年级组长朱老师说："从去年的实践来看，预科的科学课程内容比较丰富，但是学生动手的机会还是少了点，虽然安排了一些走向社会的科学实践活动，但是学生还是会在一定程度上把科学实践活动看作参观考察，课程似乎少了一点'设计感'。""应该从课程的高度规划，才能系统地对预科学生进行科学精神培养和创新能力培养，课程设置应突出针对科学精神、学会学习、实践创新三大核心素养。在以学科为基础的课程中实现生活态度与能力的培养；在以活动为基础的课程中突出知识的转化与实践应用能力的培养。"

孙天钰副校长对如何设置科学课程进行了总结。"不能只有科学课程，还要有人文类课程，只有两方面平行发展，才能走得更远"，李白杰副校长及时补充。

北京一零一中学怀柔校区的课程建设在借鉴总校"多种形式的研究性学习"和"学生的综合素质评价"为内容的"三层八维式"课程结构体系的基础上，已初步建立起凸显"人文·科技"特色校本课程体系。

在"人文类课程"上主要以人文、艺体为内容的"书院文化"为代表。人文书院课程包括每天一节"阅读课"，打造书香校园，培养学生的人文素养；每天一节"时政课"，培养学生的公民意识和国际视野；每周一次"欣赏课"，培养学生的艺术素养和人格熏陶。艺体书院课程包括每周一次"非遗课"，通过学习茶艺、皮影、京东大鼓，传承优秀传统文化，静心修身，培养良好的待人处事礼节习惯；每周一次"形体课"，塑造学生的优美仪态和优雅气质；每天三次"运动课"，锻造学生的健康体魄和坚毅品质，保证学生每天80分钟以上锻炼时间。此外，学校还开设社团活动、综合实践活动，充分利用社会大课堂，提高学生的综合素质。

北京一零一中学怀柔校区地处中国综合科学中心和具有世界影响力的科创中心——怀柔科学城的核心区，学校周边有中国科学院大学、中国航天工程大学等高校和中科院力学所、空间所等研究机构，区位优势得天独厚，课程资源十分丰富。学校每周都邀请中科院大学生命科学、资源环境、电子电信与通信工程、化学与化工、计算机与控制等学院的博士、硕士开设高端讲座，组织学生参观国防科技大学、中国科学院国家空间科学中心等单位，邀请中国科学院以及大专院校等科研院所专家为我校开设大师领航课程，在"1"的两个学期构建起完善的科技类课程，开阔了学生的视野。

课程建设的目的是让学生在一个以个人发展和终身学习为主体的核心素养培养模式中实现生命成长。其重要意义体现在：一是丰富课程内容，人文、科技并重，满足学生多样化的学习需求；二是增加体验类、实践类课程，让学生亲身参与实践活动，从学习者向实践者、组织者、活动探究者转变，学生充分感受学科知识与个人生活间的密切联系，让学生在实践活动中体验成功的喜悦和失败的磨砺，促使知识、能力转化为学生的核心素养；三是促进学科融合，以不断提升学生的"核心素养"为目标，打破现有的各学科界限和壁垒，将各学科知识贯通起来，将学生的思维能力、创造能力和价值观培养有机结合起来。

三、成效分析

经过四年的努力，我校"1+3"项目实验班的学生在怀柔区、北京市和全国的科技、文体比赛中过关斩将、摘金夺银，连创佳绩，同时为我校的高中学段输送了大量"优质生源"，为高中教学打下了良好的生源基础。

我校"1+3"项目实验班的学生先后在第39届、40届北京市科技创新大赛上获得市级一等奖；在全国第五届创意编程与设计大赛中获得国家级一等奖；高意轩、孟嘉姚、杨雅棋团队围绕"除草剂对于土地的污染以及对板栗果实的影响"展开实验探究，既实用又有地方特色，一举获得"第19届北京市金鹏科技论坛一等奖"及第39届北京青少年科技创新大赛"优秀青少年科技创新项目"二等奖和"怀柔区青少年科技创新奖"二等奖；在2018年波音"梦想航空器"设计比赛上，我校王知非、曹靖泽团队获国家级三等奖。2019年下学期，我校"1+3"项目实验班的学生参加了由教育部批准的第17届"叶圣陶杯"全国中学生新作文大赛初赛，其中11名同学取得了名次：1名学生获得一等奖，2名学生获得二等奖，4名学生获得三等奖，4名学生获得优胜奖。

2019年7月2日，校园公众号推出了"'1+3'试验项目——我们用爱心和精心打造的品牌"专题，报道了北京市一零一中学怀柔校区对"1+3"项目提供足够的人力、物力和财力方面的支撑，保证试验最大限度、最大可能的成功，其秘诀在于：一是开阔的眼界，站位的高远。学校制定了"扎根校本，立足怀柔，依托总校，紧跟海淀"的战略发展格局；二是优秀师资配备，凸显引领优势。学校不断引进特级教师、市骨干教师等具有丰富经验的"成熟型教师"，配备超强"1+3"项目师资。

我校"1+3"项目的发展进入深水区，我们对该项目的理论探讨和实践探索也进入了一个新阶段：孩子要以跑步的姿态进入高中，"跑步的姿态"就是高标准。怎么培养这种状态？我们颇费心机。我们不是另搞一套，而是在学校常规要求下的"特色发展"和"个性发展"。一是坚信"兴趣是最好的老师"，增加孩子们的"自选项目发展"。二是关注学生生理，呵护心理。"1+3"项目班的学生必须完成国家对学生相应阶段要求的体质、体能标准，尤其是对视力、体重的要求。三是加大因材施教、推进分层教学。因为"1+3"项目班的学生是一批"实验志愿者型"的学生，他们入学前是有"准备的"，但是肯定存在"差异性"，我们并不要求"齐步走"，但是要求"一起进步"。因此，"因材施教"和"分层教学"，实行"量身包制"成为我们的教育教学的主要特点。

四、反思和建议

北京一零一中学怀柔校区"1+3"项目贯通培养 2 班的孟嘉姚同学说:"一零一中怀柔校区是我离梦想最近的地方。"1 班的焦天傲说:"一零一中怀柔校区为我插上了梦想的翅膀。"学生王知非的家长说:"孩子们在'1+3'学习文化知识的同时,学校组织了生物、地理、科技等多个兴趣小组,参加观鸟、观星、科技制作等丰富的比赛活动。学校为此还专门购置了贵重的天文仪器,添置了 3D 打印机等高科技设备,在老师的指导下,孩子们都可以自由使用和体验,这些常常让他们兴奋得无以表达。同时,在各个重要节点,学校都会组织丰富多彩、意义深远的活动,如施光南艺术节、趣味运动会等,旨在培养、锻炼、滋润孩子们的家国情怀和个人修养。一年来,每周日下午为'1+3'同学开设的《红楼梦》《论语》《边城》等经典名著讲座,也会让孩子们终身受益、意义悠远。而那些用自己休息日做着无私奉献的老师们,更是让家长敬佩、敬爱和感激。"

2019 年,《怀柔日报》记者郑秋颖以"一零一中'1+3'贯通培养全面发展优秀学生"为题进行了专题报道。2019 年 5 月"北京头条"以"北京市一零一中学怀柔分校 1+3 项目中'1'的玄机在哪里?"为题全面报道了我校"1+3"项目的办学情况:"我们可以看出在'1+3'项目中'学习进程'没有改变,'学制时间'没有改变,那么这个项目的特色在哪里呢?在于'1'。也正是因为'学生不需参加中考,可直升高中'的特点,'1'既区别于'初三一年',又因为'1'是'1+3'项目的第一年,因此就有区别于'高一一年'。'1+3'项目的'1',不仅是一个时间和学制的概念,它应该更有着'特殊内涵'——是初中学生一种'特殊成长'计划的第一年,这一年至关重要——我们的做法就是在这'1'年里构建并实施了'1+3'项目专有的'人文·科技'课程。"

当然,"1+3"项目还是一个"实验项目",我们的探索还在深入,努力还在路上,如,在"1+3"项目的"1"中,孩子的生理处于初三阶段,孩子的心智又要超越初三阶段,如何顺利地解决好孩子们的这一矛盾是"1+3"项目遇到的最大"课题"。因此,这一年应该怎么过?较快的节奏、较丰富的知识与学生相对滞后的生理、心理接受程度能否达到高度契合?课程融合程度如何与学生接受兴趣和能力高度匹配?这些都是值得探索的问题,我们还在路上。

习近平总书记说:"伟大梦想不是等得来喊得来的 而是拼出来干出来的。"❶学校发展也是如此,北京一零一中学怀柔校区执行校长崔峰为学校的发展描绘了一幅蓝图:以"立足怀柔、紧跟海淀、融入总校、项目引领"为发展思路,确定"三步走"目标:第一阶段经过3年到5年的努力,脱颖而出,成为怀柔区的品牌学校;第二阶段再经过3年到5年的努力,步入北京市名校行列,成为一所未来与北京一零一中学的社会声誉相匹配的高质量学校;第三阶段争取到2035年建成一所具有中国特色、国际知名的创新型中国基础教育名校。第一步已经实现,第二步正在完成,第三步是我们的长期目标。

北京一零一中学怀柔校区"'1+3'贯通培养"经过几年的努力探索,已经获得了骄人的办学成效和成熟的育人经验,它是怀柔校区全面发展中的特色发展,它是怀柔教育优质发展中的经典发展,它将对学生的全面发展、快速发展做出自己的积极贡献,将成为怀柔教育百花园中的一道亮丽的风景!

---

❶ 习近平. 伟大梦想不是等得来喊得来的 而是拼出来干出来的[EB/OL]. (2018-12-19)[2020-12-26]. http://www.xinhuanet.com/video/2018-12/19/c_1210019261.htm.

构建适应学生个性化发展需要的分类培养模式

延庆区第五中学 刘忠伟

一、基本概况

延庆区第五中学（以下简称"延庆五中"）是一所普通的全日制高中校，前身是成立于1969年的延庆师范学校，2000年4月延庆五中正式挂牌，顺利地实现了从师范学校向普通高中的转换。学校现有33个教学班，学生930余人，教职工194人。学校占地面积8万平方米，建筑面积3.7万平方米，科技楼、宿舍楼、综合楼、教学楼、艺术楼、餐饮楼、体育馆和洗浴中心等建筑设施错落有致。学校拥有藏书15万多册（其中电子图书10万册）的图书馆，500个座位的报告厅，400个座位的礼堂，2个录课教室、1个多功能舞蹈教室，2个通用技术教室，3个计算机房，15个理化生实验室，3个美术教室，教室全部配备多媒体；运动场地2万多平方米，包括400米标准运动场（8条塑胶跑道，人工草皮足球场）、网球场、篮球场3个，健身场馆等教育教学场所。校园网、无线网全面开通。

延庆五中一直秉承着"挖掘潜能，突出特长，最优发展"的优秀传统与多方位、多层次的培养策略，践行将学生培养为"政治合格、品德优秀、学有所长、勇于担当"的家乡建设者、社会主义接班人的育人目标。在此基础上，确立了"全面发展、人文见长、特长突出"的学校办学理念。"全面发展"即德智体美劳五育并举，为学生的发展夯实坚实的基础；"人文见长"为学生的分类发展提供适合的课程资源；"特长突出"为挖掘学生潜能，满足个性化发展拓展了空间。因此，延庆五中在构建适应学生个性化发展需要的分类培养模式方面有着独特的优势。

学校有先进的办学理念，严格科学的管理机制，且拥有一支师德高尚、业务精良、锐意开拓进取的教师队伍，能够为学生的发展提供有力保障，校内硬件、软件资源较为丰富，办学目标明确，课程价值体系完整。特别是人文学科的教学资源有教师队伍专业性强、教学水平高等优势，艺体特长发展教学在我校有着坚实的基础和丰厚的资源保证。

二、问题与举措

（一）问题与挑战

1. 学生发展需求方面

延庆五中在本区属于四类校，学生录取大致位于全区的后60%~90%，学生的知识水准、能力素养等相对薄弱。2016—2019年高考文化课本科达线率为33.21%，本科达线率（含艺体生）为77.71%，本科录取率为60.03%，从数据来看，学生要全面完成国家课程范畴内的知识学习、达到北京招生考试制度改革的升学要求，尚需一定的努力。如何利用学校的资源，做强学科，为学生选学学科提供支持，构建适应学生个性化发展需求的分类培养模式，以满足学生个性化的发展需求，是我校面临的重大问题。

2. 教师的发展需求方面

我校虽拥有一批业务精湛、师德高尚的教师队伍，但为适应学生发展的需要，适应新的课改要求，广大教师应自觉学习教育理论和新的课改理念，提升自我能力，以满足自身的专业化发展和综合发展需要，适应学生发展和教育发展的要求。

3. 学校的发展需求方面

我校是一所纯高中学校，校内硬件、软件资源较为充沛，育人目标是将学生培养为政治合格、品德优秀、学有所长、勇于担当的家乡建设者、社会主义接班人，与之相应的课程建设、培养模式也需要系统构建。

（二）举措与方法

根据学校生源特点以及新高考招生的改革举措，学校在"精准定位、有的放矢、顶层设计、稳步推行"的工作思路引领下，提出了在课程提供、学业评价、教法创新、学习资源支持、培养模式、政府购买服务等多方面的改革策略，以多元发展为突破口，满足学生的个性化发展需求；以"扬长发展"为目标，构建学生分类培养课程体系，将学生分为普通高考（纯文化课成绩）、体育、美术、传媒和航空五大类发展方向加以培养。

1. 优化课程结构，打造人文课程体系

我校以"全面发展、人文见长、特长突出"为办学理念，并将其作为学校

发展之魂，实现学校、教师、学生的共同发展。"全面发展"就是全面落实国家课程要求，就我校而言是保证学生全面通过学业水平合格考试，以文化课成绩提升为根本，促进学生核心素养的全面提升。在此基础上为学生分类分层发展提供课程和资源，鼓励我校教师加强课程整体设计，优化课程结构，打造具有特色和竞争力的人文类课程体系。

探索高中人文类课程群的内涵，厘清人文类学科之间的逻辑关系，以学生素养的不断进阶提升为目标，打破学科界限、融通各学科知识，贯通价值观、思维力和创造力，确立关联学科的课程开发方向和内容，构建契合学校实际的人文学科课程群。依据学业水平考试和高考要求，结合学校实际、学生实际，统筹好学业水平考试和高考，系统设计各学段、各学科基础性课程、丰富性课程，构建学科课程群。以校本课题研究的方式推进课程体系建设，开发建设课程学习资源平台和电子课程。

（1）人文学科群

人文学科群指以弘扬社会主义核心价值观、传承中华优秀传统文化、传承红色文化为主要内容，培育学生发展核心素养为主旨，依据学科素养及能力相关要求，围绕公共学习主题，经过相关的不同学科（语文、历史、地理、政治、英语）的彼此支持、彼此渗透、彼此融合的课堂学习与实践，满足学生学习需求的学科群。主要包括：阅读理解、归纳、概括、总结、获取信息、图表判读、思辨、表达能力、应用探究、综合分析与解决问题等各学科共同培养的相关能力；各学科相互支持的能力培养；公共学习主题内容的研习；课堂教学及学科实践活动（各学科课堂任务分解）、社会大课堂（研学活动）活动的开展等。

（2）学科课程群

学科课程群指在落实国家课程方案、国家课程标准的过程中，以本学科学习内容为核心，以培养学生本学科核心素养为目标，为完成本学科的学习要求及育人目标而衍生的学科课程群，既包括国家课程方案规定要求所有学生都必须掌握的基本知识和基本技能的通识性课程，即双基课程；也包括要求学生在掌握本学科基本知识、基本技能的基础上，拓展专业知识、提升学科核心素养，深化学生文化底蕴，满足学生未来实际发展需求的丰富性课程。

我校人文类学科课程群分为以下五个群落：

①以经典阅读为核心的语文学科课程群（读、赏、写、讲、评、诵）；②以时事评说为核心的政治学科课程群（科学社会主义、辩证唯物主义、政治经济学、爱国主义、中国特色社会主义）等；③以历史故事讲与评为核心的历史学科

课程群（大历史概念的构建、历史材料的评析、辩证史观）；④以情境会话与表演为核心的英语学科课程群（读、说、写、赏、演）；⑤以生活中的地理为核心的地理学科课程群（地理空间概念的构建、地理与文学、地理与历史、地理与政治等）。

2. 践行学本课堂，提升教学质量

所谓学本课堂，是指以学习者的学习为本的课堂。这里的学习者不仅包括学生，还包括教师、学生和直接参与者。具体而言，学本课堂是教师和学生协同合作，共同围绕核心问题开展自主性的探究学习，在单位时间内解决问题，实现学习目标，促进教师和学生共同成长的学习活动。学校以国家课程校本化实施为重点，围绕中国学生发展核心素养落实学本课堂，改进课堂教学，彰显体验教育、分层教育的理念，结合学本课堂中的结构化预习能力、一课三单、阅读六字诀、3715复习策略等，开展有关学本课堂的教学研讨与课堂教学展示活动，总结提升我校学本课堂的体验式教学水平，总结出以学科育人、课程标准、核心素养为基础的"创设情境、明确目标—问题导读、合作探究—展示评价、提升思维—问题生成、拓展训练—内化能力、实践运用—总结反思、养成素养"的教学模式。

3. 实施选课走班，满足学生个性发展需求

依据课改精神及要求，学校制定了《北京市延庆区第五中学选课走班实施方案》《北京市延庆区第五中学选课走班工作流程》《延庆区第五中学学生选课指导手册》《选课走班工作流程》《延庆五中选课走班行政班管理制度》《延庆五中选课走班教学班管理制度》等系列文件与制度，为选课走班的顺利进行保驾护航。

学校针对五大类方向的学生，分为航空特色班、艺术特长班、普通高考班三类班级。针对普通高考班，我校依据新课改要求以人文课程资源为龙头，为学生提供20种学业考试科目组合，学生依据自己的未来发展需求进行选择。学校依据分类组合、定多走少，行政教学双轨的形式与原则，开展教学工作。体育生在保证文化课成绩的同时，依据训练需求，安排文化学习和训练时间；美术、传媒等艺术特长生专门组建班级，文化课推行走班教学，专业课集中学习、集中训练；航空类考生设置专班，依据航空专业要求，学生必选物理、化学，与语文、数学、英语等学科行政班固定教学，另外一科根据学生兴趣实行选课走班。这样虽为学校在排课、教师安排等方面的教学管理带来了较大的困难，但我们真正做到了"一生一课表"，极大地保障了学生个性发展及专业发展需求。

4. 做好学生发展指导，助力学生做好生涯规划

我校推行学生成长导师制，在课改年级开设生涯规划教育课程，并编制了《北京市延庆区第五中学课程导师制实施方案》《高一生涯导师制学生手册》《学生成长导师工作手册》《导师管理制度》及《导师工作流程》等系列文件与制度，将选课、学习指导、综合素质评价等结合起来，通过生涯规划教育课程、生涯规划教育与学科教学进行深度融合等举措稳步推进生涯规划教育。学校统筹实施学生成长导师制，对学生学业、生活、思想、心理进行全方位关注，每名教师具体负责 5~10 名学生的成长关注工作。在基础年级，每周末还安排美术、传媒类、书法等培训工作。在毕业年级，结合学生升学需求，适时开展艺体生、文化课优生的相关辅导工作。毕业年级艺术生学科辅导包干到具体教师，体育生的场地训练、学优生的新东方辅导，正在有序地进行。

5. 引入社会服务，开辟多元发展空间

学校根据学生入学基础薄弱的实际和三年后升学的需求，明确提出了充分挖掘每个学生的优势潜能，实现特长发展，开辟多样化升学之路。在学校教学处和德育处的统筹下，以年级组为主体大力开展学生特长培养工作，形成了以美术为核心，以航空方向为新特色，辅以传统体育、传媒、书法等项目多样化发展的策略。学校通过引入社会服务，开设体育、美术、传媒等特色课程，组织开展各种课外兴趣小组活动和社团。培养学生情趣，发展学校特色，在学生潜能发展、升学成才方面，发挥了巨大作用。

三、成效分析

延庆五中秉承延庆师范文化底蕴，在做大、做强、做精的基础上，进一步向特色学校方向发展，在学生的分类培养上取得良好效益。获得"市级体育传统特色校""市级园林特色校""北京市学生金帆书画院"及第四批"全国航天特色学校"等称号。

（一）课程体系初具规模，学习资源日益完善

学校以国家课程校本化实施为重点，建构人文课程体系，各学科已制定完善了本学科课程群建设方案，学科课程群已开发课程 95 种。学校积极挖掘各类资源，以弘扬社会主义核心价值、传承中华优秀传统文化、培育学生发展核心素养为主旨，开发校本课程，已开发成熟的特色校本课程共有 57 种，开展了数十次

艺体、科技等方面的综合实践活动，满足了学生成长的个性化需求，增强了课程实施的自主性和灵活性。2019年开发建构延庆五中混合式学习平台，为学生提供了新的学习空间和丰富的学习资源。

（二）多元发展现成效，特长培育出佳绩

1. 美术教育见硕果

我校在美术教育上积累了丰富的经验，创新管理模式，将全体美术生单独组班，便于统一集中管理。通过区教委，我校为高二年级学生由政府全年购买北京昌汇美术学校的服务，在每周五下午、晚上和周六全天对学生进行免费绘画培训，由学校老师与画室老师联合组成管理小组，在学生训练期间全程值班，保证学习质量。经过两个学期40课时的培训学习，学生具备了一定的绘画基础，为高三联考打下坚实基础。

在学习美术期间，利用课余时间组织了河北野三坡写生活动、庆祝党的十九大胜利召开主题绘画比赛、美术冬令营、参观中国美术馆等丰富多彩的活动，让学生在活动中提升艺术素养，增长阅历，激发学习动力。学生在2019年、2020年美术联考中取得历史性突破，联考通过率均超过97%，最高分达到260分。最终高考文化课和美术专业课双上线人数达到56人，上线率达90%。近几年，五中学子通过美术特长成功考取了中央财经大学、首都师范大学、北京工大大学、北京工商大学、集美大学、重庆邮电大学等高校，延庆五中也被评为北京金帆书画院。

2. 航空特色更卓越

2016年秋季学期，在延庆区教委大力支持下，首届延庆区空军及民航类特色班落户延庆五中，首批33名学员成为校园中一道亮丽的风景线。航空班由区教委通过政府购买北京市昌平区京师文化培训学校服务，由京师文化培训学校提供军事化管理和航空类专业课服务，由延庆五中提供国家规定的高中教育教学课程支撑。航空班实行六天学制，年级选派了一批业务精干的老师到航空班任教，每周六从北京聘请优秀名师来为学生授课，效果显著，自高一起航空班成绩稳居年级第一。2017年年初，延庆五中与延庆四中联合组建航模队，开展航模项目训练。经过刻苦训练，民航班姬鹏飞同学入选了中国国家航模队，远赴波兰参加2018FAI世界航空航天模型锦标赛，在航天项目S3A伞降火箭项目中表现出色，最终获得2018FAI世界航空航天模型锦标赛世界第三名的好成绩。同年12月，姬鹏飞同学被国家体育总局官网公示授予"国际级运动健将"的光荣称号，并颁发"中华人民共和国国家一级体育运动奖章"。凭借这一世界级奖项以及在五中积淀三年的文化课学习，最终被苏州大学旅游管理专业免试录取，为五中学子进入重点大学打开了一条新渠道。

民航班的核心方向是培养飞行员，而飞行员的选拔必须在高三经过严格的民航体检。为此，三年来学校要求并监督民航班重视学生身体素质的提升，从高一起开设体能训练课，规定禁止吃零食、喝饮料，严格控制学生吸烟，学校为航空班单独开辟了就餐区域以及就餐窗口，为学生科学配餐。2019年、2020年高考1人被北京航空航天大学飞行技术专业录取，6名同学被中国民航大学飞行技术专业录取，实现了航空班为延庆培养飞行人才的初衷。

3. 体育、传媒创佳绩

作为体育教育传统校，延庆五中有很多学子通过体育考入理想大学。这些年，每天下午放学两个小时的时间是雷打不动的体育训练时间，体育组的老师们带领自己专项的学生在操场上挥汗如雨，2019年、2020年41名参加体育专业的学生中有38人达到了本科体育控制线。近几年，学校开发了艺术体操专业，从高一、高二学生中挑选有一定舞蹈基础、身体条件较好的女生，牺牲寒暑假和周末时间，从北京聘请专业的艺术体操老师对学生进行训练，带领学生参加国家级大赛并取得了优异成绩。2019届高三年级学生董晴、赵卓代表延庆五中在"2017年全国青少年艺术体操锦标赛"中获得了团体第二名的好成绩并获得了"国家一级艺术体操运动员"称号，最终两名同学如愿考入了首都体育学院运动训练艺术体操专业。

自2017年高二年级起，通过区教委购买北京青蓝美术学校的服务，我校在高二年级利用周五下午、晚上和周六全天，对传媒感兴趣的学生进行播音、编导、主持等专业的培训，通过两个学期40课时的学习培训，让同学们对传媒类课程有初步的体验，选择自己感兴趣的方向进修，在实现升学目标的同时，对于提升自身的综合修养大有益处。在近两年的传媒类专业加试中，有90名同学拿到了不同学校的传媒类校考合格证，其中15名同学拿到了书法合格证，丰富了学生报考本科大学的渠道。

四、反思和建议

虽然在学校多样化发展中，我们探索出了构建适应学生个性化发展需要的模式，取得了一定的成绩，但是在学校特色建设中，我们遇到了许多困惑和难点：

① 学校特色已初具雏形，在普通高中办学多样化和分类发展方面，仍需做出新的探索。

② 学生在个性化发展中该如何享受到均衡的教育资源？尤其是对于延庆五中这样的远郊学校，社会资源相对欠缺，学生家庭经济水平较差，学生外出综合实践、特长学习的经费问题有待解决。

③ 特色学校、专业特长学生选课后的高考政策如何？如有些学校积极发展学生的艺术、体育、美术等特长，而这些学生也凭借这些特长进入高等院校学习，规划自己的人生，但目前对于此类学生没有政策说明，该类学生对自己的选课学习，学业水平考试非常茫然。

④ 特长学生专业化考试后的文化课学习问题需建立一套完整的管理机制等。

问题虽然存在，但我们以"全面发展、人文见长、特长突出"引领学校特色建设，不断开发教育资源，完善课程体系，为每位学生全面而有个性的发展搭建体验平台，不断探索课堂教学模式，培育高效课堂，提升教师的教育能力，提高教育质量，促进学校内涵发展，实现优质、现代的办学品质。

后　记

　　本书是北京教育科学研究院基础教育科学研究所承担的 2020 年市教委委托项目"普通高中多样化发展指导推进"的研究成果。该项目主要通过大规模数据调研及典型案例挖掘等方式全面监测北京市普通高中教育发展情况，了解区域、学校在推动普通高中多样化有特色发展方面的新探索、新进展、新成果，及时总结经验，发现存在问题，为教育行政部门提供政策建议，为普通高中学校发展提供行动指南。

　　本书分别从理论探索与现状研究、高中多样化与区域发展、学校特色发展与课程建设、培养模式多样化与创新人才培养、育人方式改革与管理模式创新等多个角度来描述、概括和提炼近年来北京市普通高中多样化发展的现状、问题与经验；从市、区、校三个层面展示市、区教育行政与教育科研部门及普通高中学校在深化育人方式改革，推进高中多样化有特色发展方面所进行的探索与实践，可为普通高中学校、教育行政部门及教育科研部门提供一定的参考与借鉴。

　　本书的总体策划与案例征集得到了北京市教委基教二处领导的高度重视，马可副处长、张丽娟老师、贾红玉老师给予了具体指导与帮助。在案例征集过程中，得到了各区教委中教科（高中科）和高中学校的高度重视、大力支持与积极配合。项目顾问袁桂林教授、高淑英校长分别对全书框架提出了宝贵意见。在此一并致谢。张熙、殷桂金、崔玉婷、李海燕负责撰写现状概述、经验总结与文献综述部分，并负责对各区和高中学校的文稿逐篇与作者进行了沟通，提出具体修改意见与建议，为书稿的编辑和出版付出了辛勤的努力。

　　本书每篇文章都标明了作者单位和姓名，项目组殷桂金、崔玉婷、李海燕负责全书的审阅、校对与统稿，北京教科院基教所张熙所长进行审定。鉴于作者的理论视野和实践经验有限，本书肯定存在若干不足之处，恳请方家不吝赐教。

编　者

2020 年 12 月